suhrkamp taschenbuch
wissenschaft 2323

Karl Mannheim zählt zu den Klassikern der Soziologie, sein Schlagwort vom »freischwebenden Intellektuellen« hat über die Fachgrenzen hinaus Bekanntheit erlangt. Der Band versammelt einen bislang unveröffentlichten, von Mannheim auf Deutsch verfassten Essay zur Theorie der Intellektuellen sowie seinen Aufsatz »Das Problem der Intelligenz« in deutscher Erstübersetzung. Insbesondere die darin angestellten Überlegungen zur Rolle der »Intelligentsia« in öffentlichen Debatten sind von ungebrochener Aktualität, nicht zuletzt vor dem Hintergrund der zeitgenössischen »Krise der Demokratie«.

Karl Mannheim (1893-1947) war Philosoph und Soziologe, der u. a. in Heidelberg, Frankfurt am Main und London lehrte. Er gilt als einer der Begründer der Wissenssoziologie.

Oliver Neun ist Privatdozent für Soziologie an der Universität Kassel.

# Karl Mannheim
# Soziologie der Intellektuellen

*Schriften zur Kultursoziologie*

Herausgegeben
und mit einem Nachwort
von Oliver Neun

Suhrkamp

Klimaneutral
Druckprodukt
ClimatePartner.com/14438-2110-1001

Erste Auflage 2022
suhrkamp taschenbuch wissenschaft 2323
Originalausgabe

Umschlag nach Entwürfen
von Willy Fleckhaus und Rolf Staudt
Druck und Bindung: C. H. Beck, Nördlingen
Printed in Germany
ISBN 978-3-518-29923-4

www.suhrkamp.de

# Inhalt

# I. Das Problem der Intelligenz
# Eine Untersuchung ihrer Vergangenheit und ihrer gegenwärtigen Rolle

## 1. Die Selbstentdeckung gesellschaftlicher Gruppen

Wir leben in einer Zeit des wachsenden Selbstbewusstseins. Es ist nicht irgendein grundlegend neuer Glaube, der unser Zeitalter von anderen abhebt, sondern die zunehmende Bewusstwerdung und die Beschäftigung mit uns selbst.

Was ist das Wesen dieses zeitgenössischen Bewusstseins? Der Mensch in früheren Epochen lebte in einer Atmosphäre des Glaubens, ohne den Drang, sich über sich selbst klar zu werden. Er lebte, ohne sich darum zu kümmern, zu wissen wie. Er akzeptierte Glauben, Wissen und Handeln so, wie wir das Leben selbst akzeptieren. Der Mensch früherer Zeiten lebte zeitlos und ohne die Notwendigkeit, über die Bedingungen seiner Existenz nachzudenken. Für uns ist die Fähigkeit zur Artikulation wesentlich geworden. Wir wollen nicht nur das Bekannte, sondern auch das Unbekannte benennen. Der Drang zum Denken ist natürlich nicht neu, aber das Ziel des früheren Denkens war die Selbstbehauptung und die Bestätigung, und in diesem Streben nach Sicherheit akzeptierte der Mensch sich selbst und seine Überzeugungen bedingungslos.

Der Trend des modernen Denkens weist in eine andere Richtung. Das Ziel ist nicht mehr die Sicherheit und die Versöhnung mit den gegebenen Lebensbedingungen. Der Mensch, dessen Lebensumstände sich wandeln, nimmt sich nicht in festgelegten und endgültigen Begriffen wahr.[1]

Seine Sichtweise kann niemals fest werden, denn sie bricht aus jedem vorgegebenen Rahmen aus, bevor sie sich schließlich um ein wohlgeformtes Bild der Welt herum herauskristallisieren kann. Auch ist die stabile Autonomie kein Ideal mehr. Selbstgenügsamkeit ist das Ideal einer bodengebundenen Gesellschaft, während der repräsentative Typus unserer Zeit die Merkmale eines Proteus auf-

1 Wir werden zwar von Zeit zu Zeit Zeuge kollektiver Reaktionen gegen die soziale Mobilität von denen, deren soziale Stellung im Leben fixiert ist; aber sie bilden keinen repräsentativen Typus unserer Industriegesellschaft.

weist, der sich immer wieder transzendiert und neu konstituiert und dessen Hauptmotiv die Neugestaltung und Erneuerung ist.

Das Individuum, das in die mittelalterliche Form passte, versuchte, eine bestehende Rolle wieder zu erleben. Der neue Typus, wie er sich seit der Auflösung der geschlossenen Ansicht des Mittelalters erstmals in einigen Beispielen herausgebildet hat, ist ein ewiger Suchender nach neuen Horizonten. Er sucht hinter jede neue Wahrheit zu blicken und entdeckt bei dem Prozess immer wieder das Zufällige bestimmter Situationen. Während der bodenständige Typ jeden Zustand als zeitlose Existenzordnung akzeptiert, beseitigt der dynamische Suchende falsche Absolutheiten und geht bewusst näher auf den endlichen und bedingten Bereich der Dinge ein. Doch während er sich über den Bereich einer bestehenden Weltanschauung hinauswagt, steht er bei jedem Schritt vor dem immerwährenden Problem: Wie kann derjenige, der um seine eigene bedingte Existenz weiß, unbedingte Entscheidungen erreichen und durchführen?

So unterschiedlich der Mensch in verschiedenen Altersstufen auch sein mag, er stellt ähnliche Fragen an sich selbst: Er will wissen, wie er von sich selbst denken soll, um handeln zu können. Ein Welt- und Selbstverständnis, so unausgesprochen es auch sein mag, begleitet jeden Schritt, den wir tun. Die Frage »Wer sind wir?« wurde schon immer gestellt, aber solchen Fragen begegnen wir immer durch das Medium verschiedener Objekte. Der Mensch denkt kaum über sich selbst nach, es sei denn, er wird mit Dingen oder Situationen konfrontiert. Wenn mich jemand fragen würde, wer und was ich bin, wäre ich um eine Antwort verlegen, aber nicht, wenn man mich danach fragt, was ich in den Augen von A oder B bin. Wir verstehen uns in erster Linie durch die Sicht anderer. Die entscheidende Frage ist jedoch, wer der andere ist, aus dessen Perspektive wir uns selbst sehen.

Was für den Einzelnen gilt, gilt fast in gleichem Maße für Gruppen. Auch sie haben ein »gespiegeltes Selbst«, um Cooleys ausdrucksstarken Begriff zu verwenden.[2] Die Geschichte der kollektiven Selbstinterpretationen, die nicht Gegenstand dieses Aufsatzes ist, ist in gewisser Weise die Evolution des Bewusstseins, und jede

2 [Charles Horton Cooley, *Social Organization. A Study of the Larger Mind*, New York 1909; ders., *Human Nature and the Social Order*, New York 1902.]

Phase dieser Entwicklung ist durch die Art der anderen gekennzeichnet, in deren Bild die Menschen sich selbst sehen. Die längste dieser Perioden ist geprägt von den Versuchen des Menschen, sich selbst gegenüber einem persönlichen Gott zu verstehen, eine Beziehung, die von der Herr-Knecht-Situation bis zu der von Vater und Kind reichte. Jede dieser Beziehungen drückte ein bestehendes soziales Vorbild und eine Reihe von aktuellen Normen aus, deren letztendliche Garantie und Sicherheit bei einem persönlichen Gott lag.

Das Nachlassen dieses einheitlichen mittelalterlichen Weltbildes markiert den Beginn einer langen Suche nach einem neuen Wächter der neuen Normen. Erst nach verschiedenen Zwischenlösungen gelangte die Aufklärung zu einem Garanten einer neuen Ordnung: der Vernunft. Im Rückblick können wir die zeitlosen Normen der Vernunft als Regeln der Wettbewerbsordnung des Bürgertums bezeichnen. Allerdings sollte man den Umriss dieser Ordnung nicht zu eng ziehen, denn sie schließt die Höfe absoluter Fürsten und die neu konstituierte Bürokratie ein.

Nach der Niederlage der Französischen Revolution und der anschließenden Restauration tauchte das nächste Absolute auf: die »Geschichte«. Erst durch die Vergöttlichung der Geschichte konnten die Gegner der bürgerlichen Revolutionen beweisen, dass der absolute Grund, den diese Revolutionen einsetzten, nur eine der möglichen Variationen war, die alle Schöpfungen der Geschichte sind. Dies ist nicht der Ort, um zu zeigen, wie die Philosophie des Rationalismus in diesem Rückzugsgefecht ihre Absolutheit setzenden Ansprüche aufgab, indem sie ihren weltlichen Charakter zugestand, oder wie sie sich auf eine abstraktere und formalere Konzeption der Vernunft zurückzog. Aber selbst in dieser sekundären und formalistischen Variante konnte sich der Rationalismus nicht gegen das Aufkommen neuer und substantieller Versicherungen behaupten.

Da die Vernunft selbst eine Funktion der Geschichte zu sein schien, verschob sich die Grundlage der Selbstinterpretation erneut. Kein Standpunkt konnte mehr auf der Grundlage seiner intrinsischen Rationalität verteidigt werden, denn nur die Geschichte konnte einen politischen Anspruch legitimieren – oder entkräften. Es erschien wünschenswerter, auf der Seite des *Weltgeistes* zu stehen oder der Vertreter der nächsten Phase der Geschichte zu sein, als ein

Prophet zeitloser Wahrheiten zu sein. Der historische Pragmatismus erhielt den Vorrang vor der Offenbarung. Einige wollten ihren Standpunkt mit dem endgültigen Urteil der Geschichte gleichsetzen, während andere die Rechtfertigung der nächsten Phase bevorzugten. Zu den bemerkenswerten Formulierungen gehören: »Jede Epoche ist unmittelbar zu Gott«; »Die Weltgeschichte ist ein Weltgericht«, und noch treffender: »Gott stellt sich auf die Seite der stärksten Bataillone.« Diese Ausdrucksformen der historischen Selbstrechtfertigung, die von Ranke, Hegel und Marx stammen, sind alle in der Sprache des historischen Pragmatismus formuliert.

Der Boden, auf dem sich die Menschen zu verstehen und zu behaupten suchten, verschob sich erneut, als das historische Argument dem soziologischen wich.

Die soziologische Interpretation verdrängte die historische aufgrund ihrer grundlegenderen Fragestellung: Wessen Werk ist jene fortwährende Verschiebung, die neue Normen schafft und alte widerruft, und wessen Geschichte ist das? Tatsächlich muss bei näherem Nachdenken klar sein, dass das Wort »wandeln« nur als Verb eines Satzes Bedeutung haben kann, der besagt, dass sich etwas verändert. Wenn es als Subjekt verwendet wird, wird die Geschichte zu einem mythischen und unverständlichen Gebilde, das den frei gewordenen Platz Gottes als Schöpfer einnimmt. Obwohl sich einige Geschichtsphilosophen immer noch mit dem Wesen der Historizität beschäftigen, ist der obskure Verbalismus des posthegelianischen Jahrgangs einem Gedankengang gewichen, der sich in den folgenden einfachen Postulaten zusammenfassen lässt:

a) Die Menschen sind die wahren Urheber des Wandels, nicht die Geschichte.
b) Die Verschiebungen des »Intellekts« sind die Veränderungen des menschlichen Geistes.
c) Nicht der Geist des isolierten Individuums verändert sich, sondern die Wahrnehmungen von geselligen Menschen.
d) Die Geschichte des menschlichen Geistes drückt die aufeinanderfolgenden Spannungen und Versöhnungen von Gruppen aus.

Wir befassen uns nicht mehr mit verbalen Substituten, sondern mit den beobachteten Handlungen und regelmäßigen Verwirrungen von Menschen. Damit hat sich die Grundlage für die Selbstinterpretation des Menschen erneut verschoben. Er sieht sich nicht mehr im Spiegel eines persönlichen Gottes, der Vernunft, der Geschichte oder des *Weltgeistes*, sondern in der Perspektive seiner gesellschaftlichen Bestrebungen. Nun kann man fragen: Ist dieses soziologische Panorama nicht eine weitere vorübergehende Sichtweise, der bessere folgen sollten? Vielleicht, aber bisher hat keine andere Methode die soziologische verdrängt, und kein anderer Versuch hat sich als grundlegender erwiesen. Wir können nicht umhin festzustellen, dass in der Abfolge der Deutungsbemühungen jede umfassender und grundlegender ist als die letzte und jede neue Lösung die frühere sowohl umfasst als auch löst. Dies trifft auf den soziologischen Bezugsrahmen *(frame of reference)* so sehr zu wie auf keinen anderen, so sehr, dass überall dort, wo die Diskussion frei und offen geführt wird, die Soziologie für Radikale, Gemäßigte und Konservative gleichermaßen zur unausweichlichen Grundlage der Selbstbewertung geworden ist. Niemand kann sich in der gegenwärtigen Situation orientieren, wenn er nicht in der Lage ist, ein soziologisches und historisches Selbstverständnis zu erwerben. Daraus scheinen sich zwei weitere Beobachtungen zu ergeben.

A. In jeder Epoche gelangen die Menschen zu einer Form der Selbsteinschätzung, die der Beherrschung ihrer Lebensumstände mehr oder weniger angemessen ist. In der Regel sind es einzelne Pioniere, die zunächst ihre Ansichten an eine veränderte Situation anpassen, um ein gewisses Maß an Übereinstimmung zwischen ihren Handlungen und Gedanken wiederherzustellen. Nach und nach folgen andere, die sich den neuen Ansichten zunächst widersetzt haben, dem Beispiel, wenn sich ihre Situation ebenfalls ändert.

B. Man braucht in der allmählichen Verdrängung des früheren Persönlichkeitsmerkmals der unerschütterlichen Zufriedenheit durch die neueren Züge der Selbstprüfung, Selbstrevision und Anpassungsfähigkeit kein Symptom des Verfalls zu sehen. Die neuen Züge entwickeln sich als Reaktion auf eine zunehmend dynamische Welt, die dem Landleben eine städtische Lebensweise, dem Agrarleben eine industrielle und dem Feudalleben eine bürokratische hinzugefügt hat. Der Pionier ist zu einer zentralen Figur in diesem Wandel geworden, denn er akzeptiert ihn als das, was er ist, und ist stets bereit, seine Position in einer veränderten Ordnung zu überprüfen. In diesem Bemühen erweist sich die Soziologie als überlegenes Werkzeug, weil ihre Arbeitshypothesen weniger Fakten nicht berücksichtigen und mehr als andere den relevanten Umständen entsprechen. Die Hypothesen von einer Welt, die von einem rachsüchtigen Herrscher regiert wird, waren angemessen für eine Situation, in der die Natur das Lebensnotwendige hervorgebracht hat. Die Abhängigkeit von den Launen des Regens und des Windes wird angemessen durch eine Weltanschauung ausgedrückt, für die das Schicksal oder ein unerbittlicher Gott grundlegend ist. Die Landwirtschaft ist eines der ersten wirtschaftlichen Unternehmen, in der die Technik beginnt, das Schicksal zu verdrängen. Die Verlagerung vom Stock, um damit zu graben, zum Traktor markiert ein beschleunigtes Kleinerwerden des Bereichs der Unvorhersehbarkeit, und im Zuge dieser Verlagerung verliert die Annahme eines unergründlichen und alles durchdringenden Willens für immer mehr Situationen ihre Relevanz. In dieser neuen Situation entspricht eine Übersicht, die das Denken des Menschen über das Universum mit seinen chronischen Verwirrungen in Einklang bringt, nicht mehr den Erfordernissen. An diesem Punkt gibt der Landwirt einem detaillierten Aktionsplan den Vorrang vor einer beruhigenden Konzeption des Kosmos.

Die Kriterien einer angemessenen Selbstinterpretation ändern sich in ähnlicher Weise im Bereich der gesellschaftlichen Organisation. Eine allgemeine Synopsis, die das Denken mit dem sozialen Verhalten in Deckung bringt, ist für eine relativ stabile und einfach strukturierte Gesellschaft angemessen. Solange die sozialen Beziehungen des Menschen hauptsächlich von der primären Ordnung geprägt sind, in der Konformität, Gehorsam und die Praxis der Gegenseitigkeit die notwendigen Leistungen sichern, stellt die Hypothese eines vorherbestimmten Plans das erreichbare Optimum einer ethischen Orientierung dar. Aber eine sich wandelnde Gesellschaft und eine dichte sowie spezialisierte Bevölkerung kann nicht ohne einen Arbeitsplan funktionieren, der zumindest von einigen verstanden wird und der in der Lage ist, selbst die kleinen Details der notwendigen Leistungen zu erklären und zu lenken. Wenn wir uns heute fragen, wer und was wir sind, wollen wir unseren Platz in der bestehenden Gesellschaftsordnung wiederentdecken.

Unser Zeitalter ist nicht nur durch ein wachsendes Selbstbewusstsein gekennzeichnet, sondern auch durch unsere Fähigkeit, die konkrete Art dieses Bewusstseins zu bestimmen: Wir leben in einer Zeit bewusster *gesellschaftlicher* Existenz. Dieser Prozess der Selbstklärung begann von unten. Zwar hatte das Bürgertum schon früh in seiner Geschichte eine Form der soziologischen Orientierung, und in gewisser Weise lassen sich soziologische Erkenntnisse im politischen Denken des Patriziats erkennen, das in den Stadtstaaten der Renaissance herrschte. Dasselbe kann man von den Fürstenkanzleien der Territorialstaaten sagen, und man sollte in diesem Zusammenhang auch nicht die soziologische Bedeutung solcher Schriftsteller der Restaurationsperiode wie de Maistre außer Acht lassen. Aber erst im Denken des Proletariats wurde der soziologische Gesichtspunkt allumfassend. Das Proletariat war die erste Gruppe, die sich um eine konsequente soziologische Selbsteinschätzung bemühte und ein systematisches Klassenbewusstsein erlangte.

Das soziale Bewusstsein ist nicht mehr ein Privileg des Proletariats; wir finden es auch in den oberen Klassen, und es entwickelt sich mehr und mehr in jeder erkennbaren Gruppe, auch in den durch Alters- und Geschlechtsunterschiede geschaffenen.

Was ist dann der typische Ursprung des Gruppenbewusstseins? Es beginnt damit, dass Gruppen versuchen, sich über ihre Position in einer neuen Situation klar zu werden. Frauen z. B. sind relative Neuankömmlinge in der Gesellschaft solcher Gruppen. Es ist kein Zufall und keine Modeerscheinung, dass die Fragen nach dem Wesen und der Stellung der Frauen, der Jugend, der älteren Menschen und der Menschen mittleren Alters so zahlreich sind wie nie zuvor. Jede dieser Gruppen versuchte, ihren Platz in der Gesellschaft neu zu definieren, aber bei diesem Bestreben waren sie nicht nur gezwungen, Bilanz mit Blick auf sich selbst zu ziehen, sondern sich auch kritisch mit einer Reihe bestehender Interpretationen auseinanderzusetzen. Früher akzeptierten Frauen die männliche Definition ihrer Rolle; mehr noch, Frauen sahen sich selbst so, wie Männer sie sahen. Das Bewusstsein dieser Tatsache markierte den Beginn des weiblichen Gruppenbewusstseins. Eine kollektive Definition, wie die männliche Interpretation der Weiblichkeit, ist nicht nur eine Hypothese, eine ersetzbare Theorie; sie ist vielmehr die Quelle kollektiver Gewohnheiten und Handlungen. Wenn also eine Gruppe ihre eigene Definition, die von einer anderen bereitgestellt wird, überprüft, beginnt sie, ihre Beziehung zu der anderen Gruppe zu revidieren. Wir brauchen uns nur an Ibsens *Nora oder ein Puppenheim* zu erinnern, das zum ersten Mal in der modernen Literatur den Zusammenprall zweier Vorstellungen von Weiblichkeit darstellt. Eine neue Selbsteinschätzung, wie sie Nora in Ibsens Stück vornimmt, gelingt nur selten ohne die Bestätigung durch Individuen, die sich in einer ähnlichen Situation befinden, und durch Gleichgesinnte.

Dasselbe gilt, *mutatis mutandis,* auch für die deutsche Jugend. Sie brachte eine Vielzahl von philosophischen Theorien hervor, die alle auf ein aktuelles, von einer früheren Generation konzipiertes Jugendbild reagierten. In diesen früheren Sichtweisen wurde die Jugend lediglich in einer abgeleiteten Rolle definiert, als eine Vorstufe zur Reife. Genau dies ist es, was die verschiedenen Jugendproklamationen angriffen, als sie den autonomen Wert des Jungseins behaupteten. Der soziale Impuls für diese Emanzipationsbewegung ging von der industriellen Revolution aus, die beispiellose Möglichkeiten für anpassungsfähige junge Männer mit Initiative bot, die älteren Männern mit festen Ansichten und Arbeitsgewohnheiten vorgezogen wurden. In einer stabilen Gesellschaft der Bauernhöfe und Handwerker sind die Beschützer der Tradition, die Erwachsenen und die Alten, die öffentlichen Interpreten der Gesellschaftsordnung, die sie zu ihren Gunsten auslegen, während eine Industriegesellschaft der Jugend einen immer höheren Stellenwert einräumt und den Wert der angesammelten Weisheit senkt.[3] (Es wäre inte-

3 Lassen Sie mich eine interessante Beobachtung von Max Weber zitieren, die sich auf das Problem bezieht: »Träger der Honoratiorenqualität ist nämlich ursprünglich das *Alter.* Abgesehen von dem Prestige der Erfahrung sind die ›Aeltesten‹ auch an sich unvermeidlich die ›natürlichen‹ Honoratioren in allen, ihr Gemeinschaftshandeln ausschließlich an ›Tradition‹, also: Konvention, Gewohnheitsrecht und heiligem Recht orientierenden Gemeinschaften. Denn sie kennen die Tradition, ihr Gutachten, Weistum, vorheriges Placet [...], oder ihre nachträgliche Ratifikation (autoritas) garantiert die Korrektheit der Beschlüsse der Genossen gegenüber den überirdischen Mächten und ist der wirksamste Schiedsspruch in Streitfällen. Die ›Aeltesten‹ sind bei annähernder Gleichheit der ökonomischen Lage der Genossen einfach die an Jahren Aeltesten, meist der einzelnen Hausgemeinschaften, Sippen, Nachbarschaften. Das relative Prestige des Alters als solchem innerhalb einer Gemeinschaft wechselt stark. Wo der Nahrungsspielraum sehr knapp ist, pflegt der nicht mehr physisch Arbeitsfähige lediglich lästig zu fallen. Wo der Kriegszustand chronisch ist, sinkt im allgemeinen die Bedeutung des Alters gegenüber den Wehrfähigen und entwickelt sich oft eine ›demokratische‹ Parole der Jungmannschaft gegen sein Prestige (›sexagenarios de ponte‹). Ebenso in allen Zei-

ressant, der Frage nachzugehen, ob die abnehmende Nützlichkeit der älteren Altersgruppen notwendigerweise ihre ideologische Rolle untergräbt. Um dies zu beantworten, müssten wir herausfinden, welche Konstellationen den sozialen Spielraum der älteren Generationen vergrößern und umgekehrt, welche Situationen die Jungen begünstigen. Die Dynamik der industriellen Revolution ist nur einer von mehreren Faktoren).

Gesellschaftliches Bewusstsein fällt nicht immer mit dem Aufstieg von Gruppen zusammen, denn die bewusste Reaktion auf sozialen Wandel ist ein modernes Phänomen. Dies ist, wie wir bereits dargelegt haben, charakteristisch für alle Schichten und nicht nur für das Proletariat, auch wenn sein Selbstbewusstsein die erste und prägnanteste Äußerung dieser Erscheinungen war. Dass solche Bestrebungen erst in unserer Zeit erfolgreich sind, mag auf verschiedene Umstände zurückzuführen sein, aber es ist offensichtlich, dass eine Gruppe, solange sie von einer anderen dominiert wird, die ihr auferlegte Rolle als selbstverständlich akzeptiert und lebt.

Zwei Faktoren machen ein solches gesellschaftliches Selbstbewusstsein möglich. Erstens hat die zeitgenössische Gesellschaft eine Vielzahl von Kontrollen entwickelt, die an die Stelle der Zwangsgewalt als Hauptgarant für Über- und Unterordnung treten. Zweitens hat die zeitgenössische Gesellschaft einen großen Teil der erzieherischen und disziplinarischen Kontrolle übernommen, die früher von den primären Gruppen und gemeinschaftlichen Organisationen ausgeübt wurde.

Wenden wir uns dem ersten Faktor zu. Wenn wir uns fragen, wie es kommt, dass Klassenkonflikte in der Antike und der spätere Antagonismus zwischen Herren und Gesellen nicht zu einem Klassenbewusstsein geführt haben, dann müssen wir uns die Umstände ansehen, unter denen die spätere Industriegesellschaft freie Arbeiter und freie Vertragspartnerschaften hervorgebracht hat.

Der Erfolg auf dem freien Wettbewerbsmarkt erfordert ein ständiges Bewusstsein für den gesellschaftlichen Wandel. Die not-

ten ökonomischer oder politischer, kriegerisch oder friedlich revolutionärer Neuordnung und da, wo die praktische Macht der religiösen Vorstellungen und also die Scheu von der Heiligkeit der Tradition nicht stark entwickelt oder im Verfall ist. Seine Schätzung erhält sich, wo immer der objektive Nutzwert der Erfahrung oder die subjektive Macht der Tradition hoch steht« (Max Weber, *Wirtschaft und Gesellschaft [Grundriss der Sozialökonomik, Abt. 3]*, Tübingen 1922, S. 609).

wendige Anpassung an diese Veränderungen erfordert sofortige Reaktionen und ein unabhängiges Urteilsvermögen, das frei von konventionellen oder mythologischen Täuschungen ist. Der Einzelne, der nach seinem Verstand leben und die sich ihm bietenden Chancen ergreifen muss, fühlt sich nicht länger einer vorgeschriebenen Lebensweise verpflichtet. Die unmittelbare Folge dieses neuen Zustands ist eine gesteigerte Rationalität, zunächst im wirtschaftlichen Verhalten, dann in bestimmten abgeleiteten Situationen und schließlich in der Konzeptualisierung der eigenen Interessen. Diese Situationen lehren die Menschen, sich von ihrem eigenen Standpunkt aus zu orientieren und traditionellen Ideologien fremder Prägung keine Beachtung zu schenken. Das ist der erste Schritt zur gesellschaftlichen Selbsterkenntnis. Diese entwickelt sich zunächst individuell, sie nimmt aber einen kollektiven Charakter an, wenn Individuen in einer ähnlichen Situation die gemeinsamen Elemente in ihrer Position entdecken und zu einer gemeinsamen Definition ihrer Rollen gelangen. Die sich daraus ergebenden Gruppenideologien entstehen unter Missachtung traditioneller Gefühle, wie z. B. der Beziehung zu Blut, regionalen Bindungen oder Kastenehre.

Der zweite Faktor, der das Gruppenbewusstsein begünstigt, ist die moderne Praxis der Erziehung der Person in einer sozial neutralen Atmosphäre, während ihr Fehlen in der traditionellen Form der Erziehung die Entstehung einer neuen und unabhängigen Gruppenorientierung hemmte. Es wurde oft darauf hingewiesen, dass die Gesellen auch in Zeiten des wirtschaftlichen Niedergangs kein eigenes Klassenbewusstsein entwickeln konnten, solange sie bei der Familie ihres Herrn lebten. Diese gemeinsame Primärgruppensituation von Meistern und Gesellen bzw. Lehrlingen hielt ihre Treue zur Zunft und ihre Hoffnungen aufrecht, in den Rang von Meistern aufzusteigen. Genau diese Situation verhinderte die Entstehung von Klassen-Ressentiments, die das Proletariat später zu seinem egozentrischen Gesellschaftsbild führte. Die Entwicklung eines weiblichen Gruppenbewusstseins zeigt deutliche Analogien. Es begann genau in dem Moment, als die Frauen in die Berufswelt eintraten und die Konkurrenzsituation auf dem Markt zur Grundlage ihrer Karrieren machten. Dies markierte den Beginn des Konflikts zwischen der traditionellen und patriarchalischen Interpretation der weiblichen Rolle und den Ansichten, die die arbeitenden Frauen von sich selbst bildeten.

Lassen Sie uns das bisher vorgetragene Argument zusammenfassen.

1. Ideologien koexistieren in einem antagonistischen Verhältnis zueinander. Die radikalste Form dieses Antagonismus besteht in den unausgesprochenen Annahmen und dem suggestiven Denkrahmen, durch den dominante Gruppen das unabhängige Selbstbewusstsein untergeordneter Schichten hemmen. Da diese letzteren Gruppen kein adäquates Ventil für ihre sozialen Impulse finden, greifen sie in der Regel auf Repression und Sublimierung zurück, um Freuds Terminologie zu verwenden, während die Herrschenden insofern freier sind, als sie in der Lage sind, entsprechend ihrem eigenen Selbstverständnis zu reagieren. Dies ist auch insofern charakteristisch für die Situation zwischen Männern und Frauen, als eine männlich dominierte Gesellschaft den Männern ein hohes Maß an Meinungsfreiheit zugesteht, während sie das weibliche Verhalten auf ein strengeres weibliches Anstandsgebot beschränkt. Die männliche Kontrolle der weiblichen Meinungsäußerung darf nicht mit der allgemeineren Aussage verwechselt werden, dass man nicht ohne ein gewisses Maß an Hemmungen in einer Gruppe leben kann. Die Frage ist, ob eine Gruppe ihre eigenen Hemmungen schafft oder ob sie die von einer anderen akzeptieren muss.

2. Ein wichtiger Trend der modernen Gesellschaft kann in der Tatsache gesehen werden, dass jede Gruppe dazu neigt, ihre eigene Perspektive zu entwickeln und sich der öffentlichen Auslegung der bestehenden Ordnung nicht verpflichtet zu fühlen.

3. Dies ist auch der Grund für das gut dokumentierte, aber nicht erklärte Phänomen, dass eine Demokratisierung in ihrer ersten Phase keine Gleichheit und universelle Gleichgesinntheit erzeugt, sondern die Gruppenunterschiede verstärkt. In der Tat sind wir Zeugen eines anhaltenden Wachstums des Nationalismus statt des Kosmopolitismus.[4] Der demokratische Prozess, der die allgemeine

4 Der demokratische Prozess verursachte dieselbe Erscheinung bereits im späten Mittelalter. Vgl. die Entwicklung regionaler Stile in Bayern, Schwaben, Franken und anderen Provinzen. Auf die gesellschaftlichen Wurzeln dieser Entwicklung spielt Dehio korrekterweise (ohne aber den soziologischen Gesichtspunkt zu übernehmen) wie folgt an: »Nach dem von internationalen Strömungen durchsetzten 14. erscheint das 15. als ein eminent *deutsches* Jahrhundert. [...] Dies wurde durch ein anderes erreicht: dadurch, daß die Kunst ihre Wurzeln in neue, bis dahin unberührt gebliebene Schichten des Volkstums vortrieb. Sie wurde entschiedener

Fähigkeit zur Selbstbestimmung erhöht, integriert in erster Linie Menschen in ähnlichen Situationen und weckt das Bewusstsein von Gleichgesinnten auf nationaler Ebene, bevor er das Gruppenbewusstsein auf eine globale Dimension ausweitet. Der Nationalismus ist in dieser Hinsicht ein Phänomen parallel zum Feminismus und zur deutschen Jugendbewegung.

## 2. Grundzüge einer soziologischen Theorie der Intelligenz

Der Aufstieg der Intelligenz markiert die letzte Phase der Zunahme des gesellschaftlichen Bewusstseins. Die Intelligenz war die letzte Gruppe, die den soziologischen Standpunkt eingenommen hat, da ihre Position in der gesellschaftlichen Arbeitsteilung keinen direkten Zugang zu einem lebenswichtigen und funktionierenden Segment der Gesellschaft bietet. Die Abgeschiedenheit des Studiums und die Abhängigkeit von Schriftsachen erlauben nur eine abgeleitete Sicht auf den sozialen Prozess. Kein Wunder, dass sich diese Schicht lange Zeit des gesellschaftlichen Charakters des Wandels nicht bewusst war. Und diejenigen, die schließlich für den sozialen Puls der Zeit sensibilisiert wurden, fanden den Weg zu einer soziologischen Bewertung ihrer eigenen Position vom Proletariat blockiert.

Das war kein Zufall, und es geschah auch nicht absichtlich. Das Proletariat hatte seine eigene Weltanschauung bereits perfektio-

national deshalb, weil sie zu gleicher Zeit entschiedener populärer wurde: dies ist der doppelte Sinn ihrer gesteigerten *Volkstümlichkeit.* Man wird nicht übersehen können, daß in ihr doch auch wieder eine Beschränkung lag. Nicht die ganze Volksgemeinschaft kam in ihr gleichmäßig zu Worte. Dem Satz, von dem wir ausgingen: – das 15. Jahrhundert sei exemplarisch ein deutsches gewesen – ist ein zweiter, ihn begrenzender, hinzuzufügen: es ist das Jahrhundert des dritten Standes. Vom Bürgertum gehen die treibenden Kräfte aus, das Bürgertum gibt ihr das geistige Gepräge: zu der aristokratischen und universalen Kunst des hohen Mittelalters das entschiedene Widerspiel« (Georg Dehio, *Geschichte der deutschen Kunst. Des Textes zweiter Band.* Zweite Aufl., Berlin 1930, S. 132). Die zweite Etappe des demokratischen Prozesses, die in der Zeit der Französischen Revolution und am Ende des wiederauflebenden Feudalismus der Territorialstaaten begann, fällt wiederum mit dem Nationalismus als einer bedeutsamen Integrationskraft zusammen – im Gegensatz zum reinen ideologischen Kosmopolitismus der Aufklärung. Der Nationalismus in dieser neuen Phase dehnte seine Reichweite vom Regionalen auf das Nationale aus – sowohl in kultureller als auch in politischer Hinsicht.

niert, als diese Nachzügler auf der Bildfläche erschienen, und diese Weltanschauung hatte die gleiche hypnotisierende Wirkung wie frühere Ideologien, die dominante Gruppen den untergeordneten Schichten aufzuzwingen pflegten. Es war ganz natürlich, dass das Proletariat sich selbst in den Mittelpunkt seiner Weltanschauung stellte. Alle Gruppen, die nach einer sozialen Orientierung suchen, versuchen zunächst eine die eigene Situation verbessernde Interpretation der Gesellschaft und diese Neigung wird nur auf einer höheren Ebene der Reflexivität korrigiert – einer Ebene, der wir uns über die Wissenssoziologie nähern. Nachfolgende Schichten mussten sich daher erst mit der fest verwurzelten Ideologie des Proletariats auseinandersetzen, bevor sie sich selbst verstehen konnten. Dieser Prozess verläuft eng parallel zur früheren Emanzipation des Proletariats von den Ideologien, die zuvor sein Klassenbewusstsein behindert hatten. Als die vereinzelten Gruppen der Intelligenz sich aufmachten, ihre soziologische Orientierung zu finden, begannen sie, sich innerhalb des Rahmens zu interpretieren, den das Proletariat für sich selbst entwickelt hatte. Dies erklärt das plötzlich gesunkene Selbstwertgefühl der Intelligenz; ihre frühere Arroganz wich nun der Unterwürfigkeit.

Die frühere hohe Meinung des Intellektuellen von sich selbst erklärt sich zum Teil dadurch, dass er, solange er der einzige anerkannte Deuter der Welt war, in ihr eine bedeutende Rolle beanspruchen konnte, obwohl er meist im Dienste anderer Schichten handelte. Die Geschichte der Intellektuellen ist voller Beispiele für ihre Selbstherrlichkeit, von der Herrschsucht der Priesterschichten und ihrer Rivalen, der Propheten, über die Dichter der Humanisten bis hin zu den historischen Visionären der Aufklärung und den romantischen Philosophen, die die Urteile des *Weltgeistes* verkündeten. Wir wissen zwar von dem langen, mühsamen Kampf der Bildhauer, Architekten und Maler, der sie aus den Reihen der Handwerker und Diener in die angesehene Position der Künstler erhoben hat, größtenteils seit dem Spätmittelalter und der Renaissance. Dies waren jedoch Ausnahmen. So wie manche Maler für hochgestellte Mäzene nicht vergaßen, sich selbst in irgendeiner Ecke eines allegorischen Bildes darzustellen, so reservierten sich auch Philosophen eine bevorzugte Nische in ihrer *Weltanschauung**. Der Glaube des

[Mit * gekennzeichnete Wörter im Original deutsch.]

Experten an seine eigene Mission hält jedoch nur so lange an, wie er den Schlüssel zu den Geheimnissen des Universums besitzt, solange er das denkende Organ anderer Schichten ist. Seine Anmaßung endet, wenn er auf die herrschende Weltsicht einer anderen Gruppe trifft. Die Unterwürfigkeit einiger moderner freischaffender Intellektueller rührt von einem Gefühl der Hilflosigkeit her, das sie überkommt, wenn sie, die Magier der Konzepte und Könige im Bereich der Ideologie, herausgefordert werden, ihre soziale Identität zu begründen. Sie entdecken, dass sie keine haben, und werden sich dessen scharf bewusst.

Wir müssen die eindrucksvolle Folgerichtigkeit anerkennen, mit der das Proletariat das soziale Universum neu interpretiert hat. Andererseits muss man sich fragen, inwieweit diese neue Sichtweise der Intelligenz eine fremde und unangemessene Selbsteinschätzung aufgezwungen hat. Lassen Sie uns den Begriffsapparat von Marx überprüfen, wie er ihn auf die Bedürfnisse einer Schicht zugeschnitten hat.

A. Was ist die Achse der proletarischen Soziologie? Sie ist eine Klassensoziologie und arbeitet mit nur einer soziologischen Kategorie: der Klasse. Innerhalb dieses engen Rahmens ist ein Phänomen entweder eine Klasse oder eine Nichtklasse. Diese Technik der Im-Voraus-Beurteilung eines Subjekts wurde schon oft angewandt, um das Selbstbewusstsein eines Gegners zu untergraben, indem man ihn mit einer Alternative konfrontiert, innerhalb derer er sich nicht durchsetzen kann. Um eine Analogie zu benutzen: Eine Frau, die sich in der Alternative Hausfrau oder Putzfrau sieht, wird sich mit keiner der zusätzlichen Rollen, die die Emanzipationsbewegung ermöglicht hat, verbinden können.

Dies ist eine der sublimiertesten Methoden der Ideologiebildung. Es ist keine kalkulierte Strategie. Sie verwirrt den Gegner nur, weil sie einer aggressiven und unreflektierten Selbstbehauptung entspringt. Das Proletariat selbst war einst das passive Objekt eben dieser Methode der ideologischen Kontrolle. Und so entdecken die im soziologischen Denken unerfahrenen Intellektuellen, die mit der Alternative Klasse oder Nichtklasse konfrontiert wurden, ihre eigene Nichtexistenz; denn da sie keine Klasse sind, müssen sie sicherlich ein soziales Nicht-Wesen sein.

Dieser abrupte Verlust der Selbstsicherheit nahm zwei typische Verläufe.

Der erste war die Wahl jener Intellektuellen, die sich den Arbeiterparteien anschlossen. Es war kein Bündnis von Gleichen, sondern die bescheidende Bereitschaft, die Rolle des proletarischen Funktionärs zu spielen, genauso, wie sich einige Vorgänger für die Sache früherer herrschender Klassen eingesetzt hatten.

Der zweite Kurs wurde am deutlichsten durch Scheler veranschaulicht. Er übernahm ohne Zögern die radikalsten Neubewertungen seiner Zeit und bewegte sich, wie von einem Dämon geleitet, von einer religiösen und historischen Philosophie hin zu einer soziologischen Orientierung. Nachdem er den Einfluss sozialer Kräfte auf das Denken erfahren hatte, geriet er in den Bann eines intellektuellen Nihilismus, und gegen Ende seines Lebens plante er ein Buch über »Die Ohnmacht des Geistes«.

Soziologisches Denken muss die Intelligenz nicht zu Defätismus und Selbstverspottung treiben. Man muss nur bereit sein, von den aufgezwungenen Interpretationen abzuweichen und von seinem eigenen Standpunkt aus zu denken – wie es heute jede Gruppe tun muss –, um seinen Platz in der sich verändernden Ordnung der Dinge zu finden; man kann politische Bündnisse schließen, aber mit dem Bewusstsein der eigenen Position.

Es hätte klar werden müssen, dass die Intelligenz keineswegs eine Klasse ist, dass sie keine Partei bilden kann[5] und dass sie zu konzertiertem Handeln unfähig ist. Solche Versuche waren zum Scheitern verurteilt, denn politisches Handeln hängt in erster Linie von gemeinsamen Interessen ab, die der Intelligenz mehr als jeder anderen Gruppe fehlen. Nichts charakterisiert diese Schicht weniger als Zielstrebigkeit und Geschlossenheit. Ein Regierungsbeamter, ein politischer Agitator oder ein unzufriedener radikaler Schriftsteller, ein Geistlicher und ein Ingenieur haben nur wenige greifbare gemeinsame Interessen. Zwischen dem »proletarischen« Schriftsteller und dem Proletariat besteht eine engere Verwandtschaft als zwischen den übrigen genannten intellektuellen Typen. Es ist hingegen allgemein bekannt, dass die abtrünnigen intellektuellen Söhne des Bürgertums oder des Adels anders reagieren als andere, sozial weniger mobile Angehörige ihrer eigenen Schichten.

5 Für einen Bericht über solche Versuche in Frankreich vgl. Hermann Platz, *Geistige Kämpfe im modernen Frankreich,* München 1922, insbesondere Kapitel VII, S. 196-211; Ernst Robert Curtius, *Der Syndikalismus der Geistesarbeiter in Frankreich,* Bonn 1921; Viktor Hueber, *Die Organisierung der Intelligenz. Ein Aufruf,* Prag 1910.

Neben ihren eigenen vielfältigen Klasseninteressen bringen Intellektuelle eine besondere Motivation und eine besondere Haltung in ihre berufliche Situation hinein, die der Soziologe nicht übersehen kann.

Die Intellektuellen sind eine in den Zwischenräumen gelegene Schicht, und die proletarische Soziologie, in deren Mittelpunkt die Begriffe Klasse und Partei stehen, konnte nicht umhin, dieser klassenlosen Ansammlung die Rolle eines Satelliten der einen oder anderen der bestehenden Klassen und Parteien zuzuweisen. Solch eine Konzeption verbirgt natürlich die besonderen Motivationen des Intellektuellen, und sie ist geeignet, seine Selbsteinschätzung zu lähmen. Es ist durchaus verständlich, dass der Politiker wenig Verwendung für die Eigenheiten solcher politisch schwer definierbaren Existenzen hat, denn er hat es mit klar umrissenen Sachverhalten zu tun, die Menschen verbinden oder trennen. Er kann es sich leisten, ausschließlich in politischen Begriffen zu denken und politisch irrelevante Gruppierungen zu ignorieren. Der Soziologe hingegen ist ein Diagnostiker sozialer Phänomene, und es ist seine Aufgabe, zu differenzieren.

Man kann die wesentlichen Merkmale dieser Schicht wie folgt zusammenfassen. Es handelt sich um eine Gruppierung zwischen, aber nicht über den Klassen. Der einzelne Angehörige der Intelligenz kann eine bestimmte Klassenorientierung haben und hat diese oft auch, und in tatsächlichen Konflikten kann er sich auf die Seite der einen oder anderen politischen Partei stellen. Darüber hinaus können seine Entscheidungen übereinstimmend mit und charakteristisch für eine klare Klassenposition sein. Aber über diese Zugehörigkeiten hinaus wird er durch die Tatsache motiviert, dass seine Ausbildung ihn dazu befähigt hat, sich den Problemen der Zeit in mehreren Perspektiven zu stellen und nicht nur in einer, wie es die meisten Teilnehmer an den Kontroversen ihrer Zeit tun. Wir sagten, dass er *in der Lage ist*, die Probleme seiner Zeit in mehr als einer Perspektive zu sehen, auch wenn er von Fall zu Fall als Parteianhänger auftreten und sich einer Klasse anschließen kann. Seine erworbenen Fähigkeiten machen ihn potenziell unbeständiger als andere. Er kann seinen Standpunkt leichter wechseln, und er ist weniger starr auf eine Seite des Wettbewerbs festgelegt, denn er ist in der Lage, gleichzeitig mehrere widersprüchliche Herangehensweisen an ein und dieselbe Sache zu erleben. Diese Neigung kann gelegentlich mit dem Klasseninteresse ein und derselben Person in Konflikt geraten. Durch seine Auseinandersetzung mit verschiedenen Aspekten desselben Themas und seinen leichteren Zugang zu anderen und unterschiedlichen Bewertungen der Situation fühlt er sich in einem größeren Bereich der polarisierten Gesellschaft zu Hause, aber sie machen ihn auch zu einem weniger zuverlässigen Verbündeten als die Person, deren Wahl auf einer kleineren Auswahl der vielen Aspekten beruht, in denen sich die Realität darstellt. Die politische Erfahrung zeigt, dass Intellektuelle seltener versucht sind, immer die gleiche Partei zu wählen und sich so zu rechtfertigen, wie sie es immer getan haben oder wie es ihre Väter getan haben.

Wir können diese Dinge nicht erklären, wenn wir die den eigenen Interessen dienenden Vereinfachungen des Parteifunktionärs oder einer Klassensoziologie akzeptieren, und doch zeigt sich ein gemeinsames Bewusstsein für diese scheinbar schwer fassbaren Tatsachen in der üblichen Unterscheidung zwischen »Gebildeten« und »Ungebildeten«. Der Durchschnittsmensch spürt einen ebenso großen Unterschied und soziale Distanz zwischen diesen beiden Kategorien wie zwischen Reich und Arm oder Arbeitgeber und Arbeitnehmer. Dies drückt sich auch gut in der vergleichsweise größeren Befangenheit aus, die die Menschen über ihren Mangel an Bildung als über ihren Mangel an finanziellen Mitteln empfinden. Solche Unterschiede werden in einem klassenzentrierten soziologischen Bezugsrahmen nicht deutlich.

Lassen Sie uns an dieser Stelle erneut betonen, dass Intellektuelle keine gehobene Schicht über den Klassen bilden und keineswegs besser als andere Gruppen über die Fähigkeit verfügen, ihre eigenen Klassenbindungen zu überwinden. In meiner früheren Analyse dieser Schicht habe ich den Begriff *»relativ freischwebende Intelligenz«* verwendet, den ich von Alfred Weber übernommen habe, ohne an eine völlig ungebundene, von Klassenbindungen freie Gruppe zu denken. Der hinzugefügte Begriff *»relativ«* war kein leeres Wort. Der Ausdruck spielte einfach auf die wohlbekannte Tatsache an, dass Intellektuelle auf gegebene Fragen nicht so geschlossen reagieren wie beispielsweise Angestellte und Arbeiter. Sogar diese zeigen von Fall zu Fall Unterschiede in ihren Antworten auf gegebene Fragen; noch mehr tun dies die sogenannten Mittelschichten, und am wenigsten einheitlich ist das politische Verhalten der Intellektuellen. Die Naturgeschichte dieses Phänomens ist ein Thema dieses Aufsatzes und einer früheren Studie.[6] Nach dieser Erinnerung ist nicht zu erwarten, dass die Kritiker meine These noch einmal bequem auf die leicht widerlegbare Behauptung vereinfachen, dass die Intelligenz eine über alle Klassen erhobene Schicht ist oder dass sie in Offenbarungen eingeweiht sind. In Bezug auf Letzteres war meine Behauptung lediglich, dass bestimmte Arten von Intellektuellen die beste Möglichkeit haben, die gesellschaftlich verfügbaren Perspektiven zu testen und zu nutzen und ihre Widersprüche zu erfahren. Ich werde später darauf zurückkommen.

## 3. Wie soziale Gruppen identifiziert werden

Um den sozialen Ort der Intelligenz zu bestimmen, müssen wir zunächst jene soziologischen Verfahren erneut untersuchen, die ausschließlich mit den Konzepten der Klasse und des Klasseninteresses operieren. Doch zunächst werden wir zwischen *Klassenposition bzw. -lage*, *Klasse* und *bewusster Klasse* unterscheiden.[7] Die erste bezeichnet die Stellung der Individuen und Gruppen in der gesellschaftlichen Ordnung. Wir haben bereits früher darauf hingewiesen, dass der Begriff »soziale Lage« umfassender ist als »politische Lage«. Soziale Lage ist ein allgemeiner Begriff, der sich auf das fortwährende Ausgesetztsein von Individuen gegenüber gleichartigen Einflüssen oder gleichen Möglichkeiten, Anreizen und Einschränkungen bezieht. Ein gemeinsamer sozialer Lebensraum schafft nicht notwendigerweise gleiche Interessen; z.B. kann die gemeinsame Minderheitenposition verschiedener ethnischer Gruppen an sich ohne die Beteiligung von Gruppeninteressen konzipiert werden. Der Begriff »Lagerung« kann sogar auf solche Phänomene wie Generationen und Altersgruppen ausgedehnt werden.[8] Die *Klassenlage* hingegen

6 Karl Mannheim, *Ideologie und Utopie*, Bonn 1929, S. 121-134.

7 Geigers methodische Beobachtung ist hier sehr zutreffend: »Die Frage nach *dem* richtigen Klassenbegriff ist also an sich sinnlos. Ein Klassenbegriff *wird* erst falsch, wenn er aus der Denkebene seines Ursprungs auf eine andere übertragen und dort angewandt wird« (Theodor Geiger, *Die soziale Schichtung des deutschen Volkes. Soziographischer Versuch auf statistischer Grundlage*, Stuttgart 1932, S. 1).

8 Vgl. Karl Mannheim, »Das Problem der Generationen«, in: *Kölner Vierteljahrshefte für Soziologie* 7 (1928), S. 157-185. [In diesem Aufsatz verwendet Mannheim den

impliziert eine gewisse Affinität der Interessen innerhalb einer diversifizierten Gesellschaft, in der Macht selektiv verteilt und unterschiedliche Vorrechte und wirtschaftliche Chancen verteilt werden.

Um vom Konzept der Position oder der Lagerung zum Konzept der Klasse zu gelangen, müssen wir uns zunächst mit dem Positionscharakter des Verhaltens vertraut machen. Wir verstehen den Menschen in erster Linie über sein Verhalten und seine Motivationen, und diese wiederum hängen von seiner Orientierung in einer bestimmten Situation ab. Von einem *positionellen Verhalten* sprechen wir dann, wenn das Verhalten eines Menschen seine Reaktion auf seinen Standort offenbart. Der Begriff der *Positionsorientierung* darf nicht deterministisch ausgelegt werden, da eine gegebene Position mehr als eine Art von Reaktion zulässt. Gleichzeitig ist ein Verhalten nur dann positionell, wenn es von den Impulsen geleitet wird, die an einem Ort latent vorhanden sind, im Gegensatz zu einem Kind oder einem Geisteskranken, von denen keiner seine Position wahrnimmt oder auf sie reagiert. Ein Ort hat eine objektive und eine subjektive Komponente. Der objektive Charakter eines Ortes kann ohne Rücksicht auf das Verhalten seiner Bewohner definiert werden, denn eine Position existiert einfach, egal wie und ob man auf sie reagiert. Obwohl eine Position aktualisiert wird und nur durch das Verhalten ihrer Inhaber erkennbar wird, können sie in ihr existieren, ohne auf sie in vorhersehbarer oder typischer Weise zu reagieren.

Die wichtigste Form des Positionsverhaltens ist dasjenige, das einzig und allein von den wirtschaftlichen Interessen eines Individuums geleitet wird, wie sie vor allem auf dem Markt verwirklicht werden. Nun können wir von einer *Klasse* sprechen, wenn Individuen in Übereinstimmung mit ihren gleichartigen Interessen und ihrer gleichartigen Position im Produktionsprozess einheitlich handeln. Eine *bewusste Klasse* hingegen konstituiert sich durch die Tendenz ihrer Mitglieder, kollektiv in Übereinstimmung mit einer bewussten Bewertung ihrer Klassenposition in Bezug auf alle anderen Schichten der Gesellschaft zu handeln.

Klassenposition, Klasse und bewusste Klasse konstituieren drei Ebenen der Differenzierung. Die dazu zählenden Personen müssen nicht übereinstimmen, und das ist in der Regel auch nicht der

Begriff der »Lage« bzw. »Lagerung«, weshalb hier »class position« mit »Klassenlage« übersetzt wird.]

Fall. Klassenparteien, Gewerkschaften und Interessengruppen sind oft Erscheinungsformen der dritten Phase – der bewussten Klasse.

Bevor wir eine Analyse der Intelligenz vornehmen, wollen wir einige rückblickende Bemerkungen machen.

A. Wir behaupten nicht, dass menschliches Verhalten ausschließlich von wirtschaftlichen Interessen geleitet wird, aber wir behaupten, dass die Struktur der so motivierten Handlungen uns ein nützliches Modell für die soziologische Analyse liefert; eine Tatsache, die von Max Weber gut demonstriert wurde.[9] Obwohl traditionelles Verhalten an sich das Gegenteil von rationalem Verhalten ist, bewahrt es oft einen früheren Kern der Rationalität. Tradition kann sowohl aus vergangenen Interessen als auch aus Magie entstehen.

B. Oftmals kann der Laie den Einfluss rationaler Interessen in irrational motivierten Handlungen nicht erkennen. Die Befolgung religiöser Gebote, die an sich nichtrational sind, dient oft rationalen Zielen. Max Webers bekannte Analyse der puritanischen Askese liefert ein gutes Beispiel.[10] Die ursprüngliche Motivation dieser Askese war zweifellos religiös, doch entsprach sie einer rationalen Haltung gegenüber dem wirtschaftlichen Wert, die von einem sich entwickelnden kommerziellen Kapitalismus gefordert wurde. Auf lange Sicht kann der Mensch nicht in völliger Missachtung seines Standortes handeln und die sozialen Bedingungen seiner Existenz ungeschehen machen; entscheidend ist also das, was er tut, und nicht das, was er zu tun glaubt. Handlungen können konsequent ein bestimmtes Ziel erreichen, ohne dadurch motiviert zu sein. Nicht selten wird eine unendliche Reihe geringfügiger, wenn auch unbewusster Anpassungen letztlich eine ursprünglich dysfunktionale Art von Verhalten in rationale Bahnen lenken.

C. Praktisch jeder Mensch hat ambivalente Motivationen und mehr als einen sozialen Lebensraum. Die Klassenposition ist daher eine von mehreren Lagerungen und eine von mehreren Handlungsmotivationen. Dies gilt insbesondere für den Intellektuellen, vor allem wegen seiner größeren Beteiligung an der Kommunikation zwischen den Klassen. Seine politischen Entscheidungen hängen

9 Max Weber, *Wirtschaft und Gesellschaft (Grundriss der Sozialökonomik, III. Abteilung)*, Tübingen 1922, § 1, II: »Der Begriff des sozialen Handelns«.

10 [Max Weber, *Gesamelte Aufsätze zur Religionssoziologie. Bd. 1*, Tübingen 1920.]

nicht nur von seiner Klassenposition ab, sondern auch von der Verständigung mit anderen außerhalb seiner Klasse.

D. Diese Überlegungen müssen bedeutungslos bleiben, solange man an der dogmatischen Klassenkonzeption der marxistischen Theorie festhält. Von diesem Standpunkt aus können wir nicht angemessen mit der Intelligenz als einem sozialen Phänomen umgehen. Im Gegensatz zu ihrer positivistischen Intention folgt die marxistische Philosophie dem mittelalterlichen Typus des begrifflichen Realismus, dessen Ontologie das Individuum übergeht. Dies ist ein hegelscher Wesenszug des Marxismus. Sie begreift die Klasse in der Natur eines Makroanthropos und das Individuum lediglich als das Werkzeug eines kollektiven Leviathan. Marx' *Klasse* scheint von den Wahrnehmungen und Reaktionen des Individuums ebenso unabhängig zu sein wie die mittelalterlichen Universalien. Wenn Klassen einmal so konzeptualisiert sind, können sie leicht in sprachliche Schubladen verwandelt werden, und jedes Individuum soll der einen oder anderen angehören. Obwohl die Doktrin nicht auf diese Weise gelehrt wird, ist eine solche Schlussfolgerung für diejenigen, die in der Alternative von Klasse oder Nichtklasse denken, kaum zu vermeiden. Von hier aus kann man nicht ein so schwer fassbares und ambivalentes Phänomen wie die Intelligenz erfassen, es sei denn, man erklärt die charakteristischen Nuancen, die diese Gruppe abgrenzen, für irrelevant und fährt fort, sie mit der einen oder anderen Klasse zu identifizieren oder sie als Anhängsel der einen oder anderen zu diagnostizieren.

Die Analyse dieser Schicht gibt uns die Möglichkeit, den Denkfehler eines solchen Ansatzes aufzudecken. Die Klasse kann im Unterschied zur Klassenposition nicht unabhängig von den Handlungen von Individuen gedacht werden, sondern nur als eine Gruppe, die homogen auf eine identische ökonomische Position reagiert. Nur seine Klassenmotivationen machen ein Individuum zu einem Mitglied einer Klasse. Sobald diese klar sind, sind wir in der Lage, den verschiedenen Motivationen eine gewisse Bedeutung für politische Entscheidungen beizumessen. Einige Personen werden nur von einer einzigen vorherrschenden Motivation beeinflusst, während andere von widersprüchlichen Beweggründen beeinflusst werden. Das gilt nicht nur für Intellektuelle, sondern für jeden, der einem fest etablierten Beruf angehört, zu dem Außenstehende keinen leichten Zugang haben.

Wir verstehen ambivalente Situationen nur, wenn wir den hegelianischen Realismus aufgeben, der dem marxistischen Klassenbegriff seinen eisernen Charakter verleiht und die marxistische Sichtweise für eine konkrete Psychologie unempfindlich macht. Wir müssen den Klassenbegriff auf Handlungen und auf individuelle Präferenzen stützen, um alternative Situationen einschätzen zu können und uns der Tatsache bewusst zu werden, dass eine Klasse nicht alle Handlungen der konkreten Person absorbiert und erklärt. Wenn wir trotz alledem nicht vollständig das Verfahren der soziologischen Nominalisten übernehmen, die die Realität allein den Wahrnehmungen und Handlungen des Individuums zuschreiben, dann deshalb, weil sie dazu neigen, kollektive Situationen, in denen Individuen leben und handeln, sowie die relative Unabhängigkeit und Dynamik von Gruppenstrukturen zu übersehen. Dass das Individuum der primäre Sitz der Realität ist, ist natürlich eine Annahme, die uns unausweichlich erscheint, aber sie darf uns nicht blind machen für die objektiven Bedingungen, mit denen das Individuum ständig konfrontiert ist. Diese Bedingungen kanalisieren und motivieren sein Verhalten, ob es sich dessen bewusst ist oder nicht. Die extreme Konsequenz der nominalistischen Sichtweise ist eine unstrukturierte Welt, ein soziales Vakuum, das das Handeln des konkreten Menschen ebenso unverständlich macht wie ein doktrinärer Realismus.

Das Verfahren, für das wir plädieren, beruht auf den folgenden Überlegungen. Wir stimmen mit den Realisten überein, dass das Verhalten des Individuums außerhalb seiner sozialen Beziehungen nicht angemessen verstanden werden kann. Aber wir lehnen deren Praxis ab, aus politischen oder religiösen Gründen einer bestimmten Gruppierung wie Klasse, Rasse, Kirche oder Nation den Vorrang einzuräumen, und wir wenden uns gegen die Interpretation aller anderen sozialen Verbindungen als Ableitungen der einen »realen« Gruppierung. Wir akzeptieren das Ziel der Nominalisten, das Verhalten und die Motivationen der Person zu verstehen, aber wir wenden uns gegen ihre Tendenz, das Individuum als eine sozial losgelöste und residuale Einheit zu konstruieren. Wir glauben, dass das Individuum als solches nur durch seine Teilnahme an einer Vielzahl von Gruppierungen verstanden werden kann, von denen einige aufeinander abgestimmt sind, während andere sich überschneiden oder sogar widersprechen. Was ein einzelnes Wesen soziologisch relevant macht, ist nicht seine relative Loslösung von der Gesellschaft, sondern sein vielfältiges Engagement. Der Prozess der Individuation findet genau in dem Moment statt, in dem sich die Person mit sich überlappenden und widerstreitenden Gruppen identifiziert.

In diesem Sinne werden wir uns in der Folge mit mannigfaltigen Zugehörigkeiten und ambivalenten Motivationen beschäftigen, insbesondere denen, die in der Situation der Intelligenz vorhanden sind.

## 4. Die Typen der Intelligenz

Wir wenden uns nun nach den Vorbemerkungen den Faktoren zu, die es uns erlauben, von der Intelligenz als einem individuellen sozialen Typus zu sprechen. Aus welchen Quellen stammt die Ambivalenz dieser Individuen und woher beziehen sie ihre besondere Motivation über ihre Klassenpositionen hinaus?

Das einzige gemeinsame Merkmal der Intellektuellen ist ihr unterschiedlicher Umgang mit der Kultur. Dieser Kontakt kann jedoch eine ganze Reihe von Dingen bedeuten, und die meisten Missverständnisse sind auf die unterschiedlichen Interpretationen des Begriffs »kultiviert sein« zurückzuführen.[11] Lassen Sie uns differenzieren.

I. Der erste Typus wird mit der Unterscheidung zwischen manuellen und intellektuellen Leistungen angedeutet. Eine solche Polarisierung ist nicht gänzlich bedeutungslos. Sie verweist auf unterschiedliche Mittel und Werkzeuge der beruflichen Leistungen ohne Bezug auf den sozialen Rang. Während in früheren Zeiten eine solche Gegenüberstellung immer mit einer sozialen Bewertung, etwa einer Rangdifferenzierung, verbunden war, hat die demokratisierte Arbeitsordnung der modernen Gesellschaft die Unterscheidung

11 Die Diskussion über das Thema muss unfruchtbar bleiben, solange jeder eine andere Gruppe von Intellektuellen im Auge hat. Meine Darstellung des Themas in *Ideologie und Utopie* litt darunter, dass es mir nicht gelang, den besonderen Typus, den ich die »sozial freischwebende Intelligenz« nannte, von anderen zu unterscheiden. Die Missverständnisse, zu denen dieses Versäumnis geführt hat, machen es zwingend erforderlich, den Begriff der Intelligenz mit Sorgfalt und Präzision zu erarbeiten [Mannheim, *Ideologie und Utopie*, S. 121-134].

zwischen den beiden Arten von Leistungen tatsächlich von ihren früheren Wertkonnotationen befreit.[12] In einer Gesellschaft der beruflichen Spezialisierung wird die besondere Natur der Arbeit immer mehr zu einer Eigenschaft des Berufes und immer weniger zu einem Statussymbol. Um sich die moderne Tendenz zu vergegenwärtigen, muss man nur an die alte römische Unterscheidung zwischen *opera servilia* und *artes liberales* denken. Erstere bezeichnete verschiedene Arten von körperlichen Darbietungen, die freien Männern nicht gebührte, mit Ausnahme von Militärdienst, Gymnastik und Wettkampf, während die *artes liberales* bereits etwas von der späteren Einstufung der freien Berufe enthalten.

2. Eine zweite Stufe in der Bewertung der geistigen Berufe betrifft stark den sozialen Status: Der frühere Gegensatz zwischen körperlichen und geistigen Leistungen weicht der neuen Unterscheidung zwischen *freien Berufen* und *Handwerksberufen*. Erstere bezeichnen eine Beschäftigung mit den Künsten, Wissenschaften und der Religion um ihrer selbst willen und ohne Bezahlung. Die Freiheit von finanziellen Erwägungen ist ein wichtiges Merkmal des Prestiges, das mit diesen Berufen verbunden ist. Die Ausübung dieser Berufe um ihrer selbst willen ist nur Gentlemen mit eigenem Vermögen möglich. Ein freier Beruf in diesem Sinne bedeutet nicht nur eine nichtmanuelle Leistung, sondern auch eine Quelle von Prestige und ein besonderes Berufsethos, nämlich die uneigennützige Hingabe an eine Berufung. Seine hohe moralische Wertschätzung verschleiert jedoch oft die Tatsache, dass das Prestige nicht aus der uneigennützigen Leistung als solcher erwächst, sondern aus der gesellschaftlichen Stellung, die sie ermöglicht. Dies wird gut veranschaulicht durch den alten Brauch, dass der in der hippokratischen Tradition ausgebildete Arzt sich nur mit Diagnostik und Prognose befassen durfte und Chirurgie, Therapie und (Kranken-) Pflege den angestellten Helfern überlassen sollte. Dieselbe Unterscheidung zwischen den freien Berufen und den bezahlten Berufen bildet den Hintergrund der Praxis, vor dem Aufkommen der modernen Bürokratie die öffentlichen Angelegenheiten in die Hände von ehrenamtlichen Beamten – unbezahlte Großgrundbesitzer wie in England oder unabhängige Patrizier – zu legen.[13]

12 Vgl. Edgar Zilsel, *Die Entstehung des Geniebegriffes*, Tübingen 1926, S. 324 f.

13 [Max Weber, »Politik als Beruf«, in: ders., *Gesammelte politische Schriften*, München 1921, S. 396-450, hier S. 412 f.]

3. Diese Gentleman-Einstufung der intellektuellen Berufe findet sich noch in einer dritten Unterscheidung, nämlich zwischen *Gebildeten* und *Ungebildeten*. Diese Unterscheidung hat in den Kleinstädten einiger Länder Südamerikas und Europas, insbesondere in Deutschland, immer noch große Bedeutung. Diese Bezeichnungen beziehen sich nicht nur auf Berufe, auf die akademische Ausbildung oder auf die feudalen Stände, die nicht mehr existieren.[14] Der Begriff »gebildet« in diesem besonderen Sinne umfasst so ehrbare Leute wie den Arzt, den Rechtsanwalt, den Lehrer, den Pfarrer, den Kaufmann und den Fabrikanten, kurz, Persönlichkeiten, die es gewohnt sind, sich um den bevorzugten Gasthaustisch zu versammeln und sich zu Hause zu treffen. Drei austauschbare Prinzipien der Auswahl sind hier am Werk, nämlich *Kultivierung*, *soziale Stellung* und *Einkommen*. Ein beträchtliches Einkommen kann einen gewissen Mangel an Kultur ausgleichen und *umgekehrt*. Der daraus resultierenden Auswahl fehlt es nicht an einem gewissen Maß an Homogenität. Sie beruht weitgehend auf ähnlichen sozialen Umgangsformen, einem ähnlichen Lebensstil und einem gemeinsamen Sinn für Anstand. Diese soziale Symbiose bringt eine homogene Kultur hervor, d. h. eine konventionalisierte Form der selektiven sozialen Verfeinerung.

4. Dieses herkömmliche Merkmal der »Gebildeten« hat seit dem Aufstieg des absoluten Staates und seiner ausgebildeten Bürokratie ständig an Aktualität verloren. Die bürokratische Hierarchie schafft ihre eigenen Unterscheidungskriterien durch ein neues System von *Zertifizierungen* für die Laufbahn im öffentlichen Dienst.[15] Auf dieser neuen Grundlage werden die Gebildeten als die Inhaber von Diplomen und Karrieremonopolen identifiziert. Die bisherige Unterscheidung der Ehrbarkeit weicht der Differenzierung zwischen denjenigen mit und denjenigen ohne akademische Ausbildung[16]

14 Vgl. für das Folgende Ottoheinz Gablentz, Carl Mennicke, *Deutsche Berufskunde*, Leipzig 1930, insbesondere S. 4 f.

15 Weinstock hat zweifellos Recht, wenn er sagt, dass an der rationalen Auswahl von Beamten nichts auszusetzen ist. Sie wurde erst zur Absurdität, als dieser Auswahlmechanismus als Grundlage für den verkürzten einjährigen Wehrdienst diente, den das deutsche Verteidigungsgesetz von 1876 ermöglichte. Diese Bestimmung verwandelte eine pädagogische Auswahl in eine soziale (vgl. Heinrich Weinstock, »Das Berechtigungselend«, in: *Die Erziehung* 4 (1929), S. 263-283).

16 Das preußische System der Zeugnisse scheint seinen Ursprung bei Friedrich Wilhelm I. zu haben. Prüfungen wurden zunächst von Militärrichtern verlangt,

und in Deutschland der weiteren Abstufung der Abschlusszeugnisse, die nach der 6., 7. und 8. Klasse abgelegt werden.

Die Standardisierung der Ausbildung an sich ist in einer Industriegesellschaft unausweichlich. Ein Ehrenamt von vornehmen Laien wäre den Bedürfnissen der heutigen Gesellschaft nicht angemessen. Ebenso wenig kann man den demokratischen Charakter eines Systems in Frage stellen, das eine messbare Ausbildung zur Grundlage der Qualifikation für Positionen macht, da die Ausbildung zumindest im Prinzip für jeden zugänglich ist. Dennoch schafft dieses System eine neue Art der Differenzierung, nicht nur wegen der finanziellen Voraussetzungen für eine weiterführende Ausbildung.

So fügte die bürokratische Verwaltung der deutschen Gesellschaft dem früher konventionalisierten, vornehmen Konzept der Kultivierung ein neues Kriterium der Intellektualität hinzu: den Besitz von *anwendbarem Wissen*. Die systematisierten Prüfungen kontrollieren, wie viel von dem bereitgestellten Wissen der Kan-

dann nach der Verordnung von 1713 auch von stellvertretenden Richtern. Ab 1737 wurde von den Richtern sowohl der höheren als auch der niederen Gerichte, einschließlich der Richter auf den Adelsbänken, erwartet, dass sie die vorgeschriebenen Ausbildungsstandards erfüllen und Prüfungen ablegen sollten. Eine Ausnahme blieben die Verwaltungskollegien; in diesen Positionen wurde offenbar praktische Erfahrung den »Advokatenstreichen« vorgezogen. Es liegt auf der Hand, dass das Prüfungssystem als Schutz gegen Vetternwirtschaft konzipiert war, denn der Staatsvertrag sah gleichzeitig vor, dass kein Sohn die Nachfolge seines Vaters im Amt antreten sollte. Man darf jedoch nicht vergessen, dass die Förderung des Korpsgeistes im öffentlichen Dienst in der Regel mit einer Ermutigung der Söhne einhergeht, sich für die Berufung des Vaters zu entscheiden. Friedrich der Große betrachtete dies als den Hauptimpuls für die Entstehung eines fähigen Korps von Beamten (vgl. Albert Lotz, *Geschichte des deutschen Beamtentums*. 2., durch einen Nachtrag ergänzte Aufl., Berlin 1914, S. 155-161).

1788 bildet den wichtigsten Markstein in der Geschichte des deutschen Zeugnissystems. In jenem Jahr wurde durch ein königlich-preußisches Edikt die Abiturprüfung eingeführt. Das gleiche Edikt führte auch die Unterscheidung zwischen »berechtigten« und »nicht berechtigten« Gymnasien ein, indem die Aufnahmeprüfung für die Universitäten in den Gymnasien selbst, d. h. in denjenigen, die so zertifiziert wurden, durchgeführt wurde. Es ist interessant, dass die Zulassung außergewöhnlicher Studenten an Universitäten bereits in dieser Zeit begann; erst vor kurzem wurde diese Bestimmung in Deutschland wieder eingeführt (vgl. Joseph Schröteler, Aloisia Pfennings, »Prüfungs- und Berechtigungswesen«, in: Josef Spieler [Hg.], *Lexikon der Pädagogik der Gegenwart. Zweiter Band. Kinderfürsorge bis Zwangszustände*, Freiburg im Breisgau 1932, S. 623-627).

didat aufnehmen konnte und ob er bestimmte vorgeschriebene und standardisierte Methoden beherrscht. Nun erfordert eine differenzierte Gesellschaft natürlich ein Personal, das in operativ definierten und zugeordneten Fächern ausgebildet ist. Aber es ist nicht notwendig, diejenigen Aspekte einer akkumulierten Kultur zu verdecken, die für ausgewählte Karrieren nicht notwendig sind. Kultur wurde bereits im 16. Jahrhundert konventionalisiert. Franz Blei sagt über das Rokoko, dass es diesem fast gelungen sei, die Dichtung durch Literatur zu ersetzen.[17] Der bürokratische Einfluss hat diesem Trend vor allem in der Hochschulbildung zusätzlichen Schwung verliehen. Wir werden am Ende dieses Aufsatzes auf dieses Thema zurückkommen.

Wir haben vier verschiedene Kriterien der Kultivierung und Bildung beschrieben. Sie entsprechen vier Sozialtypen, die sich durch ihre beruflichen Merkmale, ihr Verhalten und ihre gesellschaftliche Ausrichtung gut unterscheiden. Obwohl diese Typen in verschiedenen Phasen der Geschichte entstanden sind, existieren sie in der heutigen Gesellschaft immer noch nebeneinander. Es wäre falsch zu glauben, dass sie nicht einige echte Merkmale einer Intelligenz repräsentieren, aber es wäre ebenso falsch, in ihnen die einzig möglichen Varianten zu sehen.

Mit welcher Klasse oder welchem sozialen Rang sich die so beschriebene Personen auch immer identifizieren, sie alle zeigen charakteristische Abweichungen in ihrem Verhalten von ihren Altersgenossen, die ihre intellektuellen Sorgen nicht teilen. Dieses gemeinsame Interesse ist eine alternative Motivationsquelle, die das Verhalten des Einzelnen von dem Kurs ablenkt, den seine Klassenposition vorwegnimmt. Der Lehrer, der keine Bezahlung für bestimmte Leistungen akzeptiert, weist in gewisser Weise seine Klassenposition als Angestellter zurück. Regierungsangestellte lehnen die Organisation in einer Gewerkschaft oft um eines Prestiges willen ab, das einzig und allein in ihren gemeinsamen Berufsvorstellungen wurzelt.[18] Die Ambivalenz des Gebildeten und seine Abweichung von seinem Klassenmodell lassen sich dadurch erklären,

17 Franz Blei, »Einleitung«, in: ders. (Hg.), *Der Geist des Rokoko*, München 1923, S. I-XXII, hier S. XI.

18 Emil Lederer, Jakob Marschak, »Der neue Mittelstand«, in: *Grundriss der Sozialökonomik. IX. Abteilung. Das soziale System des Kapitalismus. I. Teil. Die gesellschaftliche Schichtung im Kapitalismus*, Tübingen 1926, S. 120-141.

dass ein individuelle Denklage dazu neigt, eine übereinstimmende Gruppe mit einem besonderen *esprit de corps* zu schaffen und die Distanz zwischen denen, die innerhalb des erworbenen Gedankenuniversums kommunizieren, und denen, die nicht kommunizieren, zu vergrößern.

Wir haben nicht vor, uns mit der vorhergehenden Berufstypologie der Intellektuellen länger aufzuhalten. Sie wurde als Ausgangspunkt konzipiert. Die Typen von Intellektuellen, mit denen sich die folgenden Teile dieses Aufsatzes befassen werden, unterscheiden sich von den oben skizzierten aufgrund ihres vergleichsweisen Mangels an beruflichen Unterscheidungen und ihren besonderen Motivationen, die wir aufzuspüren hoffen. Es mag sein, dass die Diskussion an bestimmten Punkten die Grenzen der soziologischen Analyse hin zu einer Kulturphilosophie überschreitet. Dennoch ist es ein Unterschied, ob eine Philosophie als Ersatz für eine soziologische Analyse oder als deren Erweiterung dargestellt wird. Wir hoffen, dem zweiten Verfahren folgen zu können.

## 5. Der zeitgenössische Intellektuelle

Bei unserer Suche nach einem angemessenen Konzept des Intellektuellen müssen wir mit den Situationen beginnen, die einen ersten Blick auf das Phänomen ermöglichen. Der Ausdruck »gebildet« gibt eine Andeutung dazu, die über ihre zuvor analysierte Bedeutung hinausgeht. Der Begriff »gebildet sein« spielt auf eine Art von Einbindung in eine Situation an, die uns alle betrifft, ohne jeden spürbar zu beeinträchtigen. Der geistige Horizont eines jeden Menschen deckt zumindest den Bereich ab, in dem er handeln und sich ein operatives Wissen aneignen muss. Sein Verständnis der menschlichen Welt mag durchaus über diesen Aktionsradius hinausgehen, aber kein Beruf und keine Stellung in der Gesellschaft erfordert ein Bewusstsein für die Angelegenheiten aller Menschen. Es sind die Gebildeten, die mit unserem Stand der Dinge, und nicht nur ihrem, *en rapport* bleiben, und in diesem Sinne sind sie in eine Situation involviert, die uns alle angeht.

Obwohl die zuvor skizzierten Typen von Gebildeten nicht so definiert wurden, kann man nicht behaupten, dass diese Beteiligung ohne einen gesellschaftlich gesicherten Zugang zu Wissen, wie ihn die genannten Typen darstellen, möglich ist. Noch riskanter wäre es natürlich, davon auszugehen, dass all jene, deren gesellschaftliche Stellung den Zugang zum Wissen *eo ipso* ermöglicht, diesen auch haben. Um genauer zu sein: Wissen entwickelt sich in zwei verschiedenen Strömungen:

A. Im *Kontinuum der Alltagserfahrung* (eine Kategorie, der Dilthey, Scheler, Heidegger, jeder auf seine Weise, große Aufmerksamkeit schenkten), in dem der Einzelne gezwungen ist, praktische Probleme zu lösen, wie sie in seinem eigenen Leben auftreten. Er begegnet diesen Problemen mit Hilfe eines Wissens, das er sich spontan, beiläufig oder imitierend, aber ohne bewusste Methode aneignet. Die auf diese Weise gesammelten Informationen sind in den Fähigkeiten des Handwerkers, der Lebenserfahrung und dem *savoir faire* verkörpert.

B. Eine andere Art des Lernens hat ihren Ursprung im *esoterischen* Übertragungsweg, der in einem bestimmten Zustand der sozialen Komplexität zum Mittel der »Bildung« wird. Die esoterische Weltsicht ist keine spontane Aneignung, sondern das Produkt von zweckbestimmter Anstrengung und kultivierter Tradition.

In einfachen Kulturen gehen diese beiden Arten von Wissen oft ineinander über. So stellt das in Stämmen monopolisierte Handwerk – an sich ein Bereich der täglichen Routine – nicht selten ein geheimes Thema dar, während die Magie, deren Quelle und Inhalt esoterisch ist, gewöhnlich in den täglichen Trott der privaten Aktivitäten einfließt. Zunehmend komplexere Gesellschaften neigen jedoch dazu, den alltäglichen vom esoterischen Bereich des Wissens zu trennen und gleichzeitig die Distanz zwischen den Gruppen, die für sie zuständig sind, zu vergrößern.

Die offene Trennung dieser beiden Bereiche beginnt mit dem Aufkommen des Berufs-Schamanen und insbesondere mit dem Aufstieg einer Magiergilde und schließlich einer Magierkaste. Monopolkirchen neigen ebenfalls dazu, geschlossene und weit auseinanderliegende Schichten von Priestern, seien es Kasten oder Stände, zu etablieren. Die Entwicklung von Bildung und Erziehung erreicht einen Meilenstein von unvergleichlicher Bedeutung, wenn Laien das priesterliche Deutungsmonopol brechen und sich das öffentliche Interpretationsmonopol aneignen. Davor beteiligen sich die Laien nur sporadisch an der Entstehung öffentlicher Ansichten zu Themen, die außerhalb des Bereichs der täglichen und privaten

Erfahrung liegen. In der europäischen Geschichte änderte sich der Inhalt der Bildung mit der Laizisierung des Lernens in der Zeit des Humanismus und schon vorher in der begrenzten Kultur des Rittertums. Die soziologischen Aspekte dieses beginnenden Säkularismus sind nicht genügend betont worden, und wir können die Vielzahl der späteren Veränderungen nicht begreifen, ohne ihren Ursprung in einer relativ einfachen sozialen Verschiebung klar zu erkennen. Der Schlüssel zur neuen Epoche des Lernens liegt in der Tatsache, *dass die Gebildeten nicht mehr eine Kaste oder einen geschlossenen Stand bilden, sondern eine offene Schicht, zu der Personen aus einer zunehmenden Vielfalt von sozialen Positionen Zugang erhalten.* Kein einheitliches Weltbild wird mehr vorherrschend, und die verbindliche Gewohnheit, in einem geschlossenen scholastischen System zu denken, weicht dem, was wir einen *intellektuellen Prozess* nennen können. Dieser Prozess ist im Grunde die Polarisierung mehrerer nebeneinander existierender Weltanschauungen, die die sozialen Spannungen einer komplexen Zivilisation widerspiegeln. Der moderne Intellektuelle, der die Nachfolge des Scholastikers angetreten hat, hat nicht die Absicht, die alternativen Ansichten, die in der Ordnung der Dinge um ihn herum möglich sind, zu versöhnen oder zu ignorieren, sondern er sucht die Spannungen und nimmt an den Polaritäten dieser Gesellschaft teil. Die veränderte Mentalität der Gelehrten, die zersplitterte Weltanschauung des zeitgenössischen Intellektuellen sind nicht das Ergebnis einer wachsenden Skepsis, eines abnehmenden Glaubens oder der mangelnden Fähigkeit, eine integrierte Weltanschauung zu schaffen, wie einige Schriftsteller bedauerlicherweise behaupten. Ganz im Gegenteil: Säkularisierung und Multipolarität der Ansichten sind die Folge der Tatsache, dass die Gruppe der Gelehrten ihre Kastenorganisation und ihr Vorrecht, verbindliche Antworten auf die Fragen der Zeit zu formulieren, verloren hat.

Der Schlüssel- und Wendepunkt der westlichen Geschichte ist die allmähliche Auflösung der geschlossenen kastenähnlichen Schichten. Der Gelehrte war der erste, der von diesem Wandel betroffen war. Die Art und Weise, in der er Erfahrung in Begriffe fasst, spiegelt die Struktur seiner Schicht wider. Der in der Kaste sichere Gelehrte baute ein stationäres und kompaktes Konzeptgebäude auf, in Übereinstimmung mit seiner stabilen Existenz. Er warf nur Fragen auf, auf die er bereits Antworten hatte. Er drückte nur Zweifel aus, um sie zu zerstreuen, und er war nicht empfänglich für Tatsachen, die seine Überzeugungen nicht bestätigen würden. Der moderne Intellektuelle hat eine dynamische Neigung und ist immer wieder bereit, seine Ansichten zu revidieren und einen neuen Anfang zu machen, denn er hat wenig hinter sich und alles vor sich. Seine Sensibilität für wechselnde Ansichten und voneinander abweichende Interpretationen derselben Erfahrung ist jedoch eine mögliche Quelle seines Fehlers – nämlich eine falsche Toleranz und die Illusion, den Standpunkt anderer erfasst zu haben, wenn er nur deren Äußerungen wahrnimmt. Dennoch sollte man nicht versuchen, die Bedeutung dieses intellektuellen Prozesses zu schmälern, indem man an ihn den Maßstab – eines älteren stationären Sozialsystems – anlegt, wie es sehr oft geschehen ist. Die Sehnsucht nach der Sicherheit, die diese stabile Ordnung bot, darf nicht blind machen für die Errungenschaften, die ihr Erbe ermöglicht hat. Diese verlorene Einheit der Weltanschauung wird darüber hinaus diejenigen nicht in ihren Bann ziehen, die sich deren gesellschaftlicher Basis bewusst sind.

*Einfühlungsvermögen* ist eine weitere, wesentlich moderne Fähigkeit des Intellektuellen. Über den soziologischen Ursprung dieses Merkmals ist bisher wenig gesagt worden, und doch ist es nicht nur ein psychologisches Phänomen. Auch ist diese Fähigkeit, die »Seite des anderen« zu sehen, nicht so selbsterklärend und zeitlos, wie es auf den ersten Blick erscheinen mag. Dieser Wesenszug unterscheidet den modernen Intellektuellen von der scholastischen Form und auch vom einsamen Weisen. Letzterer mag Weisheit besitzen, aber Einsicht bis zur regelmäßigen Selbstaufhebung ist nicht sein Markenzeichen. Sympathie und Verständnis sind natürlich universelle Züge, aber nicht der Drang, in unbekannte oder rätselhafte Standpunkte einzudringen. Die Weisheit des erfahrenen, aber »ungebildeten« Menschen kann sich auf andere beziehen, soweit diese sein Milieu teilen, während »wahre Bildung« eine Quelle der aufschlussreichen Transzendenz des eigenen Milieus ist.

Es wird kein abwertender Vergleich versucht; man braucht den dauerhaften Nutzen, der sich aus einem aufgeschlossenen Leben und langer Erfahrung ergeben, nicht zu missbilligen. Der unbestreitbare Vorzug dieser selbst-erlernten Weisheit ist ihre unfehlbare Konzentration auf reale Probleme. Der Mensch, der sich sein Urteilsvermögen durch die direkten Lebenserfahrungen angeeignet hat, verliert sich nicht leicht in einem Labyrinth intellektueller Phantasie. Seine pragmatische Neigung, die tägliche Prüfung der Relevanz auf sein Denken anzuwenden, wird ihn vor der Versuchung der Gebildeten retten, sich in den Bereich trügerischer und nicht überprüfbarer Konstrukte zu begeben. Die Gefahr dieses Realismus liegt jedoch darin, dass er durch eine unbemerkte Verschiebung umgangen werden kann und dass er an den Maximen einer hart erkämpften Erfahrung festhält, lange nachdem der Strom der Ereignisse ihre Grundlage ausgehöhlt hat. Dies ist oft der Ursprung eines falschen Traditionalismus, dessen Normen nicht mehr zur bestehenden Situation passen. Das Paradoxon, das ein abrupter Wandel mit sich bringen kann, besteht darin, dass der nüchterne und selbstsichere Realist den Bezug zur Realität verliert und zu einem Utopisten wird – zu einem Utopisten der Vergangenheit, um Gottfried Salomons Ausdruck zu gebrauchen.[19]

Das sind die Grenzen einer lebenszentrierten Weisheit. Sie beschränkt sich auf die Dinge, die direkt in die Lebenssituation des Individuums eintreten, und ihre Reichweite kann ohne Bildung nicht viel weiter ausgedehnt werden. Bildung erweitert nicht nur das Spektrum der Dinge, von denen wir wissen, denn solange sie unseren Standpunkt nicht beeinflussen, sehen wir die Ereignisse immer noch mit den Augen des Traditionalisten, der sich selbst beigebracht hat, wie man sich behauptet und den Problemen einer sich nicht verändernden Welt begegnet. Bildung lehrt uns, unsere eigenen Angelegenheiten in den Angelegenheiten entfernter Völker zu entdecken und in einen anderen Standpunkt einzudringen, in-

19 [Gottfried Salomon-Delatour spricht von einer »Rückwärtsutopie« bei Novalis und in organischen Gesellschaftstheorien (Gottfried Salomon-Decatour, »Die organische Staats- und Gesellschaftslehre«, in: René Worms, *Die Soziologie. Wesen, Inhalt und Beziehung zu anderen Wissenschaften*, hrsg. v. Gottfried Salomon-Decatour, Karlsruhe 1926, S. 111-141, hier S. 116; vgl. auch ders., *Das Mittelalter als Ideal in der Romantik*, München 1922).] Der ländliche Typus des Traditionalismus, der aus der täglichen Erfahrung erwächst, ist durch ausgezeichnetes Material, das in den Vereinigten Staaten gesammelt wurde, gut illustriert. Vgl. James M. Williams, *Our Rural Heritage. The Social Psychology or Rural Development*, New York 1925; G. Lundquist, *What Farm Women are Thinking* (University of Minnesota, Agricultural Extension Division Special Bulletin 71), University Farm 1923; L. L. Bernard, »A Theory of Rural Attitudes«, in: *American Journal of Sociology* XXII (1917), S. 630-649; William I. Thomas, Florian Znaniecki, *The Polish Peasant in Europe and America*. 2. Aufl., 2 Bände, New York 1927.

dem wir unseren eigenen neu definieren. Sicherlich ist eine solche Neigung nicht ohne Gefahren; wir haben bereits auf sie hingewiesen. Aus einer allgegenwärtigen Empathie kann leicht ein unverbindlicher, flüchtiger und seichter Intellektualismus werden. Sein Virtuose könnte bald seinen Sinn für Proportionen verlieren, und während er sein Einfühlungsvermögen auf tiefgründige Dinge anwendet, könnte er seine Rolle in der näheren Umgebung nicht mehr übernehmen. Dies sind die Gefahren, und kein Wagnis ist ohne sie. Aber die Errungenschaften der Bildung, wie sie die Moderne ermöglicht hat, sind unverkennbar. Sie liegen in der Erweiterung des Selbst durch seine Teilhabe an einer multipolaren Kultur. Ein Individuum kann mehr als sein eigenes Leben leben und mehr als seine eigenen Gedanken denken. Er kann sich über den Fatalismus und Fanatismus einsamer Existenzen erheben, ob es sich nun um Individuen, Berufe oder Nationen handelt. Der Preis für diesen Gewinn ist die Bereitschaft, das Selbst zeitweise in der Schwebe zu halten, seine Prämissen zu überdenken und ein Fragezeichen neben Absolutheiten zu setzen. Man kann den gebildeten Geist nicht schätzen, ohne in den suchenden Handlungen der Skepsis das Positive zu sehen – Skepsis, die nicht in der erstarrten Form eines philosophischen Systems, sondern als Zustand fruchtbarer Ungewissheit verstanden wird.

Dieser skeptische Trend, der seinen Ursprung im Frankreich des 17. Jahrhunderts hat, ist fast an Deutschland vorbeigegangen. Vielleicht war Nietzsche der einzige bekannte Deutsche, der die Vitalität der französischen Skepsis verstand, wie sie sich in verschiedenen Stationen von Montaigne über Pascal, La Rochefoucauld und Chamfort bis hin zu Stendhal entwickelte. Kein früheres Zeitalter hatte die Überzeugung unserer Zeit, nämlich *dass wir keine Wahrheit haben*. Alle Zeitalter vor unserer Zeit hatten ihre Wahrheiten, selbst die Skeptiker.[20]

Dieser Ansatz zeigt seine Fruchtbarkeit besonders in der pädagogischen Situation. Der Ratgeber, der nicht wirklich gebildet ist, kann die Erfahrung weitergeben, die ihm auf seinem eigenen Lebensweg zugänglich war. Er kann uns aus Schwierigkeiten heraushelfen, aber er kann uns nicht lehren, uns über sie zu erheben. Man

20 Friedrich Nietzsche, *Morgenröthe. Gedanken über die moralischen Vorurtheile*, Chemnitz 1881; Robert Saitschik, *Deutsche Skeptiker: Lichtenberg, Nietzsche – zur Psychologie des neueren Individualismus*, Berlin 1906.

kann eine Situation nur bewältigen, wenn man *über sie hinausblickt.* Wir können ein Phänomen nur begreifen, wenn wir seine konkrete Variationsbreite erkennen. Das ist die Art von Ratschlägen, die wir aus einer echten soziologischen Analyse gewinnen können. Sie kann eine scheinbare Sackgasse erhellen, indem sie ihren zufälligen Charakter und die Alternativen, die uns offenstehen, erschließt. Das ist übrigens auch die Art der Hilfe, die eine fruchtbare Art der Psychoanalyse bietet. Es liegt etwas unvergleichlich Positives in dieser modernen Fähigkeit, die vorläufige Seite jeder Situation zu sehen, jede Erscheinungsform von Fatalismus zurückzuweisen, scheinbar unausweichlichen Alternativen auszuweichen und über und hinter scheinbare Beständigkeiten zu blicken.

Lassen Sie uns erneut innehalten, um die Gefahren der modernen Fähigkeit anzuerkennen, Themen auszuweichen und die eigenen Überzeugungen in Frage zu stellen. Es besteht kein Zweifel an den lähmenden Folgen eines immerwährenden Selbstzweifels, einer Lähmung, die sich diejenigen, die sich behaupten müssen, nicht leisten können. Ebenso wenig kann man bezweifeln, dass sich aus der Möglichkeit, Beunruhigungen zu entgehen, leicht ein unbeständiger und unheroischer Typus herauskristallisiert, der für ein unabhängiges Handeln ungeeignet ist.

Aber wird Heldentum nicht zuweilen in ein leeres Pathos ausarten, und gibt es keine Gelegenheiten, bei denen Unerschrockenheit und Zielstrebigkeit zu bloßem Starrsinn werden?

Es ist jetzt vielleicht klar, wie die sich ständig verschiebende Achse des modernen Denkens den Aufstieg einer unprivilegierten und polarisierten Intelligenz widerspiegelt, die in die öffentliche Interpretation der Angelegenheiten so viele Standpunkte einbringt, wie ihrem vielfältigen sozialen Hintergrund eigen sind. Sobald der frühere *esprit de corps* der Intelligenz gebrochen und ihre geschlossene Organisation aufgegeben ist, wird die Tendenz zum Infragestellen und Suchen statt zum Bejahen zu ihrem ständigen Merkmal. Die Multipolarität dieses Befragungsprozesses schafft eine einzigartig moderne Neigung, hinter und über den Schein hinaus vorzudringen und jeden festen Bezugsrahmen, der auf Endgültiges beruht, zu sprengen. Eng mit dieser Vorliebe verbunden ist die Tendenz, über die Zeit hinauszugehen, über und vor jeder Situation Stellung zu beziehen und Alternativen vorwegzunehmen, bevor sie auftauchen. Schließlich gibt es den Kontrast zwischen dem geschlossenen System, dem scholastischen *ordo*, und der modernen Vorsicht gegenüber der geschlossenen Perspektive. Dies ist nur ein weiterer Ausdruck des Kontrastes zwischen dem Zusammenhalt und der Homogenität der scholastischen Literaten und den lockeren Gruppen und dem polarisierten Zustand der modernen Intelligenz.

Dies sind Merkmale nicht des Geistes als solchem, sondern der Mentalität einer offenen und sich wandelnden Schicht, deren soziologische Analyse einen Schlüssel zum modernen Denken liefert.

## 6. Die historischen Rollen der Intelligenz

Wir haben versucht, die gesellschaftliche Basis der modernen Mentalität ausfindig zu machen. Es scheint, dass das, was wir den intellektuellen Prozess – die Multipolarität der Sichtweise – genannt haben, letztlich auf die lose Vereinigung interagierender Intellektueller zurückgeht. Diese Tatsache gibt uns noch keine vollständige soziologische Darstellung der Mentalität unserer Zeit, aber sie umreißt die Grundsituation, aus der heraus eine Typologie der Intelligenz möglich wird.

Die Intelligenz als spezialisierte Gruppe im Allgemeinen und die nachmittelalterlichen Intelligenzien im Besonderen stellen ein zentrales Thema der Soziologie des Geistes dar. Wir werden uns in diesem Beitrag auf den letzteren Typus konzentrieren, da seine historische Stellung ihm eine größere Bedeutung verleiht. Die marxistische Soziologie versteht intellektuelle Manifestationen nur im weiten Feld der großen Klassenspannungen. Man kann nicht leugnen, dass diese vereinfachte Sichtweise insofern einen Kern der Wahrheit enthält, als die übergeordneten Konflikte der Gesellschaft von grundlegendem Interesse für die soziologische Untersuchung des Geistes sind. Dieses grobe Verfahren bestätigt jedoch lediglich, dass es eine Beziehung zwischen Klassenspannungen und Ideologie gibt, ohne sich um die dazwischenliegenden, intervenierenden Verbindungen zu kümmern. Zwar wird der vermittelnde Charakter der Beziehung nicht übersehen, aber es wurde kein Versuch unternommen, ihn klar zu formulieren. Die Intellektuellen, die Ideen und Ideologien hervorbringen, bilden das wichtigste der Verbindungsglieder zwischen gesellschaftlicher Dynamik und der

Ideenbildung. Obwohl es nicht zu vertreten wäre, Ideologien allein aus der Situation ihrer Autoren zu konstruieren und den breiteren Kontext, in dem sie auftreten, zu ignorieren, wird auch der größere Rahmen sozialer Spannungen an sich nicht erklären, wie die Sprecher bestimmter Ansichten ihre Entscheidungen treffen und sich bestimmten Gruppen anschließen. Diesen Tatsachen müssen wir besondere Aufmerksamkeit schenken. Wir werden versuchen, anhand einiger anschaulicher Beispiele zu zeigen, wo die Hauptprobleme der Soziologie der Intelligenz liegen und durch welche aufeinanderfolgenden Schritte sie angegangen werden können.[21]

Wir können die Frage in ihrer richtigen Perspektive betrachten, sobald wir die bekannte Kategorie des »Funktionärs« aufgeben. Insofern sich die marxistische Soziologie mit Intellektuellen beschäftigt, tut sie das in deren Eigenschaft als Funktionäre und Satelliten. (Man beachte den begrenzten Bereich, aus dem sich der Pauschalbegriff »Funktionär« ableitet; er deutet etwa einen Gewerkschaftsfunktionär an.) Nun ist diese einfache Form der Soziologie nicht völlig sinnlos. Zweifellos sind und waren Intellektuelle oft bloße Ideologielieferanten für bestimmte Klassen. Dies ist jedoch nur eine von vielen Funktionen der Ideenbildung, und wenn man nicht bereit ist, alle zu berücksichtigen, ist das Studium des Intellektuellen in der Tat wenig vielversprechend.

Betrachten wir an dieser Stelle vier der Leitfragen, die für die Soziologie dieses Themas grundlegend sind; die ersten beiden beziehen sich auf die inhärenten Merkmale der Intelligenz, die beiden letzten auf ihre Beziehung zum gesellschaftlichen Prozess insgesamt:

1. die soziale Herkunft der Intellektuellen;
2. ihre besonderen Gruppen;
3. ihre Aufwärts- und Abwärtsmobilität;
4. ihre Funktionen in der Gesellschaft insgesamt.

21 Das Ziel dieser Studie ist es, ein mögliches Muster für Studien konkreter Gruppen von Intellektuellen, seien sie gegenwärtig oder historisch, bereitzustellen. Ich habe einige Dissertationen zu diesem Thema angeregt.

### (a) Die soziale Herkunft der Intellektuellen

Die soziale Herkunft der Intellektuellen ist für uns insofern von Bedeutung, als sie dazu beiträgt, die Gruppenimpulse zu beleuchten, die Intellektuelle häufig zum Ausdruck bringen. Das ursprüngliche Milieu eines Individuums liefert uns nicht die notwendigen Hinweise für ein vollständiges Verständnis seiner geistigen Entwicklung, aber es zeigt uns einige Faktoren seiner besonderen Neigung, gegebenen Situationen zu begegnen und sie zu erleben. Um die vorherrschenden Muster der Ideenbildung unter historisch bekannten Umständen zu erklären, benötigen wir nicht nur die Analyse der individuellen Lebensgeschichte, sondern auch statistische Daten über den sozialen (Klassen- oder Berufs-)Hintergrund und über die Stellung von repräsentativen Intellektuellen. Die traditionelle Intelligenz kann jedoch trotz des fortgesetzten Eintritts von Neuankömmlingen ihre beherrschende Stellung behalten. Dies war in der Politik der Fall, die in mehreren Fällen auch noch lange nach dem Aufstieg der unteren Schichten zur öffentlichen Prominenz vom Adel kontrolliert wurde. Eine weitere Frage, die es zu prüfen gilt, ist, wie viel Gewicht der frühere Status eines Individuums nach seinem Eintritt in die Reihen der Gebildeten hat; ferner, ob die ranghöheren Schichten ihren Zusammenhalt in ihren veränderten Rollen beibehalten und ob oder inwieweit Individuen ihren früheren Status aufgeben, bevor sie der Intelligenz beitreten. Das zahlenmäßige Verzeichnis der sozialen Herkunft der Gebildeten ist natürlich nur ein Datenmaterial, das von Interesse ist. Genauso wichtig ist es zu wissen, welche Situationen Personen mit dem einen oder anderen sozialen Hintergrund Gewicht verleihen. Schließlich darf man nicht übersehen, dass in bestimmten Fällen Intellektuelle ihre bisherige Identität in einer neuen eigenen Zugehörigkeit zusammenführen.

### (b) Die Gruppen von Intellektuellen und Künstlern

Zwischen der geschlossenen, kastenähnlichen Organisation und der offenen und losen Gruppe gibt es zahlreiche Zwischentypen von Gruppen, in denen sich Intellektuelle bewegen können. Ihre gegenseitigen Kontakte sind oft informell, aber die kleine, intime

Gruppe bildet das häufigste Muster.[22] Sie hat eine eminent anregende Rolle bei der Bildung gemeinsamer Haltungen und Denkströmungen gespielt.

Die frühmittelalterlichen Organisationen von Künstlern spiegeln die Art ihrer Leistungen wider. Sie wurden in der typischen Art und Weise des Handwerks durchgeführt. Die Arbeit war konzentriert in einer gemeinsamen Werkstatt, wurde im Team durchgeführt, und in Übereinstimmung mit dem zeitweisen Charakter der Beschäftigung erforderte sie häufige Wanderungen. Der kooperative Charakter des Arbeitsprozesses erklärt die brüderliche Organisation der mittelalterlichen Künstler, die früheren Kunstformen und die Tatsache, dass die Individualisierung in diesem Medium ziemlich spät beginnt. Eine der ersten Gruppierungen mittelalterlicher Künstler ist die freimaurerische Bruderschaft – »Bauhütte« – in Deutschland. Die »Bauhütte«, die im zwölften Jahrhundert in Südfrankreich und Deutschland erstmals erwähnt wurde, war eine Werkzeughütte, Werkstatt und Treffpunkt von Steinmetzen, Baumeistern und Bildhauern. Bald wird die Bauhütte zu einer »Bruderschaft«, die gemeinsame Leistungsstandards aufrechterhält, die Gerichtsbarkeit über ihre Mitglieder ausübt und die Geheimnisse des Handwerks bewahrt. Die Wandergesellen näherten sich dem freischaffenden Künstlertypus an, obwohl sie oft eine feste Anstellung als Hofmaler in den Haushalten von Fürsten fanden, wie z. B. die Brüder van Eyck, die den Titel »valet de chambre« trugen.

Dichter bilden ebenfalls Verbindungen verschiedener Art. In der Genealogie des antiken Dichters finden wir den Hellseher; der frühgermanische Dichter ist unter dem Namen »scop« bekannt.[23] Ursprünglich gehört er zum fürstlichen Gefolge, trägt Waffen und

22 Nützliche Hinweise zu dem Thema finden sich in den zitierten Werken von Dehio und Hausenstein (vgl. Dehio, *Geschichte der deutschen Kunst*). [Wilhelm Hausenstein wird im Manuskript vorher von Mannheim nicht zitiert, möglicherweise denkt er an Wilhelm Hausensteins, *Kunst und Gesellschaft,* München 1916.]

23 Der angelsächsische »scop« ist ein freier Mann, der im Fürstensaal auftritt. Gewöhnlich gehört er zum Gefolge seines Lehnsherrn, aber nicht selten führt er ein unberechenbares Leben, besucht fremde Höfe und wird zum Vertrauten eines Fürsten. Seine Kunst gilt als mehr als ein Gelegenheitsgewerbe. Seine Gastgeber belohnen seine Lieder mit goldenen Ringen, und er zieht es vor, diejenigen zu besuchen, die seine Lieder verstehen und ihn mit Geschenken überhäufen. Gleichzeitig kann er ererbtes Land besitzen. Aus den Quellen geht nicht ganz klar hervor, ob er bewaffnete Dienste geleistet hat.

zeichnet sich nur durch seine Stimmbegabung aus. Nicht selten jedoch versetzt ihn eine körperliche Behinderung oder eine andere Besonderheit in die Position eines relativen Außenseiters.[24] Eine solche Position ist der Reflexivität oder einer oppositionellen Neigung förderlich. Dies scheint ein früher Charakterzug des Dichters zu sein, denn er ist innerhalb seines Ranges distanziert, bevor er sich von ihm löst.

Neben dem frühen Dichter finden wir umherziehende Spielleute und Schausteller, die der Tradition und Rolle des antiken Schauspielers folgen. Sie sind völlige Außenseiter, stehen in keiner Weise mit dem Gefolge des Adels in Verbindung und gehören nicht zu den ehrenwerten Berufen, sondern werden zu den Schurken und Huren gezählt. Diese Menschen besitzen von Anfang an eine eigene Organisation und Gruppensolidarität, während die Dichter, die den Status und Rang ihrer adeligen Altersgenossen teilen, wesentlich später ein ausgeprägtes eigenes Bewusstsein erlangen.

Ganz eigentümlich ist die Stellung der Troubadoure und Minnesänger. Sie stehen nicht außerhalb der feudalen Hierarchie, obwohl nicht wenige von ihnen arme oder verarmte Ritter in einer marginalen Situation sind. Die Herkunft ihres Adels ist von Bedeutung, denn einige verdanken ihn der Geburt, während andere von den sogenannten *ministeriales* abstammen. Schulte, dessen Studien für das Thema am einschlägigsten sind, stellt fest, dass diese Dichter gewöhnlich nach ihrem Status gruppiert werden. So umfasst die Heidelberger Liedschrift in ihrer Sängerliste zunächst den Kaiser, die Fürsten, Grafen, Freiherren, Ministeriales und Landadel und als letzte Gruppe den Stadtadel, die Geistlichen, die Gelehrten, die Spielleute und die Bürgerlichen. Das ist die Hierarchie des dreizehnten Jahrhunderts.[25] Bemerkenswert ist hier die Tatsache, dass, während der Dichter durch Rang und Status gut identifiziert wird, die Verfeinerung und Kultivierung beginnt, ein Einebner zu werden, dass Fürsten und andere angesehene Persönlichkeiten bereits stolz darauf sind, sich zu den *trouvères* zu zählen.[26] Ritter aus bescheide-

24 Paula Kronheimer, »Grenzglieder des Standes«, in: *Kölner Vierteljahrshefte* 6 (1926/1927), S. 248-268, hier S. 256.

25 Aloys Schulte, »Standesverhältnisse der Minnesinger«, in: *Zeitschrift für deutsches Altertum und deutsche Literatur* 39 (1895), S. 185-251, hier S. 187.

26 Friedrich Christian Dietz, *Die Poesie der Troubadours*, 2. verm. Aufl., Leipzig 1883; ders., *Leben und Werke der Troubadours*, 2. verm. Aufl., Leipzig 1882.

nen Verhältnissen hingegen finden in den Attributen eines Dichters einen gewissen sozialen Ersatz, so sehr, dass die Kultivierung bereits ein Faktor des sozialen Aufstiegs ist. Dass die poetische Form vom Status des Dichters abhängt, zeigt sich gut an der Tatsache, dass Walther von der Vogelweide, ein Ritter von marginalem Rang, der sich weit in Richtung der wandernden Spielleute bewegt, als Erster sein gnomisches Gedicht in die höfische Poesie einführt. Der Zusammenhang zwischen Kunstform und gesellschaftlichem Rang ist noch immer direkt und klar, und erst in späteren Epochen ist die gesellschaftliche Bedeutung der Form ohne den Umweg der soziologischen Analyse nicht mehr nachvollziehbar.[27] Wir können den Wandel des literarischen Stils von der Frühzeit über den Höhepunkt der höfischen Lyrik auf die allmähliche Verschiebung der gesellschaftlichen Stellung des Autors zurückführen. Schulte bemerkt, dass der frühere Stil charakteristisch für den ranghöheren Landadel ist, während die spätere, steigernde Periode zur Ära der Dichter des niederen Adels und der ministeriellen Ränge wird; kurz gesagt, der vorherrschende Einfluss geht von einer bodenständigen Schicht auf relativ mobile Gruppen über. Schulte beobachtet zur frühen Periode:

> Der adel haftete, von kriegszügen abgesehen, an der scholle seines heimatlandes; vor allem blieb der freiherr inmitten seiner lande, der ministeriale war durch seinen dienst gebunden. so ist in der ersten periode die dichtung und ihre träger weit bodenständiger, als in der hofblüte. ganz allein von dem als freiherrn angesprochenen Heinrich vVeldecke ist es uns aus den nachrichten überliefert oder geht aus den werken hervor, dass er wanderte. der hof von Cleve war der erste, von dem es uns überliefert ist, dass er einen adlichen sänger bei sich aufnahm. wie anders ist das später! von Reimar, der übrigens sehr nahe an Veldeckes alter rückt, Walther vdVogelweide, Wolfram vEschenbach, Nithart, Reinmar vZweter und dem Tanhäuser wissen wir, dass sie am hofe eines anderen herrn lebten und dichteten. war es unbändiger drang zum wandern, der die dienstmannen von ihrem leben in die weite trieb, oder war es die not, die den wandernden rittersmann zum dichter machte?[28]

27 Vgl. Karl Julius Holzknecht, *Literary Patronage in the Middle Ages*, Phiadelphia 1923; John Cooper Mendenhall, *Aureate Terms. A Study in the Literary Diction of the Fifteenth Century*, Lancaster 1919. Man wird an die geringe Wertschätzung der bildenden Künste und insbesondere der plastischen Künste in der Antike erinnert, die auf den Sklavenstatus ihrer Ausübenden zurückzuführen ist (Zilsel, *Genie*, S. 102).

28 Schulte, »Standesverhältnisse«, S. 247.

Wir sehen hier beide Formen der sozialen Mobilität bei der Arbeit, um Sorokins Kategorien zu verwenden: die Anregung durch die vertikale Mobilität und durch die horizontale Mobilität der Ausdehnung der gesehenen und erlebten Welt.[29] Jene Ritter, die noch einen Stand unter ihresgleichen haben und dennoch nicht sicher genug sind, um gegen neue Erfahrungen immun zu sein – das sind die Wanderer und Abenteurer, die innerhalb der feudalen Hierarchie neue Perspektiven eröffnen. Reisen sind eine Quelle neuer Erfahrungen nur für diejenigen, deren gesellschaftliche Stellung selbst nicht fest ist. Der Adelige, der zu seinem Vergnügen ins Ausland reist, ohne sich dauernd niederlassen zu müssen, erlebt neue Menschen und Sitten nur noch als Variationen vertrauter Anblicke. Nur der Reisende, der aus seinem sozialen Milieu heraustritt und seine Stellung aufgibt, um eine neue zu finden, entdeckt Alternativen und erwirbt einen neuen Horizont. So werden die relativ ungebundenen und umherziehenden Ritter zu Wortführern einer reflektierten und mehrdimensionalen Lebensauffassung. Die Tatsache, dass sie keine völligen Außenseiter waren, sondern weiterhin einen feudalen Stand hatten und die Sprache ihrer Altersgenossen sprachen, sicherte ihnen Gehör und Einfluss in der mittelalterlichen Gesellschaft.[30]

Wir haben bereits auf die soziale Differenzierung der Minnesänger hingewiesen. Die heutige Unterscheidung zwischen Hoher und Niederer Minne bezieht sich auf eben diese Unterscheidung. Der Hochadel kultivierte die Hohe Minne, während Walther und seine Altersgenossen aus dem niederen Adel nicht nur volkstümliche Formen adaptierten, sondern es auch wagten, die Liebe zu den Frauen des Volkes zu rechtfertigen. Dies markiert eher eine neue Haltung als ein verändertes Verhalten, denn wir brauchen nicht davon auszugehen, dass das Liebesspiel mit Mädchen von gewöhnlicher Geburt bei Walther innovativ ist. So gewöhnten die Adligen geringeren Ranges die höfischen Schichten der Gesellschaft an eine natürlichere, aber bereits vergeistigte Form der Bindung als Gegenstück zur konventionellen Liebe. Dies ist einer jener Fälle, in denen die unterschiedlichen Beurteilungsmaßstäbe zweier verschiedener Schichten im konzeptuellen Rahmen einer mobilen Gruppe verschmelzen, die an beiden Schichten teilnimmt und ihre Einstel-

29 [Pitirim A. Sorokin, *Social Mobility*, New York 1927.]

30 Schulte, »Standesverhältnisse«, S. 249.

lungen teilt. Unterschiedliche Normen an sich kollidieren nicht, solange die Schichten, die sie praktizieren, sich nicht miteinander vermischen. Konfliktsituationen entstehen nur dann, wenn sich mobile Puffergruppen, die sich von oben zurückziehen oder von unten aufsteigen, an beide binden und ihre Werte übernehmen. Gerade in diesen Randpositionen, die Zugang zu ehemals getrennten Welten bieten, entsteht eine echte Intelligenz.

Es wurde auf den *Klerus*, die dominierende Gruppe der Literaten des Mittelalters, seine geschlossene Organisation und seine besondere Art des Lernens hingewiesen. Nun müssen wir unsere Aufmerksamkeit auf die dem Klerus innewohnende Struktur richten, zumal sie den vielfältigen Hintergrund seiner Mitglieder widerspiegelt. Eine geschlossene Gruppe versucht ganz natürlich, einen einheitlichen *esprit de corps* zu entwickeln und die Auswirkungen der unterschiedlichen sozialen Orientierungen, die ihre Mitglieder mit sich bringen, aufzuheben. Die spätere Bürokratie zeigt die gleiche Tendenz. Dennoch kann eine *sekundäre Differenzierung* nach innen, wie wir sie nennen werden, etwas von der ursprünglichen Vielfalt nach außen widerspiegeln. Es ist daher wichtig, sich über die soziale Zusammensetzung einer eng verflochtenen Intelligenz klar zu werden. Dabei können wir uns in erster Linie auf das wichtige Werk von Schulte und auf die Studien von Stutz, Kothe und anderen stützen, die alle von Werminghoff, der unsere Hauptquelle in der folgenden Darstellung ist,[31] hilfreich zusammengefasst werden.

Die frühe Kirche basierte auf der Lehre Christi von der religiösen Gleichheit und erkannte keine säkularen Abstufungen im Christentum an. Die Praxis dieser ursprünglichen Lehre von den widerspenstigen Unterschichten erfuhr mit der Etablierung der Kirche in hochdifferenzierten Gesellschaften, insbesondere in germanischen Gebieten, Veränderungen. Die Kirche selbst führte durch die Schaffung säkularer und monastischer Orden (oder Ordnungen) eine Abstufung in den Reihen des Klerus ein. Diese Unterscheidung wurde immer schärfer, je mehr sie mit einer feudalen Differenzierung verbunden wurde. Werminghoff fasst die Sozialgeschichte der kirchlichen Hierarchie zusammen:

31 Albert Werminghoff, »Ständische Probleme in der Geschichte der deutschen Kirche des Mittelalters«, in: *Zeitschrift der Savigny-Stiftung für Rechtsgeschichte/ Kanonische Abt. 1* XXXII (1911), S. 33-66.

> Von Anfang an und immer erschloß er [der Klerus] sich den Freigeborenen, unter ihnen den am höchsten stehenden freigeborenen Adeligen. Wie es scheint, verschaffte sich später als der Freienadel, immer jedoch noch frühzeitig der unfreigeborene Ritterstand, der sog. niedere Adel, Einlaß in Domkapitel, Stifter und Klöster, endlich auch das städtische Bürgertum. Jedenfalls war seit dem 11. Jahrhundert das ständische Bild der deutschen Geistlichkeit schon uneinheitlich genug [...].[32]

Zu ähnlichen Schlussfolgerungen kommt Kothe in seiner Studie über den Klerus im Straßburg des vierzehnten Jahrhunderts.

Jede Gesellschaft versucht, ihr Organisationsschema nicht nur durch ihre Gesetze und Institutionen, sondern auch durch eine angemessene Verteilung von Führungspositionen zu erhalten. Wenn das auf eine demokratische Gesellschaft zutrifft, dann noch in stärkerem Maße auf eine feudale Ordnung, in der der Adel sowohl säkulare als auch kirchliche Schlüsselpositionen kontrolliert. Letztere wurden institutionalisiert, da die Bistümer und Erzbistümer zu den Vorrechten der freigeborenen Adligen wurden. Die Klöster des Feudaladels nahmen die Söhne und Töchter von Fürsten und Grafen auf, verschlossen aber ihre Türen für Personen von ministeriellem Rang, für Lehnsritter und für die Söhne des Patriziats. Diese Entwicklung begann bereits im Merowingerreich. Diese Vorbehalte hätten den Einfluss bestimmter Familien auf die kirchliche Hierarchie stabilisieren können, wenn es nicht die Institution des Zölibats gegeben hätte. Tatsächlich war die Vorherrschaft der feudalen Klassen in der Kirche bereits im 15. Jahrhundert rückläufig; um 1427 gaben die feudalen Klöster diese Hürde auf und nahmen nach 1516 Bürgerliche auf.

Die Tabelle von Werminghoff, die unten abgedruckt ist, veranschaulicht dies gut.[33]

32 Ebd., S. 43.

33 Ebd., S. 53.

Besetzung von Bischofssitzen

Nach W. Pelster und J. Simon, vgl. Schulte, S. 67 und 349. Die Kirchenprovinz von Köln mit Lüttich, Utrecht, Münster, Osnabrück und Münden; die Kirchenprovinz von Mainz ohne Prag und Olmütz, mit Worms, Speyer, Strasburg, Chur, Augsburg, Eichstädt, Würzburg, Bamberg, Halberstadt, Hildesheim, Paderborn, Verden. (Andere Kirchenprovinzen in deutschen Territorien: Trier, Hamburg-Bremen, Magdeburg, Salzburg.)

| Jahrhundert: | 9. | 10. | 11. | 12. | 13. | 14. | 15. | Summe |
|---|---|---|---|---|---|---|---|---|
| Freiherren (Freie) | 44 | 51 | 68 | 107 | 126 | 128 | 77 | 601 |
| Vermutlich Freie | 18 | 17 | 49 | 30 | 2 | - | - | 116 |
| Ministerialen | - | - | 2 | 2 | 31 | 47 | 44 | 126 |
| Unfreie | 2 | - | 3 | - | - | - | - | 5 |
| Bürgerliche | - | - | - | - | 2 | 17 | 3 | 22 |
| Ausländer | - | - | 1 | - | - | 3 | 1 | 5 |
| Unbekannt | 42 | 39 | 31 | 22 | 8 | 7 | 3 | 152 |
| | 106 | 107 | 154 | 161 | 169 | 202 | 128 | 1027 |

Literatur:

Aloys Schulte, *Der Adel und die deutsche Kirche im Mittelalter,* Kirchenrechtliche Abhandlungen, Heft 63-64, Stuttgart, 1910.

Albert Werminghoff, »Ständische Probleme in der Geschichte der deutschen Kirche des Mittelalters«, in: *Zeitschrift der Savigny-Stiftung für Rechtsgeschichte, op. cit.*

Die Tabelle beschreibt zwei bedeutende Tendenzen: die allmähliche Demokratisierung der kirchlichen Hierarchie und, was noch wichtiger ist, den Aufstieg der Ministerialen, deren sozialer Aufstieg jede andere mittelalterliche Klasse übertrifft. Sie sind unfreier Herkunft, aber als Diener der Herrscher haben sie Einfluss- und Machtpositionen inne. Im elften Jahrhundert werden sie zu einem eigenen Stand, dienen in der Armee und werden als Beamte, Münzpräger und Geldwechsler eingesetzt. Ihr ambivalenter Status als Abhängige und doch Machthaber verändert sich allmählich, und auch frei geborene Adelige treten in ihre Reihen. Schließlich finden auch sie die Türen zu kirchlichen Ämtern halboffen. Werminghoff betont die interessante Tatsache, dass die römische Hierarchie schon bald die auch von der späteren absoluten Monarchie verfolgte Politik betrieb, die lokal günstige Ausgangsposition des Adelsgeschlechts durch den Einsatz von Bürgerlichen zu neutralisieren. Doch die feudale Vorherrschaft in der Hierarchie, die im elften Jahrhundert zu schwinden begann, fand erst im neunzehnten Jahrhundert ein Ende, als die Kirche ihre Türen für alle Klassen öffnete.

Obwohl der Klerus nicht ganz frei von einer sekundären Differenzierung des feudalen Typs war, gelang es der Kirche, eine gut zusammengeschlossene und disziplinierte Intelligenz zu schaffen. Ihr Platz in der gesellschaftlichen Ordnung war klar definiert, und alle Geistlichen, unabhängig von ihrem sozialen Hintergrund, zeichneten sich durch *privilegia competentiae, immunitatis, canonis et fori* aus. Das Zölibat schloss eine Vererbung des Amtes aus, ebenso trugt es auch dazu bei, eine einheitliche Geisteshaltung im Klerus zu schaffen, und es verhinderte, dass das Maß an sozialer Ambivalenz, das seinen Weg in die Hierarchie fand, die Einheit der Kirche störte.

Die nächste Phase in der Bildung einer literarischen Intelligenz wird von zwei Gruppen geprägt: den *Humanisten* und den *Meistersingern.*

Das symbiotische Verhältnis der *Humanisten* zur herrschenden Gesellschaft war von zweierlei Art: Entweder lebten sie als Schützlinge von Mäzenen oder sie fanden eine Anstellung an Universitäten oder in Kanzleien. In beiden Fällen handelte es sich um Günstlinge je nach den Launen ihrer Mäzene, gegen die der Klerus der Kirche vergleichsweise immun war.[34] Einen gewissen Ausgleich für ihre

34 Ab 1500 waren die Universitäten Schauplatz eines Zusammenpralls zweier Generationen von Humanisten. Die ältere Generation war vom patrizischen Typus; wir finden unter ihnen Semlinger, Pirckheimer, Erasmus und Reuchlin. Die jüngeren Humanisten, die »Dichter«, waren vor allem umherziehende Junggesellen, wahre Söldner, die ihr Lob oder ihre Beleidigungen nach den Möglichkeiten des Mäzenatentums ausrichteten. Letzterer Typus war, so Joachimsen, in Deutschland vorherrschend, auch wenn sich ihre Lyrik in der respektablen Gesellschaft nicht durchsetzen konnte [Paul Joachimsen, »Der Humanismus und die Entwicklung des deutschen Geistes«, in: *Deutsche Vierteljahrsschrift für Literaturwissenschaft und Geistesgeschichte* 8 (1930), S. 419-480, hier S. 441]. Der Einsatz in den Kanzleien bot ein etwas größeres Maß an Unabhängigkeit. Sie waren ursprünglich die Domäne gelehrter Priester. Während des 16. Jahrhunderts verstärkte das Aufkommen des römischen Rechts den Einfluss der Juristen in den Kanzleien. Hier entwickeln sie bald die vertrauten Züge von Spezialisten, die versuchen, sich unentbehrlich zu machen, die die Natur ihrer Funktionen verschleiern und die Arroganz annehmen, die für den ausschließlichen Besitzer einer

mangelnde Sicherheit finden die Humanisten in eigenen, durch Korrespondenz und Besuche aufrechterhaltenen Freundschaften.[35] Dieser private Austausch tritt an die Stelle der internationalen Kommunikationskanäle, die die Kirche ihren Gelehrten zur Verfügung stellte. Die Kameradschaften der Humanisten dienten sowohl als Clearing-Houses des Lernens als auch als Mittel für die Vergabe von Prestigepositionen. Es waren diese Kanäle, die nach und nach eine ehemals flüssige öffentliche Meinung verfestigten, um mit Tönnies' Ausdruck zu sprechen.[36] Denn die Meinung kristallisiert sich nicht aus der Öffentlichkeit als solcher oder aus literarischen Gruppen, sondern aus einem bestehenden Netzwerk konkreter Verbindungen heraus. Ihr Wachstum gewinnt in dem Maße an Dynamik, wie die formalen Meinungskanäle – Zünfte, Stadtparlamente, feudale Versammlungen – an Bedeutung abnehmen.[37] Die intimen Kreise der Humanisten tragen den Stempel einer beruflichen und literarischen Notwendigkeit, und nicht selten ähneln sie eher sehr kleinen Organisationen zu versteckten Zwecken als tief empfundenen Freundschaften, deren Maske sie manchmal annehmen. Diese elastischen und informellen Gruppierungen behindern nicht und

Fertigkeit typisch ist. Die bürokratische Maschinerie eignet sich für eine solche Verschleierung durch den Einsatz einer esoterischen Sprache und die Anpassung komplizierter Verfahren, die dem Uneingeweihten den Kontext der Dinge unverständlich machen. Vergleichen Sie die guten Beobachtungen von Georg Steinhausen, *Geschichte der deutschen Kultur. Zwei Bände. Zweiter Band. Vom 14. Jahrhundert bis zur Gegenwart.* 2., neubearb. und verm. Aufl., Leipzig 1913, S. 184 f.

35 Albert Salomon, *Der Freundschaftskult des Humanismus.* Unveröff. Doktorarbeit, Heidelberg 1921.

36 [Ferdinand Tönnies, *Kritik der öffentlichen Meinung,* Berlin 1922.]

37 Ich habe ein Studium der Meinungsbildung in einer kleinen, alten deutschen Stadt veranlasst. Die bereits durchgeführten Interviews deuten darauf hin, dass eine organisierte »Öffentlichkeit« in einem traditionellen Gemeinschaftstyp noch überlebt, während sie in Berlin verschwunden ist. Wenn sich ein Autor einmal in einer zusammenhaltenden Gemeinschaft etabliert hat, kann er auf deren fortwährende Unterstützung zählen, während sich in einem offenen und fließenden Milieu die Öffentlichkeit von Fall zu Fall formiert und darauf reagiert, und sie bleibt offen für den Aufstieg neuer Meteoriten, ohne sich um die bisherigen Favoriten zu kümmern. Der Aufstieg organisierter Öffentlichkeiten wie die kommunalen Schauspielhäuser und das politische Theater stellt einen gegenläufigen Trend dar. [Mannheim bezieht sich wohl auf die geplante Doktorarbeit von Kurt H. Wolff, der eine solche Studie in Darmstadt begonnen hatte, sie aber vor seiner Emigration nicht mehr abschließen konnte. Vgl. dazu auch das Nachwort.]

fördern oft bestimmte Eigenschaften, für die die Humanisten bekannt waren, wie Extravaganz, öffentliche Selbstinszenierung und extreme Unterwürfigkeit gegenüber einem Mäzen.

Das *Meisterlied* ist eine demokratische Erscheinungsform, die vom einfachen Mann kultiviert wird, der seinen Stand nicht aufgibt, sondern seine Bedeutung in die hohe Kunst hineinträgt. In gewisser Weise bilden die Meistersinger nicht nur aufgrund ihrer »Meisterschaft« bestimmter Formen eine Elite,[38] sondern auch aufgrund ihrer bewussten Abschließung.[39] Auch hier bietet die Sprache einen Anhaltspunkt. Auf die Umgangssprache wird bewusst verzichtet, »Ein Fehler ist, wann etwas nicht nach der hochdeutschen Sprache gedichtet und gesungen wird, wie solche in Dr. *Martini [sic] Luthers* deutscher Übersetzung der Bibel befindlich und in der Fürsten und Herren Kanzleien gebräuchlich ist«, und es werden Strafen dafür festgelegt.[40] Die Ablehnung von falschen Meinungen, unchristlichen und unpassenden Äußerungen und die Verwendung der lateinischen Worte »contra grammaticae leges« offenbart die bescheidene Herkunft dieser Intelligenz und ihre Ehrerbietung gegenüber den Humanisten. Man spürt einen gewissen Mangel an Selbstvertrauen in der Hingabe an Regeln, die Angst vor Improvisationen und das laute Zählen der Silben in den Aufführungen – ein Versäumnis, das dem Sänger angelastet wurde.[41]

Wir sehen in dieser selbst auferlegten Disziplin des einfachen Mannes ein Gegenstück zur Zügellosigkeit einer labilen Intelligenz, die dazu neigt, das Neue und das *imprévu* über die Sicherheit des etablierten Gebrauchs zu stellen. Als Schutz vor Improvisationen versuchten die Meistersinger, die Öffentlichkeit auszuschließen, so wie die Zünfte ihr Handwerk vor dem freien Wettbewerb schütz-

38 Meistersinger waren die reisenden oder bürgerlichen Komponisten gnomischer Verse aus dem dreizehnten Jahrhundert. Sie unterschieden sich von Laien, die keine Ausbildung zu singen hatten (Wolfgang Stammler, »Meistergesang«, in: Paul Merker, Wolfgang Stammler [Hg.], *Reallexikon der deutschen Literaturgeschichte. Vierter Band. Nachträge und Register*, Berlin 1931, S. 58-65; hier S. 58).

39 1540 gab es in Nürnberg 250 Meistersinger; in Augsburg waren zwischen 1535 und 1644 die Namen von 262 bekannt.

40 Zit. n. Kurt Mey, *Der Meistergesang in Geschichte und Kunst. 2.*, umgearb. Aufl., Leipzig 1901, S. 45 f.

41 Die Situation änderte sich nach 1500, als es Hans Folz, einem Vater, nach heftigen Debatten gelang, neue »Melodien« akzeptabel zu machen [Stammler, *Meistergesang*, S. 60 f.].

ten. Obwohl die Wettbewerbe öffentlich abgehalten wurden, war die Verbreitung von Meisterliedern in gedruckter Form nicht erlaubt.

Zwischen dieser Intelligenz der unteren Mittelschicht und den freien Intellektuellen des liberalen Bürgertums einer neueren Zeit gibt es verschiedene Zwischenformen. Wir werden uns den verschiedenen Formen der Verbindungen zuwenden, in denen diese neuen Gruppen entstehen.

Nach dem Niedergang des städtischen Bürgertums wurden die Fürstenhöfe zu den Zentren eines wiederauflebenden Feudalismus und zu den Sitzen einer neuen, vom Adel gebildeten Intelligenz, je nach Fall mit oder ohne die aufstrebende Bürokratie. Der Humanismus wurde in der Zwischenzeit zunehmend höfisch und konventionell. Beamte, Geistliche, Gelehrte und Adelige, die ihre militärischen Funktionen nach der Auflösung der Söldnerarmeen verloren hatten, wurden alle zu Günstlingen und Abhängigen der Fürsten. Die Aristokratie, mit Ausnahme des Landadels,[42] bildete nun eine »Intelligenz« des Hofes, das Zentrum aller Bestrebungen und Widerstände. Die frühere Demarkationslinie zwischen der Gesellschaft und der städtischen Elite existierte nicht mehr; im Gegenteil, Urbanität ohne Rang und Status war nun von geringer Bedeutung.

Intellektuelle waren erst seit den bürgerlichen Revolutionen Außenseiter. Kultiviertheit vor dem Aufkommen des Bürgertums ist ein Attribut von Status und Zucht, das es außerhalb des Adels nicht gibt. Der Mensch von Welt, der das Ideal der Zeit verkörpert, repräsentiert alles, was wertvoll ist, und das Ideal ist nicht nur nach dem Dichter, Künstler und Gelehrten geformt, sondern auch nach dem Beamten und nicht zuletzt nach dem Politiker. Eine der vertrauten Verkörperungen dieses Paradigmas ist der reisende Kavalier, dessen Geschäft von der Politik bis zu Gaunereien reicht, der sich in den Angelegenheiten der Welt auskennt, galant und immer ein tadelloser Gentleman ist. Weder der ländliche Raum noch die zerrüttete Kultur des Bürgertums können mit der Kreativität und

42 Max Weber wies auf die herausragende Rolle des englischen Landadels und des städtischen Patriziats mit unabhängigem Einkommen hin, die zusammen die »gentry« in der Geschichte des englischen Lernens und der Kultivation bildeten (Max Weber, »Politik als Beruf«, in: ders., *Gesammelte politische Schriften,* München 1921, S. 396-450, hier S. 412 f.).

Anziehungskraft der fürstlichen Zentren mithalten. Kein Wunder, denn sie sind die lebenswichtigen Brennpunkte einer neuen gesellschaftlichen Organisation und eines neuen politischen Systems, die der Fürst sorgfältig ausbalanciert hat. Alternativ erhebt er das Bürgertum zu Bedeutung und Bürger zum Adelsrang oder kompensiert enteignete oder politisch überlistete Adlige durch Armeeanstellungen, die dem Bürgertum verwehrt sind. Der Hof Ludwigs XIV. setzte ein Beispiel, dem die deutschen Fürsten gerne folgten.

Eine andere Art von Intelligenz von einiger Bedeutung entstand nach der Renaissance in einer wachsenden Zahl von nur bestimmten Personen zugänglichen und halbformalen Gesellschaften. Die florentinische »Academia della Crusca« gab das ursprüngliche Muster vor, dem eine Reihe von »Sprachorden« in Italien, der Schweiz, Holland und Deutschland folgen sollten. Diese Gesellschaften umfassten verschiedene Ränge der Aristokratie, aber auch Gelehrte und gebildete Bürger sowie einen fürstlichen Mäzen.[43] Dichter waren gut angesehen, aber ein Großteil der verbreiteten Poesie war kaum mehr als gereimte Speichelleckerei.

Auch wenn das gemeine Volk in diesen Sprachorden eine untergeordnete Rolle spielte, wäre es ein Fehler, in ihnen nicht das Wachstum einer breiten und integrativen sozialen Orientierung zu sehen, die über den feudalen Horizont hinausgeht und zu einer frühen Form eines nationalen Konsenses führt. Fürst Ludwig, der Schirmherr der bekanntesten dieser Sprachorden, der »Fruchtbringenden Gesellschaft« von Köthen, lehnte den Vorschlag, die Bruderschaft in einen exklusiven Ritterorden umzuwandeln, mit der Begründung ab, dass die Gesellschaft »allein auf die deutsche Sprache und löbliche tugenden, nicht aber auf ritterliche Thaten allein gerichtet« sei.[44] Auffallend ist die Betonung der Kultivierung solcher bürgerlichen Tugenden wie Aufrichtigkeit, gegenseitiges Vertrauen, Gleichheit, Echtheit, »natürliches« Verhalten, Enthalt-

43 Ernst Manheim, *Die Träger der Öffentlichen Meinung. Studien zur Soziologie der Öffentlichkeit*, Leipzig 1933, S. 81. Die deutsche »Fruchtbringende Gesellschaft« bestand bis 1662 aus einem König, drei Kurfürsten, 49 Herzögen, 4 Markgrafen, 10 Landgrafen, 8 Pfalzgrafen, 19 Fürsten, 60 Grafen, 35 Freiherren und 600 Adeligen, Gelehrten und »unbenannten Notablen«. Unter den Mitgliedern waren Beamte, Juristen und Armeeoffiziere, aber von den 800 Mitgliedern waren nur zwei Geistliche.

44 *Der Fruchtbringenden Gesellschaft Namen, Vorhaben, Gemählde und Wörter*, Frankfurt/M., 1646, zitiert von ebd., S. 82.

samkeit, Wahrhaftigkeit, Sachlichkeit und Toleranz in einer Gesellschaft, die größtenteils aus Adligen besteht.[45] Wenn sich die Mitglieder untereinander ansprachen, benutzten sie eher Decknamen als Titel. Publikationen erschienen anonym unter dem Namen der Gesellschaft oder dem Pseudonym des Autors, um die Aufmerksamkeit auf das Thema und nicht auf die Person oder den Rang zu lenken. Die allegorischen Dialoge wirken schwerfällig und manieriert, aber sie zeigen deutlich die sich entwickelnde Form, in die die ungestüme und ungeschulte Mentalität geformt wird. Harsdörfers »Frauenzimmer Gesprächsspiele« veranschaulicht gut das Bemühen, eine Konvention des zivilen Gesprächs für Menschen zu schaffen, die noch tief von der Rauheit der Provinzgesellschaft geprägt sind.[46] Heute erscheinen uns die veröffentlichten Traktate dieser Gesellschaften und die Aufzeichnungen ihrer sokratischen Kolloquien als geziert und selbstgefällig, aber wir sollten die soziale Funktion dieser zeremoniellen Übungen nicht unterschätzen. Sie haben einer scharf gespaltenen, provinziellen Gesellschaft eine demokratische Umgangsform eingeprägt. Sie pflegten die Volkssprache des Bürgertums, und sie lehrten Gleichgültigkeit gegenüber der Person und der Geburt in Angelegenheiten von gemeinsamem Interesse. Am wichtigsten war, dass sie Kanäle für die Kommunikation zwischen den Klassen einrichteten und lokale Eliten zusammenbrachten, die lernten, diese zu nutzen.

So sehr diese Sprachorden die Vorschule für die späteren literarischen Sprecher des Bürgertums sind, werden sie zum Gegenstand von Kritik und Spott, sobald eine emanzipierte und selbstbewusste bürgerliche Intelligenz ihre Stimme in der Öffentlichkeit zu erheben beginnt. Die Ablehnung von Künstlichkeit und Manierismus ist im Grunde genommen ein Protest der Neulinge gegen die fortgesetzte elterliche Bevormundung. Boileaus Eröffnungssalven gegen den Barock hallen in ganz Mittel- und Nordeuropa nach, überall dort, wo das selbstbewusste Bürgertum ein unpolitisches Medium sucht, um seinen Bestrebungen Ausdruck zu verleihen. Seine Äußerungen liefern den gemeinsamen literarischen Nenner für solche oppositionellen Tendenzen: »Liebe die Vernunft«, »die

45 Ebd., S. 81-87.

46 Vgl. Joseph Nadler, *Literaturgeschichte der deutschen Stämme und Landschaften. II. Band. Die Neustämme von 1300, die Altstämme von 1600-1780*, Regensburg 1913, S. 177 f.

Fälschung ist immer fad, langweilig, lustlos«, »Nichts ist so schön wie das Wahre; es ist das Einzige, was wir bewundern und lieben«.[47] Die heutige Abneigung gegen Überkultivierung und Intellektuellentum wird immer noch durch die gleichen sozialen Neigungen motiviert, die Boileau zum Ausdruck brachte.

Der Widerstand gegen den höfischen Barock kam jedoch nicht nur von außen. Der Hof selbst wurde zum Sitz einer neu zusammengeschlossenen Intelligenz, die ohne eine prinzipielle Opposition zum Thron den atmosphärischen Einfluss des Hofes auf die gebildete Öffentlichkeit lockerte. Es sind die *Salons*, die späteren Nebenprodukte des höfischen Lebens, deren vielfältige Zusammenkünfte den Übergang von der höfischen Kultivierungsform zur bürgerlichen Urbanität markieren.

Die Salons als solche sind keine Schöpfung der Moderne. In gewisser Weise kann man von den Salons der Antike sprechen, wenn man das Lyceum, die Gruppe um Aspasia, so betrachten kann, wie Feuillet de Conches es sieht.[48] Hinzu kommen die feudalen Versammlungen an den Höfen der Provence, die Höfe der italienischen Renaissance (Beatrice d'Este, Isabella d'Este und Lorenzo il Magnifico) und die Gesellschaft der Frauen von Welt (Vittoria Colonna, Marguerite de Navarre), ganz zu schweigen von den verschiedenen englischen literarischen Gesellschaften.[49] Aber der klassische Salon hat seinen Ursprung am französischen Hof.

Die höfischen Feinheiten und die öffentliche Formalität des Empfangssaals erzeugen fast natürlich den Wunsch nach intimen Zusammenkünften »hinter den Kulissen«. Sie bieten ein Ventil für Klatsch und Tratsch, Intrigen, Ressentiments und die vielfältigen Impulse, die die Etikette des Hofes hemmt. Die Marquise de Ram-

47 »Aimez la raison«, »le faux est toujours fade, ennuyeux, languissant«, »Rien n'est beau que le vrai; c'est elle seule qu'on admire et qu'on aime« (vgl. Jan Hendrik Scholte, »Barockliteratur«, in: Paul Merker, Wolfgang Stammler [Hg.], *Reallexikon der deutschen Literaturgeschichte. Erster Band. Abenteuerroman – Hyperbel*, Berlin 1925/1926, S. 111-124; hier S. 123).

48 Feuillet de Conches, *Les salons de conversation au XIII^e siècle*, Paris 1883.

49 Für die englischen Salons vgl. Chauncey Brewster Tinker, *The Salon and English Letters. Chapters on the Interrelations of Literature and Society in the Age of Johnson*, New York 1915, S. 22-29. Vgl. auch W. H. Hutton, »The Warwickshire Coterie«, in: A. W. Ward, A. R. Waller (Hg.), *Cambridge History of English Literature, Bd. X. The Age of Johnson*, Cambridge 1913, S. 271-278; Valerian Tornius, *Salons. Pictures of Society Through Five Centuries*, New York 1929.

bouillet initiierte den Trend, als sie ihren Empfangssaal in kleine Kammern und Nischen unterteilte, so dass jede Zusammenkunft auf achtzehn Personen begrenzt war. Die große Architektur wich der stimmungsvollen Dekoration der kleineren Kammern, von denen eine die berühmte »chambre bleue d'Arthénice« war.[50]

In Tinkers interessanter Studie über die literarische Rolle der Salons werden sechs Hauptmerkmale aufgeführt. Das erste haben wir gerade erwähnt – den *intimen Schauplatz*. Das zweite ist *der stimulierende Einfluss der Gastgeberin*, die unabhängig von deren Geburt Talente fördert und einen hohen Standard für die Gesellschaft setzt. Der Vorrang der intellektuellen Distinktion wird durch die Anerkennung, die Voiture, der Sohn eines Weinhändlers, im Kreis der Marquise de Rambouillet erlangte, gut veranschaulicht. Diese offene Haltung ist besonders charakteristisch für die Salons des dritten Standes, wie z. B. denjenigen der oft erwähnten Madame de Geoffrin, der Tochter eines »valet de chambre«. Die zweitrangige Rolle des Reichtums in diesen bürgerlichen Salons wurde gut verstanden; einer Madame du Deffand soll es an den Mitteln gefehlt haben, ihre Gäste zum Essen zu bewirten. Tinkers drittes Merkmal des Salons ist das literarische, philosophische oder kritische *Gespräch*, das gewöhnlich als Fortsetzung von Theaterstücken, Predigten oder der Lesung von Gedichten und Essays geführt wird. Dies waren die Anlässe, aus denen die improvisierte Kritik, die Kurzform, das *bon mot* und das Epigramm entstanden.

Die *platonische Liebe* ist ein vierter Wesenszug. Ihr Fokus ist natürlich die Gastgeberin, deren anregende Rolle für das Gespräch entscheidend ist. Ihr sozialer Typus ist weit entfernt von der Hausfrau der patriarchalischen Familie und den zurückhaltenden Hausfrauen der puritanischen Schichten. Die erotisch aufgeladene Atmosphäre ist symptomatisch nicht nur für den Salon, sondern auch für die Literatur und Kunst der damaligen Zeit. Das fünfte Merkmal ist *die herausragende Rolle der Frau*, insbesondere als Gastgeberin.[51] Sie ist, mit einer Ausnahme, eine reife Frau und gilt als der leuchtende Stern des Salons, ohne eine gelehrte Dame zu werden.

Das sechste und wichtigste Merkmal des Salons, das Tinker erwähnt, ist seine zeitgemäße Rolle als *Vermittler zwischen Leben und*

50 Tinker, *Salon*, S. 24.

51 Valerian Tornius nennt den Rokoko-Salon ein »Königreich der Frau« (Tornius, *Salons*, S. 172).

*Literatur.* Dies ist bedeutsam in einer Zeit, in der das fürstliche Mäzenatentum abnimmt, während die demokratische Öffentlichkeit noch nicht gebildet ist. Der Salon füllt diese Lücke und wird zum Erben der früheren Schutz- und Förderfunktionen des Hofes. Der Salon bietet Autoren und Künstlern Aufträge, Anregung und Zugang zu einem ausgewählten Publikum. So dienen die Salons als Nährboden der literarischen Nachfrage und als Clearing-House und Markt für die Produkte der freien Schriftsteller. Die Schriftsteller, die nicht mehr mit einem dauerhaften Mäzenatentum rechnen können, erhalten im Gegenzug die Möglichkeit, Kontakte zu Verlegern, den Agenten des aufstrebenden anonymen Publikums, zu knüpfen und sich mit der schwankenden Nachfrage vertraut zu machen. Diese veränderte Situation gibt dem Autor ein neues Selbstverständnis: Er tritt seinem gegenwärtigen Arbeitgeber, dem Publikum, als gesellschaftlich Gleichgestellter gegenüber und verachtet die ständige Abhängigkeit von einem einzigen Arbeitgeber, so sehr, dass d'Alembert verkünden könnte: »Die einzigen großen Herren, mit denen ein Literat Handel treiben sollte, sind diejenigen, die er als seinesgleichen, als seine Freunde behandeln und ansehen kann [...]«.[52] Eine begüterte Gastgeberin stellt Geldmittel, private Renten und Unterkünfte zur Verfügung, und sie bezahlt die Rechnung des Druckers, ohne den Schriftsteller zu demütigen oder in seine Unabhängigkeit einzugreifen.

Diese außergewöhnliche Ära der Salons markiert einen Wendepunkt in der Entwicklung des Publikums vom feudalen zum demokratischen Typus. Die Salons behielten ihre sozialen und literarischen Funktionen nur so lange, wie das Publikum eine konkrete Einheit von überschaubarer Größe blieb. In einer Massendemokratie verlagert sich der Ort der Selektion allmählich von der kleinen Versammlung zur anonymen Öffentlichkeit. Die Salons markieren zudem den Lebensraum jener Dichter und Künstler, die sich von der Oberschicht emanzipiert haben und sich nicht mit den unteren

52 Jean Le Rond d'Alembert, *Essai sur la société des gens de lettres et des grandes. Ouevres Complètes de d'Alembert. Bd. 4. Erster Teil*, Paris 1822, S. 359. Beljame charakterisiert den Teufelskreis des vom Hof abhängigen Dichters wie folgt: »Es ist ein Teufelskreis: Je mehr sie vom Hof haben, desto mehr beugen sie sich, und je mehr sie sich beugen, desto weniger tut der Hof für sie« (Alexandre Beljame, *Le public et les hommes de lettres en Angleterre au XVIII siècle 1660-1744 [Dryden – Addison – Pope]*, Paris 1881, S. 223).

Schichten verbünden, sondern sich um ein freies und ungebundenes Zusammenleben bemühen. Eine Zeit lang können die Salons den sozialen Zerfall der schöpferischen Intelligenz verhindern, doch als eine entstehende Massengesellschaft diese literarischen Enklaven allmählich verschluckt, beginnen die Intellektuellen sich auseinanderzubewegen. Sie verlieren mehr und mehr ihre früheren Kontakte zur Gesellschaft, so dass sie im neunzehnten Jahrhundert größtenteils in einem Zustand der sozialen Isolation leben. Es ist diese Randexistenz in einer Massengesellschaft, die neue Formen der Vereinigungen hervorbringt: die Zirkel der Boheme und, was noch wichtiger ist, die Kaffeehäuser.

Die Kaffeehäuser haben ihren Ursprung im Nahen Osten, von wo aus sie über Konstantinopel, Wien und Hafenstädte wie Hamburg und Marseille in den Westen gelangten.[53] In London tauchte das Kaffeehaus 1652 zum ersten Mal auf; das erste Pariser Kaffeehaus wurde 1671 in der Nähe der Börse eröffnet. Seine rasche Verbreitung in England lässt seine neuen und zeitgemäßen Funktionen erahnen: Die Kaffeehäuser wurden zum ersten Meinungszentrum in einer teilweise demokratisierten Gesellschaft.[54] Die Zeitungen steckten noch in der Anfangsphase. Nach 1662 wurden Publikationen, die Zeitungen ähneln, in Umlauf gebracht, aber sie wurden zensiert, und die Gewohnheit, zu lesen, war noch nicht etabliert. Das Kaffeehaus hingegen stellte einen Ort der freien Meinungsäußerung dar, wo Flugblätter gelesen und Reden gehalten wurden.[55]

53 Für das Folgende vgl. Hermann Westerfrölke, *Englische Kaffeehäuser als Sammelpunkte der literarischen Welt im Zeitalter Boydens und Addisons*, Jena 1924.

54 Vgl. für das Folgende Beljame, *Public*, S. 172 ff.

55 Addison im *Spectator* (Nr. 403) beschreibt humorvoll das Treiben in den Londoner Kaffeehäusern: »Ich kenne die Gesichter aller wichtigen Politiker in diesem Gebiet; und da zu jedem Kaffeehaus ein bestimmter Staatsmann gehört, der der Sprecher der Straße ist, in der er lebt, achte ich immer darauf, mich in der Nähe von ihm zu setzen, um sein Urteil über die gegenwärtige Lage der Dinge zu kennen. [...] ich habe zunächst in St. James's vorbeigeschaut, wo ich den ganzen äußeren Raum in einem politischen Gemurmel vorfand; die Spekulationen waren in der Nähe der Tür zwar sehr mittelmäßig, wurden aber immer feiner, je weiter man zum oberen Ende des Raumes vordrang, und wurden durch ein Grüppchen von Theoretikern so sehr verbessert, die im inneren Raum in den Dämpfen des Kaffeebechers saßen, daß ich dort hörte, wie in weniger als einer Viertelstunde die ganze spanische Monarchie beseitigt und für die ganze Linie der Bourbonen gesorgt wurde« (zitiert von John Timbs, *Club Life of London with Anecdotes of the*

Das politische Potenzial des Kaffeehauses wurde in der Französischen Revolution deutlich.[56]

Der Einfluss des Kaffeehauses auf die politische Meinung wurde so stark, dass 1675 eine Verordnung erlassen wurde, um ihnen ein Ende zu setzen. Die Institution war jedoch bereits zu fest verankert, so dass die Verordnung zurückgezogen werden musste. Die nachfolgende Entwicklung der Cafés nahm einen charakteristisch englischen Verlauf – sie verwandelten sich in politische *Clubs*.[57] Anstatt ihre Entwicklung weiterzuverfolgen, sollten wir uns mit dem Kaffeehaus als neuem Zentrum des Gruppenzusammenschlusses beschäftigen.

Offensichtlich verdankten diese Treffpunkte ihre Bedeutung der Demokratisierung der Gesellschaft und ihrer Eliten. Während die Salons selbst einen demokratisierenden Einfluss auf eine halbfeudale Gesellschaft innerhalb der Grenzen kleiner Gruppen ausübten, war der Zugang zu den Kaffeehäusern fast gänzlich unbeschränkt. Und während der Zutritt zu den Salons von der Einführung und der gesellschaftlichen Akzeptanz abhing, wurden die Kaffeehausgesellschaften schließlich für jeden zugänglich, der ihre Ansicht teilte. Nicht der gemeinsame Lebensstil oder gemeinsame

*Clubs, Coffee-houses and Taverns of the Metropolis during 17., 18. and 19. Centuries. 2 Bände. Band II*, London 1886, S. 39 f.).

56 Vgl. Heinrich Cunow, *Politische Kaffeehäuser. Pariser Silhouetten aus der grossen französischen Revolution*, Berlin 1925; Harold Routh, »Steele und Addison«, in: Adolphus William Ward, A. R. Waller (Hg.), *Cambridge History of English Literature. Bd. IX. From Steele and Addison to Pope and Swift*, Cambridge 1912, S. 26-65; vgl. auch H. G. Aldis, »Book Production and Distribution, 1625-1800«, in: Adolphus William Ward, A. R. Waller (Hg.), *The Cambridge History of English Literature. Band XI. The Period of the French Revolution*, Cambridge 1922, S. 311-342, hier S. 338.

57 Diese Clubs haben den Charakter der Kaffeehäuser weitgehend beibehalten. Zunächst einmal konzentrierten sie sich meist auf gemeinsame Meinungen: »Ein Verein verteidigte eine Übersetzung von Homer, ein anderer die hannoversche Erbfolge, ein dritter die Verteidigung der Antike gegen die Moderne. Da jeder Mensch dazu neigte, [...] seinesgleichen zu suchen, nahmen die Gentlemen-Gesellschaften einen Gruppencharakter an, unabhängig davon, ob ihr Interesse literarischer, politischer, wirtschaftlicher oder philosophischer Natur war« (Robert Allen, *The Clubs of Augustan London*, Cambridge, Mass. 1933, S. 34). Zweitens wurden vor allem die politischen Clubs »von Männern aller Ränge und Berufe besucht, wobei jede Gruppe ihren eigenen Charakter und Zweck hatte« (ebd., S. 35).

Freunde, sondern gleiche Meinungen stellten die Grundlage der Verbindung dar. Die Großstadt, die dazu neigt, das Individuum von seinem ursprünglichen Milieu zu lösen, ermöglicht eine solche neue anonyme Art der Integration. Der Unterschied zwischen der modernen, offenen Vereinigung und ihrem frühen Vorläufer, der griechisch-römischen Sodalität, die Personen unabhängig von ihrer Verwandtschaft zusammenführte, beleuchtet die große historische Spanne, die zwischen ihnen liegt.

Die moderne Vereinigung, die im englischen und französischen Kaffeehaus entsteht, setzt sich über Rang und Familienbande hinweg – sie ist ein Produkt einer liberalisierten Massengesellschaft, in der das losgelöste Individuum und seine Meinung die Grundlage für politische Ausrichtungen bilden. In gewisser Weise bildeten die Kaffeehauszirkel des späten achtzehnten und frühen neunzehnten Jahrhunderts die freieste Vereinigung der westlichen Geschichte; zu keiner Zeit war die Meinung so fließend und sozial unabhängig wie in dieser Zeit. In dieser Hinsicht stellt der Aufstieg einer Massengesellschaft mit ihren starreren Trennungen und Meinungsverschiedenheiten einen Rückschritt dar. Davon später mehr.

Natürlich war der Einzelne auch in der Blütezeit der liberalen Gesellschaft nicht ganz frei; im Rückblick kann man die gesellschaftlichen Ursprünge der Meinungen immer wieder aufspüren. Keine Gesellschaft hat ihre Mitglieder völlig frei gemacht, noch sind Ideen je in einem sozialen Vakuum entstanden. In der Tat geht der Zerfall des älteren, feudalen Schichtungstyps mit der Entstehung neuer Klassenunterschiede einher.

Um von diesem Exkurs über das Kaffeehaus zur Rolle der Salons zurückzukehren: Sie waren Mittel der Selektion, solange sie in der Lage waren, als soziale »Aufzüge« zu fungieren und einen kontrollierenden Einfluss auf die Schlüsselorganisationen des Lernens und der Meinungsbildung auszuüben.[58] Der Salon der Comtesse de Loynes war der letzte, der bei den Wahlen zur Pariser Akademie eine Stimme hatte (ein Einfluss, der die Wahl des jüngeren Dumas, von Sardou, Flaubert, Gautier, Mistral und Anatole France sicherte).[59] Darüber hinaus verlangsamten die Salons das Wachstum der politischen und literarischen Elite und verhinderten ein Überangebot

58 [Zu dem Begriff »Aufzüge« vgl. Sorokin, *Mobility*.]

59 Arthur Meyer, *Forty Years of Parisian Society*, London 1912.

an Intellektuellen. Die rein demokratische Methode der Selektion führt in Gesellschaften, in denen der Schriftsteller, Künstler und Gelehrte einen privilegierten Status genießt, wie in Deutschland und den lateinischen Ländern, unweigerlich zu einem Überangebot. Die Salons fungierten nicht nur als Selektionsorgane, sondern sie sublimierten den Prozess des gesellschaftlichen Aufstiegs und nahmen durch ihren symbiotischen Charakter gesellschaftliche Außenseiter auf und förderten vielversprechende Führungstalente. Natürlich erwies sich der Salon als ein Zwei-Wege-Kanal zur Gesellschaft – sowohl zu den eingeladenen Literaten als auch zur Gastgeberin. Die jüdischen Salons in Berlin verdankten ihre Existenz nicht nur der von Mary Hargrave erwähnten Tatsache, dass die Juden einen Ausgleich für ihre politischen Behinderungen in der Kultivierung ihrer Wohnungen fanden,[60] sondern auch der Tatsache, dass die Salons-Partys von Frauen wie Henriette Hertz und Rachel Lewin als Fenster zu einer größeren und vielfältigeren Welt dienten.

Die Gespräche in den Salons spiegelten seine Übergangssituation als Treffpunkt einer urbanisierten Aristokratie und mobiler städtischer Kenner wider. Im Gegensatz dazu waren die festlichen Zusammenkünfte der Zünfte die Angelegenheiten nur einer Klasse. Die Singfeste oder Gasthausbankette waren Anlässe zum Fröhlichsein mit vorgegebener Tagesordnung; sie waren umrahmt von der gemeinsamen Sichtweise und den Konventionen einer homogenen und zusammenhängenden Bürgerschicht. Im Salon dagegen vermischten sich Individuen mit unterschiedlichen sozialen Positionen, Loyalitäten und Ansichten. Die Aristokratie bildete nach wie vor einen Schwerpunkt, aber das intellektuelle Klima und der Charakter des Gesprächs bildeten eine Miniaturnachbildung einer Wettbewerbs- und mobilen Gesellschaft, in der der Status nicht mehr vererbt, sondern erreicht und von einer Gelegenheit zur nächsten instabil gehalten wurde. Die Konversation war eine Gelegenheit zur Eroberung; der Witz und die Geistesblitze der Originalität eröffneten Karrieren, und die Fähigkeit, innerhalb weniger Minuten zu triumphieren, war der Schlüssel zum Erfolg. Aber kein Triumph ist von Dauer, wenn er nicht sofort in eine Anstellung oder einen Verlagsauftrag umgewandelt wird.

Der Salon veranschaulicht einen weiteren Charakterzug der

60 Mary Hargrave, *Some German Women and Their Salons*, London 1912, S. 55.

modernen Vereinigung – ihren begrenzten Anspruch an den Einzelnen. Otto von Gierke hat auf den inklusiven Charakter der mittelalterlichen Korporationen und der Gilden hingewiesen.[61] Ihre gesammelten Funktionen absorbierten die gesamte Person und das ganze Spektrum ihrer Interessen – religiöse, rechtliche, wirtschaftliche und gesellige. Im Gegensatz dazu wirkt der moderne Verein am Rande auf den Einzelnen ein, beinhaltet nur begrenzte Anliegen, lässt ihm relativ viel Freiheit und hält seine Situation undefiniert. Dasselbe Individuum kommt in vielen sich überschneidenden Gruppierungen vor, und es ist diese Mehrfachzugehörigkeit, die die differenzierte Persönlichkeit des frühen neunzehnten Jahrhunderts hervorbringt.[62] Er hat Fluchtmöglichkeiten, denn er kann sich von einer Gruppe in eine andere zurückziehen, und seine Beteiligungen an einer Gruppe sind begrenzt. Der Salon ist einer der ersten, der ein Verhaltensmuster für eine veränderliche und improvisierte Situation vorgibt: Wo nichts vorgeschrieben ist, werden Reaktionsschnelligkeit und Schlagfertigkeit bevorzugt, und wo die Themen begrenzt sind, kann man ihnen begegnen, ohne die Zähne zusammenbeißen zu müssen.

Es ist kein Zufall, dass die konservativen Klubs des frühen neunzehnten Jahrhunderts in Deutschland noch immer an die mittelalterliche Gilde oder die Feinheiten von Hofversammlungen erinnern. Ich beziehe mich auf solche Vereine wie die »Christlich deutsche Tischgesellschaft« und den »Tunnel an der Spree«.[63] Wir finden nichts von der Informalität englischer politischer Clubs; der Ton der Treffen scheint schwerfällig zu sein, die Sitzungen haben geplante Redner, und es werden Aufzeichnungen über die erzählten Geschichten geführt.[64] Obwohl wir in diesen Clubs einige Merkmale des Salons vorfinden, insbesondere die Mischung von Jun-

61 Otto von Gierke, *Rechtsgeschichte der deutschen Genossenschaft. Erster Band. Das deutsche Genossenschaftsrecht*, Berlin 1868, S. 345.

62 Georg Simmel, *Soziologie, Untersuchungen über die Formen der Vergesellschaftung*, Leipzig 1908, Kapitel X: Erweiterung der Gruppe und die Ausbildung der Individualität, insbesondere S. 709 ff. und 763 ff.

63 Karl Mannheim, »Das Konservative Denken. Soziologische Beiträge zum Wesen des politisch-historischen Denkens in Deutschland«, in: *Archiv für Sozialwissenschaft und Sozialpolitik* 57 (1927), S. 68-142, 470-495.

64 Einige der Geschichten, insbesondere die von Heinrich von Kleist, wurden prompt vom *Berliner Abendblatt* abgedruckt (vgl. Reinhold Steig, *Heinrich von Kleists Berliner Kämpfe*, Berlin 1901).

kern, Regierungsbeamten und romantischen Liberalen, fehlt die Unbeständigkeit und Informalität ihres englischen Gegenstücks, und das Klima der deutschen konservativen Clubs jener Zeit spiegelt noch nicht die sozialen Formen einer Wettbewerbsgesellschaft wider.

Zusammenfassend lässt sich sagen, dass die besonderen Formen der intellektuellen Gruppen eine wichtige Grundlage für das Rollenverständnis der gebildeten Schichten einer Gesellschaft darstellen und von Fall zu Fall sogar Licht auf den vorherrschenden Ausdrucksstil und die Mentalität werfen, die die artikulierteren Elemente der Gesellschaft entwickeln.[65]

### (c) Die Intelligenz und die Klassen

Die vorangegangene Diskussion könnte einen einseitigen Eindruck von der Intelligenz als einer sich selbst hervorbringenden und sich selbst erhaltenden Gruppe erwecken, denn bisher haben wir ihre Abhängigkeit von der größeren Gesellschaft nicht berücksichtigt. Diese Beziehung ist unser gegenwärtiges Thema.

In gewisser Weise sind die Intellektuellen Abtrünnige, die ihre elterliche Schicht verlassen haben. Diese Tatsache macht es zwingend erforderlich, dass wir eine Bestandsaufnahme der Umstände dieser Abtrennung und des späteren Verhältnisses des Abtrünnigen zu seiner früheren Klasse vornehmen. Neue soziale Chancen eröffnen sich einer Intelligenz immer dann, wenn eine dominante Schicht sich als unfähig erweist, neu entstehende Führungsfunk-

65 Wir verweisen in diesem Zusammenhang auf Harold Rouths Bemerkungen in der *Cambridge History of English Literature* über den englischen Schriftsteller. Routh führt seine charakteristische Fähigkeit, deutlich zu schreiben, ohne scholastisch und umständlich zu werden, auf den *Einfluss* des Kaffeehauses des frühen achtzehnten Jahrhunderts zurück. Dies ist, wie uns gesagt wird, die Vorschule der bürgerlichen Kultur. Früher benutzten sogar Personen, die Pamphlete verfassen, einen gelehrten und scholastischen Stil, denn sie kannten sich nur mit Drucksachen aus. Im Kaffeehaus hingegen steht das Gespräch im Mittelpunkt: »Der Mann, dessen Verstand durch den menschlichen Umgang geschult wird, ist anpassungsfähiger und gewandter als einer, dessen Intellekt aus Büchern entstammt.« (Harold Routh, »Steele und Addison«, S. 32). Die Kaffeehäuser waren unwissentliche Förderer eines neuen Humanismus, und nur diese Zentren konnte einen Schriftsteller »in Kontakt mit den Gedanken und Gefühlen seiner Zeit« bringen (ebd.).

tionen zu übernehmen. Dies sind die Anlässe für den selektiven Aufstieg der Mittelschichten, und es waren diese Situationen, in denen die Ministerialen in den Vordergrund rückten und Elemente der Mittelschicht in die akademischen Berufe eintraten.[66]

### *(i) Typen einer aufsteigenden Intelligenz*

Ich bin geneigt, zwischen dem individuellen Aufstieg in eine offene Gruppe und dem Aufstieg in eine geschlossene Schicht zu unterscheiden. Beide Bewegungen werden von besonderen Erfahrungen begleitet, die dazu neigen, sich zu unterschiedlichen sozialen Haltungen zu verfestigen.

Individuen, die einzeln in eine offene und allgemein zugängliche Schicht aufsteigen, neigen dazu, eine individualistische und heroische Erfolgsphilosophie zu entwickeln. Ihre Haltung ist wahrscheinlich aktivistisch und optimistisch. Die Individuen des liberalen Bürgertums z. B. rückten in Positionen, die ein expandierender Kapitalismus zur Verfügung stellte. Ihr Aufstieg stellt das spektakulärste Beispiel für eine Aufstiegsmobilität im Massenmaßstab dar. Der Erfolg kam zu dem unternehmungslustigen Individuum in ähnlicher Weise wie zu den Condottieri, den Händlern und den Bankiers der italienischen Renaissance. Der Unternehmer konnte in gutem Glauben davon ausgehen, dass fast jeder mit Energie und Klugheit letztlich seinen Weg gehen würde. Jeder verdankt seinen Erfolg sich selbst, vielleicht seinem Glück, aber nicht der besonderen Natur der Umstände. Denn wie kann jemand die Anerkennung für seinen Erfolg einer besonders strukturierten Gesellschaft zurechnen, wenn er sie nicht mit einer anderen vergleichen kann? Der Einzelne ist daher ganz natürlich geneigt, seine Lebensgeschichte als kosmische Existenzbedingungen zu hypostasieren.

66 Für die akademischen Berufe vgl. Friedrich v. Bezold: »[...] die überwältigende Mehrheit der Gelehrtenwelt und der Künstlerschaft stammte aus bürgerlichen oder bäuerlichen Familien. War doch die ganze neue Geisteskultur ursprünglich ein städtisches Gewächs. Erst im 16. Jahrhundert sollte ihrem von Natur aristokratischen Charakter allmählich die Umwandlung in eine dem Volksleben entfremdete Gesellschaftsgruppe auch äußerlich aufgeprägt werden« (Friedrich Bezold, »Staat und Gesellschaft des Reformationszeitalters«, in: Friedrich v. Bezold, Eberhard Gothein, Reinhold Koser [Hg.], *Staat und Gesellschaft der neueren Zeit (bis zur Französischen Revolution)*, Berlin 1908, S. 1-136; hier S. 102).

Er verallgemeinert aus der Tatsache, dass er die Umstände, die er kennt, seinen Ambitionen entsprechend empfand. Er nimmt eine günstige Haltung gegenüber der Klasse ein, aus der er aufgestiegen ist, und pflegt eine »Hilfe zur Selbsthilfe«-Philosophie in Bezug auf die Gesellschaft im Allgemeinen.

Bewegungen in eine eng verbundene Schicht mit einem etablierten *esprit de corps* bringen eine andere Haltung hervor. Individuen, die schnell zu einer exklusiven Gruppe aufsteigen, neigen dazu, sich eine neue Identifikation anzueignen, die Konventionen dieser Gruppe zu übernehmen und die soziale Hierarchie, in die sie aufgestiegen sind, zu akzeptieren.[67] Der Aufstieg der Gelehrten im bürokratischen Staat, der durch den wachsenden Bedarf an Regierungsbeamten, insbesondere Juristen, ausgelöst wurde, ist ein Beispiel dafür. Der rasche Aufstieg der Gelehrten bildete eine Ausnahme in einer starr abgestuften, kastenähnlichen Gesellschaft, die wenig Raum für nennenswerte Karrieren bot, wie die Gesellen, die zu Meistern wurden, und einige Straßenhändler, die als Kaufleute endeten.[68] Die neu aufgestiegenen Gelehrten erwiesen sich als fähige Sprecher der bestehenden feudalen Hierarchie, in der sie einen besonderen Adel, die *nobilitas literaria*, als Äquivalent zu den *nobilitas generis* beanspruchten. Eine solche Forderung wurde 1617 von Matthäus Stephani, einem Greifswalder Juristen, in seinem *Tractatus de Nobilitate Civili* skizziert. An den Tischen der Bürgerlichen sollten die *doctores* als Adelige sitzen; vor Gericht sollte ihre Stimme mehr Gewicht haben als die der Bürgerlichen: wenn z. B. sowohl der Arzt als auch ein Bürgerlicher unter Mordverdacht standen, sollte das Verbrechen dem Bürgerlichen zugeschrieben werden, und so weiter. Die Wirkung dieser Anstrengungen, die in einer umfangreichen Literatur über die *nobilitas literaria* gemacht wurden,[69] war in der Tat eine progressive Aufwertung der Intellektuellen.

Eine zweite Folge solcher Aufwärtsbewegungen ist die radikale Loslösung von der Ursprungsschicht. Auch hier liefern die Ministeriales eine gute Illustration. Ihre intellektuelle Produktivität in der späteren Periode des Minnesangs ist eine Folge ihrer bewussten

67 Walther Lederer, »Die Klassenschichtung, ihr soziologischer Ort und ihre Wandlungen«, in: *Archiv für Sozialwissenschaft und Sozialpolitik* 65 (1931), S. 539-579.

68 Vgl. Erich Trunz, »Der deutsche Späthumanismus um 1600 als Standeskultur«, in: *Zeitschrift für Geschichte der Erziehung und des Unterrichts* 21 (1931), S. 17-53.

69 Für weitere Details vgl. ebd., S. 48.

Assimilation der höfischen Kultur. Ein weiteres Symptom dieser rückwärts gerichteten Loslösung ist die Neigung zu immer ausgefeilteren Konventionen. Solche Tendenzen markieren gewöhnlich den Punkt der gesellschaftlichen Sättigung. Eine aufsteigende Gruppe beginnt, ihren erreichten Status zu ritualisieren, wenn sie ihren Höhepunkt erreicht und ihre Möglichkeiten ausgeschöpft hat. In ihrer aufsteigenden Phase erlangten die Ministeriale ihren Status durch Dienste, insbesondere zu Pferd. Während des größten Teils des Mittelalters rangierte die Qualifikation für den berittenen Dienst über der adligen Geburt. Er war selbst in den Händen von Königen eine Auszeichnung.[70] Aber in seiner stabilisierten Phase konventionalisierte der Ministerialadel seinen Rang und machte Geburt statt Dienst zum Markenzeichen des Adels.

### *(ii) Arten von Intelligenzen, die sich aus Vertriebenen und Blockierten bildeten*

Wir wenden uns nun den Klassen und insbesondere den Intellektuellen zu, deren soziale Erwartung durchkreuzt wird. In Bezug auf diese spricht Walther Lederer von Tendenzen zur Isolation und Selbstverherrlichung.[71] Eine Schicht, die abrupt auf ihre ursprüngliche Position zurückgeworfen wird, eifert nicht der Oberschicht nach, sondern nimmt eine widersprechende Haltung ein und entwickelt entgegengesetzte Denk- und Verhaltensmodelle. Die Situation selbst macht solche Haltungen wahrscheinlich; inwieweit sie akut werden, hängt von sekundären Faktoren ab, wie z. B. der Fähigkeit, eine Gegenideologie zu artikulieren und zu entwickeln. Wo die Bedingungen für die Herauskristallisierung einer artikulierten Opposition nicht gegeben sind, wird das Ressentiment verdeckt und sein Ausdruck auf das Individuum oder seine unmittelbare Primärgruppe beschränkt. Eine solche unterdrückte Feindseligkeit bleibt nutzlos und sozial unproduktiv. Wo jedoch die Umstände ein Ventil für den kollektiven Ausdruck von Unzufriedenheit bieten, wird das Ressentiment zu einem konstruktiven Stimulus und schafft ein Klima für Sozialkritik, das eine dynamische Gesellschaft auf lange Sicht braucht.

70 Karl Weinhold, *Die deutschen Frauen in dem Mittelalter, Erster Band*, Wien 1897, S. 226.

71 Lederer, »Klassenschichtung«, S. 568-573.

Dies ist die Situation, die das gesellschaftliche Selbstbewusstsein fördert und den Aufstieg einer Intelligenz begünstigt. Es stimmt, dass sich solche Schichten auch aus einem Zustand der Sättigung heraus entwickeln können, wie es oft bei der zweiten Generation einer neu entstandenen Schicht geschieht. Richard Hamann hat versucht, die Kultur der frühen Renaissance auf die Rolle einer zweiten Generation zurückzuführen.[72] Cosimo de Medici z. B. war »Geschäftsmann, auf der Bank ganz in seinem Element, pflichttreu in der Verwaltung der Staatsgeschäfte und von der Erkenntnis durchdrungen, daß sein und des Vaterlandes Vorteil unlöslich verkettet seien. Für seine Person ist er einfach, streng. [...] Lorenzo, der Prächtige, vernachlässigt die Geschäfte und bringt sein Privatvermögen an den Rand des Bankrottes. Der Genuß in sinnlicher und geistiger Form wird die Losung seiner Tage.«[73] Ererbter Reichtum ist jedoch nicht die häufigste Quelle einer Beschäftigung mit Kultur; weitaus häufiger ist der Anstoß ein aufgehaltener persönlicher Aufstieg. Ganz typisch ist die Situation der abgehängten Schichten der Oberschicht, wie Lederer hervorhob und wie das Beispiel der Minnesänger gezeigt hat.[74] Diese Individuen, deren Aufstieg vereitelt wurde, neigen dazu, sich von der selbstzufriedenen Haltung ihrer Altersgenossen abzuwenden und zu artikulierten Kritikern ihrer Gesellschaft zu werden.

Andersdenkende Unterschichten bewegen sich in die gleiche Richtung. In der ersten Phase ihrer bewussten Selbstbehauptung reagieren die Unterschichten auf die Konventionen der Oberschichten mit der Übernahme eigener Sitten und der Schaffung einer Utopie, die sowohl ein Gegenbild der bestehenden Ordnung als auch eine Kritik ihrer Ideologien darstellt. Erst nach einer längeren Phase der Konsolidierung entwickelt sich der Impuls zum Widerspruch zu einer rationalen Gesellschaftskritik und einer realistischen Opposition.[75] Solche Utopien und Gegenbilder sind die Schöpfungen von

72 Richard Hamann, *Die Frührenaissance der italienischen Malerei. 200 Nachbildungen mit geschichtlicher Einführung und Erläuterungen von Richard Hamann*, Jena 1909, S. 24-51; Alfred v. Martin, »Kultursoziologie der Renaissance«, in: Alfred Vierkandt (Hg.), *Handwörterbuch der Soziologie*, Stuttgart 1931, S. 495-510.

73 Hamann, *Frührenaissance*, S. 3.

74 [Lederer, »Klassenschichtung«, S. 577 f.]

75 Für eine Diskussion zu diesem Thema vgl. das Kapitel »Das utopische Bewußtsein« in Mannheim, *Ideologie und Utopie*, S. 169-250.

Individuen und nicht von widerstrebenden, aber unartikulierten Massen, auch wenn die Intellektuellen, deren Aufstieg verhindert wurde, ihre Verbündeten und Sprecher werden können. Es ist ihre Artikulation von Unzufriedenheit und ihre bewussten Gegensymbole, die den Konsens und das Handeln der Massen kristallisieren. Die Urheber eines Klassenbewusstseins gehören selten der Schicht an, deren Selbstbewusstsein sie wecken. Es ist diese stellvertretende Teilnahme an einer Klassensituation, die dem Intellektuellen in der Gesellschaft eine sekundäre Basis gibt. Er kann die Reaktionen der Massen nur dadurch beschleunigen, dass er sich in ihre Situation vertieft und so seine eigene Position transzendiert. Er, das isolierte Individuum, erwirbt in diesem Prozess eine kollektive Orientierung durch ausgedehnte Kontakte mit einer Klasse, zu der er nicht gehört. Tatsächlich muss er folgen, um zu führen.

Die verdrängten Mitglieder einer Oberschicht stellen eine andere Art von Karriere dar. Sie sind meist das Produkt der Vertreibung durch Eindringlinge von unten. Manchmal ist die teilweise Verdrängung einer Oberschicht das Ergebnis ihrer Unfähigkeit, die wirtschaftliche Last vorgeschriebener Klassenkonventionen zu tragen. Die Nichtbeachtung einer kostspieligen Nutzung versperrt oft den Weg zu einer üblichen Art des Aufstiegs. Ziemlich typisch ist z. B. die Ratlosigkeit der Söhne einer oberen Klasse, die nicht in der Lage sind, eine lange Wartezeit zu finanzieren, die normalerweise zu privilegierten Positionen führt. Diese Situationen führen zu einer besonderen Art von Intelligenz. (Unnötig zu sagen, dass wir es, wie die Soziologie im Allgemeinen, mit typischen Wahrscheinlichkeiten zu tun haben und nicht mit festen und vorherbestimmten Lebensgeschichten von Individuen.)

Lassen Sie uns nun die typischen Verläufe skizzieren, die einer Intelligenz offenstehen, die sich im Prozess der Entwurzelung entwickelt.

*Erste Phase.* Die oben erwähnte finanzielle Unfähigkeit, konventionelle Gewohnheiten aufrechtzuerhalten, ist eine typische Quelle der Frustration. Gewöhnlich nehmen wir unsere bekannten Gewohnheiten und Erwartungen als selbstverständlich hin, ohne groß über ihre besonderen wirtschaftlichen Voraussetzungen nachzudenken, solange sie gesichert sind. Wir werden uns unserer Gewohnheiten und Veranlagungen bewusst, wenn ein wirtschaftlicher Wandel uns zwingt, sie zu ändern und an eine neue Situation anzupassen. Frauen z. B., die an ein behütetes Leben gewöhnt sind, entwickeln gewöhnlich eine ausgeprägte Sensibilität und eine besondere Fähigkeit zur Sympathie, die sie ablegen müssen, wenn plötzlich eine schlechtere ökonomische Lage sie zwingt, sich den Nöten eines härteren Kampfes zu stellen. Die unmittelbare Reaktion auf eine solche Veränderung ist in der Regel ein vages Gefühl des Unbehagens. Aber wenn die Diskrepanz zwischen einer veränderten Situation und einer erworbenen Disposition, die ihre frühere Funktion verloren hat, fortbesteht, kommt es zu einer reflexiven Bestandsaufnahme. Ihre Entwicklung wird davon abhängen, ob sie bei entwurzelten Personen stattfindet oder bei denen, deren Aufstieg auf halbem Wege aufgehalten wurde. Die Reflexivität der Personen, die im Entwurzelungsprozess intellektualisiert werden, markiert die *zweite Phase* und nimmt den folgenden Verlauf.

Die Erfahrung der Veränderung geht einher mit einer fortgesetzten Identifikation mit der vorherigen Situation. Wenn sich diese Erfahrung verallgemeinert, gelangen wir zur Philosophie der »guten alten Zeit«, zur Ideologie des Traditionalismus. Personen, die nicht die Fähigkeit zur Artikulation erworben haben, werden spontan die Vergangenheit als Mittelpunkt ihrer nostalgischen Träume idealisieren. Intellektuelle, die sich in der gleichen Situation befinden, werden sich die aktuellen Symbole ihrer Zeit aneignen und dementsprechend eine Mythologie des archaischen Zeitalters oder eine Geschichtsphilosophie ausarbeiten, die das Mittelalter als Theorie des langsamen, organischen Wandels verherrlicht; dies sind die Ideologien, die sich die romantische Intelligenz Deutschlands als Teilantwort auf die revolutionäre Gefährdung des Landadels zu eigen gemacht hat. Die konzeptuelle Form variiert von Zeit zu Zeit, aber der Trend zur traditionellen oder romantischen Interpretation des Wandels kehrt überall dort wieder, wo sich eine Intelligenz aus den entwurzelten Elementen einer Klasse bildet.

Die *dritte Phase* schließt den Prozess ab und macht die Ablehnung einer veränderten Situation endgültig. Dies ist oft die Folge eines jähen Wandels, der eine allmähliche Neuanpassung nicht zulässt und den Wunsch nach besseren Zeiten unwiderlegbar verhindert. Nun wird die traditionelle Haltung kollektiv und reaktiv gegen die veränderte Gesellschaftsordnung oder ihre Verfechter. Wie jede Bewegung einen Kern und eine Peripherie hat, so besteht der Kern der Reaktion aus Personen, die sich nicht mit den bestehenden Verhältnissen versöhnen können. Man kann unter ihnen drei verschiedene Typen diagnostizieren:

1. Angehörige einer älteren Generation, deren Position eine Neuanpassung nicht zulässt;
2. Mitglieder von Berufen, deren Zahl abnimmt; und
3. ehemalige Empfänger von unabhängigen Einkommen, deren frühere Lage das Verständnis für Veränderungen hemmt.

Die *Unfähigkeit*, neue Tatsachen zu akzeptieren, schafft, wie in den meisten sozialen Situationen, eine eigene Ideologie, die bald zu einer konzertierten *Unwilligkeit* wird. Dies sind die Quellen, aus denen die Reaktion ihre Kerntruppen ableitet. Die Unnachgiebigkeit und Entschlossenheit solcher übrig gebliebenen Schichten können schwankende Massen zuweilen ins Wanken bringen.

Die *vierte Phase* wird durch Personen mit ähnlichem Hintergrund, aber aus einer nachfolgenden Generation erreicht, die in der Lage sind, sich mit einer veränderten Lage zu versöhnen. In der Regel überdauert eine Reaktion nicht eine Generation, und ihr Zerfall beginnt bei Individuen, die ihre Wahlfreiheit nicht verloren haben. Ihre Loslösung von der eigenen Schicht geht meist mit den typischen Symptomen der Dissoziation einher: einer nach innen gerichteten Kritik und Skepsis gegenüber den älteren Exponenten ihrer Gruppe. Diese Personen durchlaufen zwei Phasen des Zweifels. Zuerst lassen sie das Glaubensbekenntnis und die Versprechen der Revolutionäre außer Acht, aber schließlich verlieren sie auch den Glauben an ihre eigenen vorrevolutionären Ideale. Dies ist der skeptische Zustand einer reaktionären Ideologie und markiert die soziale Genese des Skeptizismus.

### Exkurs zu den sozialen Wurzeln des Skeptizismus

Pareto und seine Anhänger haben ein modernes Beispiel von Skepsis geliefert, das einige Züge der soeben beschriebenen doppelten Desillusionierung trägt. Als Nachkomme genuesischer Patrizier, Ingenieur, ehemaliger Industriemanager und späterer Professor hatte Pareto die nüchterne und unsentimentale Haltung gegenüber Ideologien im Allgemeinen und gegenüber Demokratie, Liberalismus und Sozialismus im Besonderen, die für die politisch wachsamen

Mitglieder seiner Klasse charakteristisch ist. Aber er war nicht der Überzeugung seiner eigenen Schicht verpflichtet. Er sah in der Geschichte einen mehr oder weniger stationären Prozess, in dem sich die Eliten fortlaufend gegenseitig verdrängen und die Massen nach einem bestimmten Gesetz der Psychologie periodisch in Bewegung gesetzt werden. Das Wesen der Geschichte ist der Kampf der Eliten.

Es ist unmöglich, eine einzige Formel für die verschiedenen Arten von Skepsis zu finden. Sicherlich haben nicht alle Typen soziale Wurzeln. Einige Varianten beruhen auf rein individuellen Erfahrungen, die zu keiner Gruppenbildung führen, während andere auf eine Temperament-Veranlagung zurückgeführt werden können. Unabhängig von ihrer Grundlage wird Skepsis zu einer echten und konsistenten Reaktion, wenn sie von typischen sozialen Konstellationen getragen wird. Diese zu studieren ist von großer Bedeutung, denn sie bilden ausnahmslos Marksteine des sozialen Wandels.

Im Allgemeinen entsteht *Skepsis aus der Verdrängung einer gruppenzentrierten Weltsicht.* In dem Maße, wie die Sicherheit einer Weltanschauung von der Sicherheit ihrer Befürworter abhängt, beginnt der Einzelne an der etablierten Überzeugung dieser Gruppe zu zweifeln, wenn seine Basis in ihr unsicher wird oder wenn der Zusammenhalt der Gruppe abnimmt. Zeitgenössische Beobachtungen decken sich in dieser Hinsicht mit den Lehren der Geschichte. Rudolf Heberle, ein Student der sozialen Mobilität in Amerika, beobachtet: »Während in einer stabilen Gesellschaft wohl Verstöße gegen die Sitte und Rechtsverletzungen vorkommen, die Gültigkeit der verletzten Normen aber von niemandem in Frage gestellt wird, erwachen in einer mobilen Gesellschaft die Kritik und der Zweifel.«[76]

Kehren wir noch einmal zu den Minnesängern zurück, um eine einfache Art von Skepsis in einer im Niedergang begriffenen Gesellschaft zu veranschaulichen. Es war der alarmierende »Zwivel«, der Zweifel des zwölften und dreizehnten Jahrhunderts, mit dem Wolfram von Eschenbach zu kämpfen hatte. Während der stärker verankerte Wolfram seine Zweifel zu überwinden und zu unterdrücken suchte, verspottete der urbanisierte Gottfried von Straßburg offen kirchliche Angelegenheiten. Ob die Ratlosigkeit eines

76 Rudolf Heberle, *Über die Mobilität der Bevölkerung in den Vereinigten Staaten*, Jena 1929, S. 192.

schwindenden Glaubens durch eine Flucht in die Tradition gelöst oder mit zynischer Ironie abgetan wird, es ist das immer wiederkehrende Problem einer Intelligenz in einer Situation des sozialen Abstiegs. Wenn wir die erste Phase des Minnesangs, die von einem oberen Landadel getragen wurde, der späteren Periode gegenüberstellen, die unter der Vorherrschaft von wandernden und marginalen Individuen blühte, erkennen wir, dass der Prozess der Entwurzelung, der die Intellektuellen aussetzte, damals die gleichen Phasen durchlief wie heute.

Der Leser mag sich fragen, ob wir Zweifel religiöser Art nicht unnötigerweise mit der erschütterten Loyalität gegenüber einem Gesellschaftssystem verwechseln. Auf welcher gedanklichen Ebene der Zweifel erlebt wird und was sein konkreter Gegenstand ist, hängt von dem begrifflichen Gebäude ab, das eine Gesellschaft um ihre Sitten und Gebräuche herum aufbaut. Skepsis kann nicht die Form einer soziologischen Kritik in einer Kultur annehmen, die nicht sozial reflektierend ist. Der Zweifel des entwurzelten Individuums nimmt die Form an, in der ihm ein erschüttertes System gewöhnlich ausgelegt wird: Der religiöse Dichter wird zum Agnostiker, der politisch bewusste Patriot zum Kosmopoliten und der Metaphysiker zum Relativisten. Von besonderem soziologischem Interesse ist jedoch die Entwicklung vom einfachen Unglauben, der an der einen oder anderen Lehre zweifelt, hin zu einem radikalen Skeptizismus oder, wie ich es nennen würde, einem *doppelten Skeptizismus*. Dieser entsteht, wenn zwei verschiedene Horizonte auf ein und dieselbe Person einwirken und wenn gegensätzliche Glaubensbekenntnisse von gleicher Vehemenz auf sie einwirken. Eine solche doppelte Sicht der Dinge ist oft das Ergebnis einer räumlichen Gleichzeitigkeit zeitlich aufeinanderfolgender Überzeugungen. Damit meine ich eine Situation, in der eine ältere Gruppe weiterhin für einen früheren Glaubenssatz eintritt, während eine aufsteigende Gruppe gleichzeitig einen neuen vertritt. Das Individuum, das in einer der beiden Gruppen seine Sicherheit verloren hat, befindet sich im Kreuzfeuer gegensätzlicher Behauptungen. Dann entdeckt es die verblüffende Tatsache, dass die gleichen Dinge unterschiedlich aussehen. Dieses Rätsel markiert den Ursprung einer *echten Erkenntnistheorie*, die mehr ist als die bloße Ausarbeitung und Rechtfertigung einer vorgefassten Meinung. Denn die Erkenntnistheorie ist Ausdruck eines erschütterten Glaubens nicht nur an eine bestimmte Wahrheit, sondern an die Wahrheit als solche und an die menschliche Erkenntnisfähigkeit.

Es ist daher kein Zufall, dass eine echte Erkenntnistheorie zweimal in der westlichen Geschichte auftauchte. Das erste Mal hat sie ihren Ursprung bei den Sophisten und Sokrates, das zweite Mal bei Descartes. Was waren die Sophisten anderes als städtische Intellektuelle, die die Auswirkungen zweier gleichzeitiger Lebensformen erlebten: der älteren, feudal-mythologischen und die der städtischen Handwerker mit ihrer Wissbegierde über die Herstellung der Dinge. Manche Moralisten neigen dazu, in dem leichtfertigen Spiel der Sophisten mit alternativen Lösungen nur zynische Spielerei zu sehen. Für eine Welt, in der früher alles nur eine Bedeutung hatte, war es in der Tat eine schockierende Erfahrung, die mannigfaltigen Kriterien der Wahrheit zu entdecken. Sokrates selbst war ein Sophist, der mit Zweideutigkeiten und Widersprüchen spielte, bevor er zu schlüssigen Lösungen kam. So wie die Sophisten den Konflikt zweier Welten begrifflich fassten, so leitete Descartes seine Erkenntnistheorie aus dem Zusammenprall der modernen Wissenschaft mit der an Bedeutung abnehmenden Scholastik ab, deren Methodik er nicht ganz aufgeben konnte. Doch die Skepsis, die Descartes zu einer Erkenntnistheorie verallgemeinerte, wurde zu einem Impuls für die moderne Forschung.

*So wie die Erkenntnistheorie aus der ambivalenten Situation radikaler Skepsis geboren wurde, so ging auch die Psychologie aus einem ethischen Pluralismus hervor.* Psychologie wird möglich, wenn sich der Schwerpunkt der Aufmerksamkeit von den ethischen Verhaltensnormen auf das tatsächliche Individuum verlagert. Aber das Individuum bleibt ein bloßes Konstrukt der Universalisten, bis es in einer Situation entdeckt wird, die Wahlmöglichkeiten und Fluchten zulässt. Sobald sich die Alternativen des Menschen über die Polarität von Sünde und Erlösung hinaus erweitern, kann sein Verhalten zum Gegenstand einer Typologie werden, für die die Universalisten nicht einmal Begriffe hatten. Es sind die ethische Desorientierung und der Agnostizismus des Montaigne, die eine beispiellose Neugierde auf die empirische Varianz menschlicher Antworten entstehen ließen. Montaignes ironische Behandlung trivialer Vorfälle und bedeutsamer historischer Ereignisse auf derselben Ebene verrät eine ikonoklastische Missachtung von Rangunterschieden in menschlichen Angelegenheiten und die Neugier des zukünftigen Wissenschaftlers auf die *omnia ubique*. Montaigne spielte, wie die Sophisten, gerne mit dem Schein, während Rabelais das Lachen des Rüpels genoss. Was Montaigne bewegte, war die Wandlungsfähigkeit des Menschen und seiner Umstände. »Das Gefühl für das Gute und Böse hängt von der Meinung ab, die wir davon hegen. Die Menschen (sagt eine alte griechische Sentenz) werden von den Meinungen gequält, die sie von den Dingen hegen, und nicht von den Dingen selbst.«[77] Das Konditionierungsmittel, das Montaigne im Sinn hatte, war nichts anderes als die variable menschliche Psyche.

Die Skepsis tritt in ihre *fünfte Phase* ein, wenn sie über das Stadium der Desorientierung gegenüber dem, was ich als zweiten Glauben bezeichnen möchte, hinausgeht. Natürlich erreichen nicht alle Individuen einer reaktionären Intelligenz diese Phase. Einige wenige werden durch soziale Umstände begünstigt, die den Skeptizismus als ständige Lebensweise zulassen, wie es Montaigne möglich war. Aber früher oder später suchen die meisten verdrängten Intellektuellen einen Weg aus dem Schwebezustand heraus und zurück zu einem bejahenden aktiven und kategorischen Glauben. Einem so angenommenen Glaubensbekenntnis fehlt jedoch die kunstlose und naive Einfachheit des Glaubens, mit der sich aufstrebende Klassen durchsetzen. Der zweite Glaube kennzeichnet das Aufkommen entwurzelter Individuen, die die Isolation nicht ertragen können und gezwungen sind, die Wiederzugehörigkeit zu einer unerschütterlichen Schicht zu finden.

Einer der Schüler von Pareto, dem radikalen Agnostiker in Lausanne, war Mussolini, der Emigrant und skeptische Intellektuelle, der die Mechanik der Geschichte durchschaut hatte und nichts fand, an das er glauben konnte. Solche Intellektuellen vertrauen nicht auf die apokalyptischen Hoffnungen primitiver Schichten, die vom Aussterben bedroht sind. So aussichtslos diese Hoffnungen auch sein mögen, sie entspringen ununterdrückbar einem gemeinsamen Impuls der Verzweiflung, während der zweite Glaube der Intellektuellen die Züge einer erfundenen Mythologie trägt. Dies

77 Michel de Montaigne, *Michele de Montaignes Gesammelte Schriften. Historisch-kritische Ausgabe. Zweiter Band. Essais. Erstes Buch. Siebenundzwanzigstes bis siebenundfünfzigstes Kapitel.* Hrsg. v. Otto Flake und Wilhelm Weigand unter Zugrundelegung der Übertragung von Johann Joachim Bode, München 1908, S. 144.

gilt insbesondere dann, wenn historische Mythen in einem Zeitalter positivistischer und kritischer Geschichtsschreibung erfunden werden. Es wird oft vergessen, dass ein beruhigender Glaube aus einer selbstbewussten Gruppe oder einer entstehenden sozialen Ordnung und nicht aus einem bewussten Vertrag schwankender Individuen entsteht.[78]

So wie wir versucht haben, die soziale Genese des Skeptizismus ausfindig zu machen, müssen wir uns nun fragen, wo der Sitz der bejahenden Überzeugungen liegt. Auch hier ist zu bedenken, dass die Veranlagung zu kategorialen Überzeugungen zwar individuell erworben werden kann, dass es aber bestimmte Konstellationen sind, die so geneigte Personen anziehen und anhaltende Impulse für die Bildung apodiktischer Überzeugungen darstellen.

(a) Die primäre Situation, die apodiktische Haltungen fördert, ist die als Sprecher einer homogenen Gruppe. Wir sprechen öfter, als uns bewusst ist, nicht in unserem eigenen Namen, sondern für bestimmte Gruppen. Wir tun dies meist ohne explizites Mandat und ohne zu wissen, für wen wir sprechen. Umgekehrt führt ein Konflikt, der einheitlich eine ganze Gruppe betrifft, zu klareren und entschiedeneren Ansichten als Fragen, die sie spalten.

(b) Die *zweite* Komponente einer positiven Position liegt in der Bipolarität einer sozialen Situation. Eine Gruppe, die versucht, sich gegen einen einzigen Gegner durchzusetzen, entwickelt ein klareres Selbstverständnis als eine mittlere Gruppe, die auf beiden Seiten auf Widerstand stößt. Die mittlere Position ist in der Regel zögerlicher und weniger artikuliert als die beiden Extreme in einem Zweier-Konflikt. Sehen Sie sich das bekannte Dilemma des Liberalen zwischen dem Traditionalisten und dem Radikalen an.

c) Die *dritte* Gelegenheit für eine kategorische Sichtweise ist die des unnachgiebigen Außenseiters und Kritikers, der sich nicht an laufenden Unternehmungen beteiligt und daher keine Kompromisse eingehen oder Einschränkungen vornehmen muss.

Die Charakteristika einer Intelligenz, die ihren Ursprung in der Entwurzelung hat, werden deutlicher, wenn man sie mit jenen Intellektuellen vergleicht, deren Aufstieg blockiert ist. Letztere übernehmen in der Regel eher die vorausblickende Utopie einer aufstei-

78 Vgl. Ernst Bertram, *Nietzsche. Versuch einer Mythologie*, Berlin 1918; Ernst H. Kantorowicz, *Kaiser Friedrich der Zweite*, Berlin 1927.

genden Klasse als die romantischen Ideale einer zurückweichenden Schicht. Wenn sie in eine Sackgasse geraten und in die Phase der Skepsis eintreten, wird ihre Desillusionierung nicht radikal und vollständig, und sie erreichen nicht den Punkt der doppelten Skepsis. Sie geben ihren anfänglichen Glauben an den »Fortschritt« nicht völlig auf – die echten Zweifler an dem Fortschritt kommen in der Regel aus Klassen, die sich an ihre früheren Errungenschaften gewöhnt haben und Erfolg als selbstverständlich ansehen. Aufstrebende Intellektuelle der letzten Zeit neigen zu einer soziologischen Orientierung, vor allem weil ihr Erfolg *zunehmend* von der Vertrautheit mit komplexen Verhältnissen abhängt. Die »Aufzüge« der heutigen Gesellschaft, um Sorokins Ausdruck zu verwenden,[79] sind weit entfernt von den einfachen Kanälen, über die der bürokratische Staat des 18. Jahrhunderts oder die mittelalterliche Kirche ihre Beamten auswählten und ausbildeten. Im Gegensatz dazu neigen die Literaten der Oberschicht dazu, ihre Position für selbstverständlich zu halten; da sie die Entstehung einer Karriere nicht in ihren Einzelheiten erlebt haben und nicht mit dem komplizierten Mechanismus vertraut sind, der einen durchschnittlichen Erfolg hervorbringt, neigen sie dazu, sich auf zusammenfassende und pauschale Konzepte zu verlassen. So kommt es gelegentlich vor, dass wir eine nicht analysierte Phase des gesellschaftlichen Prozesses den Royalisten oder den Republikanern, dem Glauben oder dem Agnostizismus, dem Helden oder den menschlichen Schwächen zuschreiben. Eine weitere Erscheinungsform einer solchen Distanziertheit ist der Rückzug ins Innere – eine gelegentliche Flucht von Personen, die nicht hoffen, ihre Umstände zu meistern. Diese Tendenz erinnert an Magie, die »intern« auf Dinge angewendet wird, die sich der äußeren Kontrolle entziehen.

Eine nüchterne Einschätzung der sozialen Kräfte ist jedoch selbstverständlich für jene Individuen der Oberschicht, die durch ihre Managementfunktionen täglich mit den Funktionsweisen einer komplexen Gesellschaft in Berührung kommen. Der Leiter von industriellen, politischen oder militärischen Organisationen ist in der Lage, sich die Gewohnheit anzueignen, Entwicklungen in ihren vielfältigen Beziehungen zu sehen. Sein Ansatz ist eher pragmatisch, und obwohl er sich wahrscheinlich mit den unmittelbaren

79 [Sorokin, *Social Mobility*, S. 164.]

Auswirkungen von Ereignissen befasst, sensibilisiert ihn seine Situation für komplizierte Beziehungen.

Wir haben gesehen, dass die Leistung der Intelligenz und ihre Art der Ideenbildung von den Umständen abhängen, unter denen sie reflektiert und artikuliert werden. Unabhängig davon, ob es sich um eine verdrängte oder aufsteigende Gruppe oder um eine in ihrer Aufwärtsbewegung blockierte Schicht handelt, neigt sie dazu, die vorherrschenden Konventionen ihrer Gesellschaft klar zum Ausdruck zu bringen. Ihre Art variiert von Kultur zu Kultur, je nachdem, auf welchen Wegen die Intelligenz dazu kommt, Schlüsselfunktionen in einer Gesellschaft zu übernehmen. Die Variationen können von den gymnastischen und poetischen Virtuosen Griechenlands über die Literaten Indiens, Judäas und des Islam bis hin zu den ritterlichen, bürokratischen und technischen Eliten des Westens reichen. Wenn die Intelligenz erst einmal ihren Platz eingenommen hat, gibt sie das Kultivierungsmuster für die herrschende Elite und durch sie für die größere Gesellschaft vor. In diesem Sinne akzeptieren wir Lederers zusammenfassende Formulierung:[80] »Wenn diese Schicht an der Spitze einer aufsteigenden Klasse steht, werden ihre Konventionen diese Klasse durchdringen und die Standards für das gesellschaftlich wünschenswerte Maß der Kultivierung festlegen. Wenn der dynamische Prozess, die suchende Untersuchung, konventionalisiert wird, werden einige ihrer Produkte in eine statische Tradition verwandelt.« Und er fügt hinzu: »Die Kultivierungskonvention setzt die Normen einer Klasse nicht dauerhaft fest. Die Konvention kann mit dem Aufstieg einer anderen Schicht verschwinden, deren Interessen und Lebensweise keinen Raum für sie bieten.«[81]

### (d) Der soziale Lebensraum der Intellektuellen

Die letzte Bemerkung berührt bereits unser nächstes Thema: die Rolle der Gebildeten in der Gesellschaft. Obwohl der größte Teil unserer heutigen Intelligenz eine offene und lockere Ansammlung darstellt, geht sie doch von Zeit zu Zeit symbiotische Beziehungen zu der einen oder anderen Klasse ein und bildet häufig eine eigene

80 Lederer, »Klassenschichtung«, S. 579.

81 Ebd.

besondere Gruppierung. Wir haben bereits einige Beispiele für solche Zusammenschlüsse behandelt. Nun wenden wir uns dem zu, was ich als den sozialen Lebensraum der Intellektuellen bezeichnen möchte. Wir unterscheiden die folgenden drei Typen: den *lokalen*, den *institutionellen* (oder organisatorischen) und den *losgelösten Lebensraum*.

Die Voraussetzungen für den lokalen Lebensraum werden in kleinen und mittelgroßen Gemeinschaften geschaffen. Ihre Kultur verdankt ihre Überzeugungskraft und Dauerhaftigkeit ihrer festen Verwurzelung in den fortwährenden Anliegen und Vorstellungen der Nachbarschaft. Die älteren Generationen tragen ihren Teil zum Überleben der lokalen Traditionen bei. Wir finden die tragenden Gruppen in der Regel an die lokalen Selbstverwaltungsorgane gebunden und durch Freundschaft, Mäzenatentum und Geselligkeit zusammengehalten. Zuweilen kann die lokale Elite zu einem Zentrum der regionalen Kultur von großer Bedeutung werden, ein Thema, für das der Leser auf Nadlers Werk verwiesen wird.[82] Als unbewusste Produkte lokaler Kontakte bilden sich solche Primärkulturen in der spätmittelalterlichen und modernen Malerei und den verschiedenen regionalen Stilen heraus, wie sie sich in den flämischen, Kölner und burgundischen Schulen entwickelten. Ganz natürlich hängt das intellektuelle Klima einer Stadt oder Region von den Beziehungen zwischen der lokalen und der ausländischen Elite ab.[83] Es wurde verschiedentlich darauf hingewiesen, dass sich das Wissen und die Literatur im patrizischen Nürnberg merklich vom Wissen und von der Literatur im von Gilden dominierten Augsburg unterscheiden. Der Nürnberger Humanismus war die Kultur der Einwanderer und vielleicht der jüngeren Generation von Patriziern – die ältere Generation hielt sich von den Humanis-

82 Nadler, *Literaturgeschichte*.

83 Holzknecht bemerkt zum Verhältnis der lokalen und mobilen Intelligenz Griechenlands: »[...] mit Ibycus, Simonides und Bacchyliden hören die Dichter auf, lokale Dichter zu sein, die einem Staat oder einer Gottheit dienen, und bieten ihre Dienste jedem an, der sie sucht. So führte auch Simonides (Anfang des fünften Jahrhunderts v. Chr.) zum ersten Mal die Praxis ein, Loblieder gegen Geld zu verkaufen, eine Praxis, die für den griechischen Geschmack offensichtlich schockierend war, und gleichzeitig wurden die Dichter zu Freunden und Ratgebern der Fürsten. Petrarca nahm unter den Fürsten des mittelalterlichen Italiens keinen wichtigeren Platz ein als Simonides in Griechenland [...]« (Holzknecht, *Literary Patronage*, S. 7).

ten fern. Männer von der Statur von Hans Sachs, Dürer und Vischer waren Einwanderer. Im demokratischen Augsburg dagegen, wo ab 1368 die Gilden im Stadtrat saßen, waren der Bürgermeister, die Ärzte, Priester und Mönche Anhänger des Humanismus. Es ist interessant festzustellen, dass in Augsburg die gebildeten Ärzte an die Stelle der verhinderten Dichter traten, und dort war der direkte Übergang von den Meistersingern zu den Humanisten leicht zu bewerkstelligen. Das lokale Umfeld der Augsburger Kultur ermöglicht es, das literarische Leben, einschließlich der Feinheiten des Stils, im Licht der sozialen Ausrichtung der Stadt zu interpretieren.

Einen anderen Typus stellen die Literaten der *Institutionen* dar. Die mittelalterliche christliche Kultur leitete ihren internationalen Charakter nicht aus der mittelalterlichen Gesellschaft ab, sondern aus der allgegenwärtigen Organisation der Kirche und der Gleichheit ihrer Doktrin. Die Kathedralen ähnelten sich nicht in dem Sinne, wie die Mietskasernen der Industriestädte einander ähnelten. In den Produktionszentren sind es ähnliche Bedürfnisse und Bedingungen, die nach ähnlichen Lösungen verlangen, und selbst die städtischen Massen verlieren zusehends mehr und mehr von ihren lokalen und nationalen Eigenheiten, während der internationale Stil der Kathedralen auf die Migration der Steinmetze und Architekten und das weit verzweigte Netzwerk der Kirche zurückzuführen ist. Dieses Netzwerk und die identische Doktrin bilden den sozialen Lebensraum der Kleriker und nicht ihr Wohnort oder sozialer Hintergrund. Allgemeiner gesagt, ist es der soziale Lebensraum des Intellektuellen und nicht seine Klasse oder sein Wohnort, der einen Anhaltspunkt für seine Ideologie bietet, obwohl in der Kirche letztere Komponenten sich in zunehmendem Maße durchsetzten und schließlich die einheitliche Sichtweise des Klerus störten.

Stabile und gut verankerte politische Parteien schaffen ihre eigene Intelligenz. Aber es gibt heute eine beträchtliche Zahl politisch verbundener Schriftsteller und Berufstätiger, die nicht zu den Kernorganisationen der Parteien gehören. Ihre Geschichte geht bis zu den politischen Clubs in London im 18. Jahrhundert zurück.[84] Wir

84 »Während der Regierungszeit von Königin Anne verbündete sich der Schriftsteller ohne unabhängiges Einkommen fast zwangsläufig mit einer politischen Partei. Er war sich sicher, dass seine Interessen nicht auf der Seite der Überparteilichkeit lagen. Sein Lebensunterhalt stammte zumeist aus Positionen, die von Whig- oder Tory-Führern geschenkt wurden. Bevor er als förderungswürdig

sollten diese von den eigentlichen politischen Funktionären unterscheiden – Personen, die von politischen Organisationen bezahlt und diszipliniert werden. Sie ähneln den institutionellen Typen der Intelligenz früherer Perioden. Die Humanisten einer vergangenen Periode bilden ein weiteres Beispiel für eine angegliederte Gruppe von Literaten, nämlich solche, die in enger Verbindung mit einer feudalen Schicht auftraten. Obwohl sie nie eine eigene, mit der Kirche vergleichbare, gut eingespielte Organisation entwickelt haben, waren sie aufgrund ihrer sozialen Abhängigkeit in einer Position, die der einer organisatorischen Intelligenz ähnelt. Die Standardisierung des Lernens ermöglichte eine gewisse innere Homogenität unter den Humanisten.

Der *losgelöste* Intellektuelle bildet die dritte Kategorie. Eine große Zahl gebildeter Menschen in unserer Zeit hat zumindest eine flüchtige Bekanntschaft mit dieser Lebensstation gemacht. Es gibt immer noch viele von ihnen, deren Sichtweise charakteristisch distanziert ist. Sie mögen ihre politischen Präferenzen haben, aber sie sind keiner Partei oder Konfession verpflichtet. Diese Losgelöstheit ist jedoch nicht absolut. Man denke nur an die Mehrheit der Journalisten, die sowohl an die offensichtlichen als auch an die nicht greifbaren Verpflichtungen der Presse gebunden sind, und doch sind ihre politischen Entscheidungen und sozialen Zugehörigkeiten nicht leicht vorherzusagen, denn sie schwanken in einem Maße, das nur für diese Schicht charakteristisch ist. Die Abhängigkeit des Schriftstellers von seinem Arbeitgeber hindert ihn nicht daran, sich von sozialen, politischen oder religiösen Strömungen beeinflussen zu lassen, die sich außerhalb des Büros seines Arbeitgebers, seiner Gemeinde oder seines Landes herausbilden. Der Journalist, der Schriftsteller, der Radiokommentator und der Freizeitwissenschaftler sind für ihre Meinung nicht nur auf persönliche Kontakte angewiesen. Räumliche Barrieren bedeuten ihnen vergleichsweise wenig, gerade wegen des Mediums ihres Berufes.

Man kann daher das Verhalten dieser Schicht nicht ausreichend verstehen, wenn man nur ihre soziale Situation, ihre Klasseninter-

eingestuft wurde, musste er sich einen Namen machen, indem er ein Werk von echtem literarischem Wert schuf, für das er im Allgemeinen wenig bezahlt wurde. Wenn er sich einen Namen gemacht hatte, musste er seine Partei oft mit seiner Feder verteidigen, um sich die Unterstützung zu sichern, die ihm die Muße geben würde, weitere Meisterwerke zu verfassen« (Allen, *Clubs*, S. 230).

essen oder ihre Lebensräume in Betracht zieht. Es reicht auch nicht aus, die sozialen Bewegungen oder die intellektuellen Strömungen zu berücksichtigen, an denen die Individuen beteiligt sind. Selbst die beruflichen Äußerungen dieser Individuen werden nicht wesentlich dazu beitragen, ihre Reaktionen vorherzusagen. Allein die Tatsache, dass sie nach wie vor mit offenen Alternativen konfrontiert sind, dass sie in der Lage sind, sich in vielfältiger Weise zu entscheiden, dürfte jede vereinfachte Herangehensweise an die Rolle dieser Schicht lähmen. In Deutschland wurde die gleiche Intelligenz, die die Ideen der Französischen Revolution aufgriff, bald zum Bannerträger der Romantik und der Restauration. Die italienischen Intellektuellen, die nach dem Ersten Weltkrieg die politische Linke unterstützten, halfen kurz darauf, den Faschismus zu formen.

Um diese Schicht zu verstehen, müssen wir, anders als bei der Analyse einer klar umrissenen Klasse, eine große Komplexität von Faktoren berücksichtigen, die sich auf die Situation der Intellektuellen auswirken. Die wichtigsten davon sind: der soziale Hintergrund des Individuums; die besondere Phase seiner Karrierekurve – ob er sich im Aufstieg, auf einem Plateau oder im Abstieg befindet; ob er individuell oder als Mitglied einer Gruppe aufsteigt; ob er in seinem Aufstieg blockiert oder auf seine Ausgangssituation zurückgeworfen wird; die Phase der sozialen Bewegung, an der er teilnimmt – die Anfangs-, Mittel- oder Endform; die Position seiner Generation im Verhältnis zu anderen Generationen; sein sozialer Lebensraum; und schließlich die Art der Gruppen, in denen er auftritt. Wenn ein vollständiger Determinismus in keinem Bereich der Soziologie praktikabel ist, so erst recht nicht bei der Annäherung an eine Gruppe von Individuen, deren Hauptmerkmal darin besteht, dass sie losgelöst sind und daher in der Lage sind, sich stellvertretend an einer Vielzahl von sozialen Bewegungen zu beteiligen. Doch auch wenn wir das Verhalten von Intellektuellen nicht effektiv vorhersagen können, sind wir doch in der Lage zu verstehen, warum eine bestimmte Gedankenströmung in einer bestimmten Situation auftaucht, wie ihr künftiger Verlauf unter bereits vorhergesagten Umständen wahrscheinlich sein wird und wie von Individuen mit bekannten sozialen Merkmalen erwartet werden kann, dass sie in gegebenen Alternativen ihre Wahl treffen. Zusammenfassend lässt sich sagen, dass der Versuch einer Prognose aus einer gut umrissenen Situation nicht ganz vergeblich ist.

## 7. Die Naturgeschichte des Intellektuellen

Die vorstehenden Analysen haben den Merkmalen des Intellektuellen als solchem wenig Aufmerksamkeit geschenkt. Wir denken insbesondere an seine Distanziertheit und Neigung, sich von den praktischen Belangen der Gesellschaft zurückzuziehen. Man muss diese Psychologie mit ihren Vor- und Nachteilen auf die Stellung zurückführen, die der Intellektuelle in der Arbeitsteilung einnimmt.

Es ist dem Intellektuellen oft vorgeworfen worden, er sei dem Leben fern. Dies trifft zwar weitgehend zu, aber wir dürfen nicht vergessen, dass eine komplexe Arbeitsteilung einen allgemeinen Zustand der Distanziertheit hervorbringt, dem sich kaum jemand entziehen kann. In einer hochdifferenzierten Gesellschaft wird das Gesamtsystem der Dinge für die meisten Individuen zunehmend undurchsichtig. Das gilt für den Mann, der eine Bohrmaschine bedient, ebenso wie für den Beamten oder den Landwirt. Der Horizont des Managers und des Diplomaten mag einen größeren Teil des gesellschaftlichen Apparates umfassen, aber auch sie verlieren den Kontakt zu den Massen und sehen ebenfalls nur Fragmente des Ganzen. Die Frage ist also nicht, welche Berufe einen vollständigen Blick auf die Wirklichkeit ermöglichen, sondern welche Teile der Gesellschaft in den Aufgabenbereich einer gegebenen sozialen Stellung im Leben fallen. In dieser Hinsicht hat der Intellektuelle einen gewissen Vorteil. Nicht nur ist sein potenzieller Bereich weiter, sondern seine Distanzierthiert hilft ihm auch, sich den Sichtgrenzen bestimmter Berufe und Interessen zu entziehen. Er geht nicht das Risiko des Praktikers ein, der dazu neigt, sich die Welt nach dem Bild seines Berufs oder seiner besonderen sozialen Kontakte vorzustellen. Die Beschäftigung des Intellektuellen sensibilisiert ihn für Stereotype, die bestehende Probleme eher verbergen als bloßstellen, und er kann sich aus Verpflichtungen zurückziehen, die ihm Scheuklappen auferlegen.

Dennoch kann es keinen Zweifel an den krankhaften Aspekten eines permanenten Zustandes des fehlenden Engagements geben. Der Mensch, der sich den täglichen Konsequenzen seines Handelns stellen muss, kommt nicht umhin, sich im Bereich seiner beruflichen Praxis pragmatische Gewohnheiten und eine kritische Sichtweise anzueignen. Dem Intellektuellen fehlen einige dieser Zwänge. Er begegnet keiner Kontrolle, wenn er auf die langfristige

Perspektive der Dinge oder auf eine Abstraktionsebene genauer eingeht, auf der man keine Konsequenzen zu fürchten hat. Ideen, die nicht fehlschlagen können, werden leicht zum Selbstzweck und zu einer Quelle einsamen Rausches. Der Denker, den die Ereignisse nicht widerlegen können, neigt dazu, den Hauptzweck des Denkens zu vergessen: zu wissen und vorauszusehen, um zu handeln. Freies und ungehindertes Denken lädt zuweilen zu Illusionen von Erhabenheit ein, denn allein die Fähigkeit, Ideen über ärgerliche Fragen zu vermitteln, gleicht verführerisch ihrer Beherrschung. Gewöhnlich verursachen die privaten Beschwörungen zurückgezogener Personen keine Wellen, aber in Krisen kann eine intellektuelle Ekstase auf fruchtbaren Boden fallen. Massen, die nach Sicherheit suchen, folgen gelegentlich einem Schamanen, dessen Äußerungen Allmacht suggerieren. Das ist der Punkt, an dem sich die Erwartung einer unsicheren Masse und die Ekstase des einsamen Intellektuellen berühren können.

Die Neigung des Intellektuellen, den Bezug zur Realität zu verlieren, hat etwas mit seiner Tendenz zu tun, in seinem Arbeitszimmer zu bleiben und sich nur mit anderen Intellektuellen zu treffen.[85] Von nicht geringer Bedeutung ist jedoch die sichere und finanziell unabhängige Existenz, die ein großer Teil der Literaten früher hatte. Die offensichtlichen Vorzüge einer Existenz in der müßigen Klasse werden durch seine Versuchungen ausgeglichen, und praktisch alle intellektuellen Mußeklassen stehen vor dem gleichen Dilemma. Sicherlich ist eine gewisse Freizeit eine notwendige Grundlage der Kultivierung und die Voraussetzung für die Beschäftigung mit Angelegenheiten, die nicht ausschließlich die tägliche Befriedigung von Bedürfnissen betreffen. Aber ein Mußeklassendasein ist an sich schon eine Quelle der Entfremdung von der Wirklichkeit, denn es verbirgt die Reibungen und Spannungen des Lebens und lädt zu einer sublimierten und verinnerlichten Wahrnehmung der Dinge ein. Es bleibt ein Problem unserer Kultur, wie sie ihrer Intelligenz die unentbehrliche Freizeit in einer Form zuweisen kann, die die Distanziertheit und die Versuchung zur Flucht in ein Reich der Illusionen minimiert.

85 Der Vater von Benjamin Disraeli bietet ein gutes Beispiel für die englische Variante eines solch distanzierten Daseins (André Maurois, *Benjamin Disraeli, Lord Beaconsfield. Sein Leben*, Berlin 1928).

Ein weiterer Wesenszug des gebildeten Menschen ergibt sich aus seinem Buchwissen. Es ist in sich selbst eine Quelle der Abgeschiedenheit und spezifischer Täuschungen, auf die bereits früher Bezug genommen wurde. Wir versuchten zu zeigen, wie der Eindruck einer immanenten Entwicklung von Ideen dadurch entsteht, dass der Gelehrte ihnen in der Bibliothek und nicht in ihrem realen Umfeld begegnet. Während Bücher den Studenten Situationen aussetzen, zu denen er keinen direkten Zugang hat, erzeugen sie auch ein falsches Gefühl der Teilhabe – die Illusion, das Leben von Völkern geteilt zu haben, ohne deren Mühen und Belastungen zu kennen.

Eine dritte Versuchung des Intellektuellen besteht darin, sich in seine Privatsphäre zurückzuziehen. Er ist nicht der Einzige, der so geneigt ist, aber der Hang kann seine Leistung radikaler beeinträchtigen als die aller anderen. Diese für die Moderne charakteristische Neigung kann als eine Tendenz beschrieben werden, bestimmte Anliegen der öffentlichen Aufmerksamkeit zu entziehen. Park und Burgess bezeichnen das Phänomen als einen Rückzug oder Ausschluss von der Kommunikation.[86] Das Dorf bietet wenig Privatsphäre. Geiger scheint Recht zu haben, wenn er behauptet, dass das zeitgenössische Dorf noch immer keinen klar abgegrenzten Bereich der Intimität kennt oder zumindest nicht die Polarität zwischen der Öffentlichkeit und den intimen Anliegen in dem Maße zulässt, wie es die Stadt tut.[87] Die inneren Angelegenheiten stehen immer noch der öffentlichen Kontrolle offen, und es ist die Funktion des Dorfklatsches, den gemeinschaftlichen Anspruch auf das Individuum zu verwirklichen. Das Verschwinden dieses allumfassenden Bereichs der Öffentlichkeit in der Stadt lässt sich auf drei Faktoren zurückführen. Das städtische Wohnen erzeugt Isolation im Verhältnis zu seiner Größe. Nicht unwichtig ist das Verschwinden der Nachbarschaftsorganisation. Schließlich gibt es in der Stadt weniger gemeinsame Anliegen, die die freiwillige Mitarbeit jedes Einzelnen erfordern. Die komplexe Arbeitsteilung, einschließlich des Ausbaus der öffentlichen Dienste, enthebt die Person vieler staatsbürgerlicher Funktionen, die sie im Dorf wahrnehmen muss, so dass die gegenseitige Abhängigkeit des Stadtbewohners ihren

86 E. Robert Park, Ernest W. Burgess, *Introduction to the Science of Sociology*, Chicago 1921, S. 228-230.

87 Theodor Geiger, »Formen der Vereinsamung«, in: *Kölner Vierteljahrshefte für Soziologie* 10 (1931/1932), S. 220-239, 355-363.

direkten und greifbaren Charakter verliert. Er kann sich daher in die Privatsphäre seiner Wohnung zurückziehen und bestimmte Angelegenheiten dem öffentlichen Urteilsvermögen vorenthalten. Wir können die differenzierende Wirkung der städtischen Isolation ermessen, wenn wir den Grad der Assimilierung der Menschen in der ländlichen Nachbarschaft betrachten, die kontinuierliche und uneingeschränkte Kontakte unausweichlich macht.

Die moderne Privatsphäre schafft einen Aspekt des Ichs, in dem das Individuum anders ist und anders sein will als alle anderen. Ursprünglich eine Möglichkeit bestimmter Eliten, ist diese Privatsphäre und Individualisierung nicht nur ein Nebenprodukt der städtischen Existenz, sondern der Ehrgeiz und Stolz des zeitgenössischen Menschen geworden. Erst die Trennung des städtischen Haushalts von der Werkstatt und dem Büro hat die Trennung zwischen dem privaten und dem öffentlichen Bereich verschärft. Das Arbeitsmuster des öffentlichen Bediensteten markiert eine weitere Etappe in der Verschärfung dieser Unterscheidung. Sein dienstliches Verhalten während der Arbeitszeit ist der Öffentlichkeit voll ausgesetzt, während er sich nach der Arbeitszeit in seine Privatsphäre zurückziehen kann. Der Intellektuelle hingegen neigt dazu, für fast alles, was er tut, Privatheit zu beanspruchen, und wo er Erfolg hat, erreicht der urbane Prozess der Individuation seinen Höhepunkt.

Die Befreiung von unfreiwilligen sozialen Kontakten erzeugt eine Tendenz zur *Introvertiertheit.* Sie eröffnet eine neue und zweite Dimension von Erfahrungen im Gegensatz zum Öffentlichen und Sozialen. Dieses Produkt der intellektuellen Isolation, so gefährlich es in seinen Extremen auch sein mag, hat das Modell für eine vergleichsweise moderne Nutzung der Freizeit geliefert. Dass die Freizeitinteressen eine charakteristische Tendenz in Richtung »Vertiefung« des Erlebens angenommen haben, ist dem Vorbild der städtischen Intellektuellen geschuldet. Wo dies nicht der Fall ist, könnten alle Freizeitinteressen unserer Zeit einen »äußeren« Verlauf nehmen, da eine Massengesellschaft dazu neigt, Freizeitaktivitäten wie Sport, Wettbewerbe, öffentliche Debatten und öffentliche Auftritte zu bevorzugen.

Die Introvertiertheit des Intellektuellen ist ein fruchtbarer Boden für das Wachstum eines vierten Merkmals: der *Schizothymie.* Ihr Hauptmerkmal liegt in einer kritischen Spannung zwischen der Innen- und der Außenwelt des Menschen, die im Extremfall seine Fähigkeit zur Aufrechterhaltung normaler sozialer Kontakte beeinträchtigen kann. Wo immer sich eine Schicht von Literaten herausgebildet hat, zeigte sich, wie Max Weber hervorhob, eine Neigung zu privaten intellektuellen Ekstasen, die im Gegensatz zur gemeinschaftlichen Begeisterung der Bauern steht. Dies gilt auch heute noch. Die Philosophie des zeitgenössischen Existentialismus ist im Grunde ein Produkt dieses Prozesses des Rückzugs und der Entfremdung vom öffentlichen Bereich der Wirklichkeit. Einige Intellektuelle halten in dieser zurückgezogenen Rolle aus, andere gehen über dieses Stadium hinaus. Aber es gibt einige, die den Sog der Isolation nicht überwinden und dennoch nicht aushalten können. Sie sind es, die sich in politische Aktivitäten stürzen mit einem Eifer, der nur im Lichte dieser ungelösten Spannung verstanden werden kann.

Wir haben gerade die Lebensgeschichte des Intellektuellen berührt. Es scheint offensichtlich, dass seine Karriere zum Teil von seiner mentalitätsentsprechenden Reaktion auf die soziale Distanz abhängt, die ihm diese besondere Lebensweise auferlegt. Folgt man diesem Gedankengang, so lassen sich drei Arten der Lebensgeschichte unterscheiden. Die erste ist die einer *Berufsintelligenz*: Personen gehören dieser Schicht aufgrund einer lebenslangen Karriere an. Ohne sie sind Frankreich und die Französische Revolution nicht denkbar. Der zweite ist der *Freizeitintellektuelle*, dessen Hauptbeschäftigung, die ihn ernährt, nichts mit seiner Freizeitbeschäftigung zu tun hat, obwohl Letztere einen kompensatorischen Charakter haben kann. Diese Art von Intelligenz gewinnt mit dem Niedergang der unabhängigen Mußeklassen an Bedeutung, aus denen sich die Literaten des ersten Typs früher rekrutierten. Bürokratische Kulturen, wie die chinesische und die preußische, sind in der Regel durch ihre Freizeitliteraten geprägt. Die gegenwärtige Bürokratisierung der Arbeit trägt zu diesem Trend bei, indem sie Beschäftigungssicherheit und Altersrenten für immer größere Massen von Arbeitnehmern bietet. Der gesamte Zugewinn an Freizeit schafft ein wachsendes Interesse sowohl an kreativen als auch an rezeptiven Tätigkeiten. (Einer der grundlegenden Unterschiede zwischen der französischen und der deutschen Kultur ist die Dominanz der Literaten in der ersteren und des Beamten in der letzteren).

Die dritte Art der intellektuellen Beschäftigung ergibt sich aus einer *vorübergehenden* Lebensphase. Heranwachsende und frühe Erwachsene, insbesondere Studenten, erleben sehr oft eine Auseinandersetzung mit Fragen, die weit über ihr berufliches Interesse hinausgehen, legen aber diese Neigungen ab, wenn sie die Zeit des Sturms und Drangs hinter sich lassen und sich auf einen Beruf einstellen. Die deutsche Jugendbewegung an sich war eine solche Episode. Jugendbewegungen haben oft als kulturelle Anreger gedient, besonders in Deutschland (der »Sturm und Drang« und »Junges Deutschland«); aber sie sind weit davon entfernt, universelle Manifestationen zu sein. Der plötzliche Rückgang der jugendlichen Beschäftigung mit den großen Fragen der Zeit ist vielleicht charakteristisch für Gesellschaften, die die sozialen Kontakte des jungen Erwachsenen blockieren, sobald er seine Karriere beginnt. Doch unabhängig davon, ob der Impuls vergeht oder nicht, ist die Adoleszenz als solche der stärkste Impuls zu einer intellektuellen Unruhe. Es ist ein Zeitalter der Unsicherheit und des Zweifels, in dem die eigenen Fragen den Rahmen der übernommenen Antworten sprengen. Ich schlage vor, diesen Drang, über den Bereich der eigenen Handlung und der unmittelbaren Situation hinauszugehen, als *transzendierenden Impuls* zu bezeichnen. Er ist grundlegend für jeden intellektuellen Prozess.

Der Impuls flammt zum ersten Mal auf, wenn der Heranwachsende das kulturelle Erbe seiner Gesellschaft und ihre ideologischen Polaritäten entdeckt. Die Erkenntnis, dass sein unmittelbares Milieu nicht »die« Welt als Ganzes ist und dass es mehr als eine Lebensweise gibt, führt zur ersten Distanzerfahrung und zum ersten Drang, seine Umgebung zu transzendieren. Während er sich von der primären Gruppe entfernt, scheint ihm die Welt nicht mehr dieselbe zu sein. Wenn dieser jugendliche Drang »to reach out« nicht gebremst wird, ist dies der Beginn eines echten Bildungsprozesses. Wenn jedoch ungünstige Umstände den transzendierenden Drang besiegen, verlässt der Jugendliche die Distanz, die er von seiner primären Umgebung gewonnen hat, und hört auf, den Horizont, in dem er aufgewachsen ist, in Frage zu stellen. Lisbeth Franzen-Hellersbergs Studie über die frühe Lebensgeschichte eines arbeitenden Mädchens bietet einen Einblick in das Erwachsenwerden unterprivilegierter Schichten. Die Studie zeigt gut, wie der Mangel an Freizeit die üblichen Kanäle der jugendlichen Sublimation zerstört und, wie wir hinzufügen dürfen, den Impuls blockiert, über die primäre Situation hinauszugehen.[88] Verfügbare Erfahrungen mit der Unterbringung von Schülern in Volkshochschulheimen zeigen, dass der späte Kontakt reifer Personen mit einer breiteren Art von Bildung eine verspätete Adoleszenz mit ihren charakteristischen Krisensymptomen hervorruft. Plötzlich verhalten sich erwachsene Personen wie Kinder in der Pubertät; sie durchleben die Erfahrung des Zweifels und einer neu gewonnenen Distanz, mit einem Aufruhr und einer Vehemenz, die nur für Jugendliche aus den wohlhabenden Klassen charakteristisch ist.

Die Symptome der Reifung sind für uns von besonderer Bedeutung, denn dieser Prozess markiert die universellste Genese intellektueller Sensibilität. Die Phasen dieses Prozesses geben uns einen Einblick in das schwer fassbare Thema der intellektuellen Sensibilität, angemessener als jede historische Analyse. Die Dissoziation von der bisherigen Wirklichkeit und die Suche nach Distanz zur primären Umwelt sind, wie wir gesehen haben, die Hauptimpulse. Mit einem Gefühl der Befreiung entdeckt der Heranwachsende alternative Interpretationen und neue Werte. Selbstbehauptung und Trotzhaltung begleiten diese Erfahrung. Die zweite Phase geht in die entgegengesetzte Richtung: Sie offenbart Unsicherheit und die Tendenz, von einem Standpunkt zum anderen zu treiben. Obwohl die Erscheinungsformen dieser zweiten Phase ziemlich einheitlich sind, variiert die Auflösung der Spannung. Einige können es nicht ertragen, in einem Zustand der vielfältigen Möglichkeiten zu leben, tasten nach einem festen Halt. Dies allein kann verschiedene Formen annehmen, die den verschiedenen Typen des modernen Intellektuellen entsprechen. Der eine Typ versucht, eine Identität zu schaffen, indem er eine radikale Lösung, meist politischer Art, annimmt. Ein überwältigender Wunsch, Abstand von der Heimat, dem primären Umfeld, zu gewinnen, führt oft zu einem oppositionellen Kurs: Wer in einem streng traditionellen Elternhaus aufgewachsen ist, kann revolutionäre Tendenzen entwickeln, während diejenigen, die sich von einem liberalen Milieu entfernen, einen konservativen Kurs wählen. Die Entwicklung kann jedoch komplexer werden und durch eine Phase des oppositionellen Radikalismus

88 Lisbeth Franzen-Hellersberg, *Die jugendliche Arbeiterin, ihre Arbeitsweise und Lebensform. Ein Versuch sozialpsychologischer Forschung zum Zweck der Umwertung proletarischer Tatbestände*, Tübingen 1932.

schließlich zurück zum ursprünglichen Ausgangspunkt führen, zu einer Rückkehr in die Familie oder in die Kirche. Dies sind typischerweise intellektuelle Wandlungen, denn sie werden durch den Zweifel und den transzendierenden Impuls ausgelöst. Intellektueller Fanatismus ist nicht das Produkt eines stillschweigend akzeptierten Erbes, sondern der Ausdruck des Bestrebens, die Abnutzung eines Spannungszustands durch die Annahme eines kategorischen Glaubensbekenntnisses zu beenden. Es gibt jedoch eine andere Art von Lösung. Einige finden es möglich, einen offenen Horizont, einen Schwebezustand ohne endgültige Gewissheit und eine ständige Auseinandersetzung mit den Alternativen, die zu einer Kultur gehören, zu ertragen und sogar zu genießen. Auch diese Spannung ist ein gangbarer Weg. Bei den einen ist es eine Episode der Jugend, während andere sie als Lebensweise übernehmen.

Ohne den Versuch einer detaillierten Analyse zu unternehmen, wollen wir zusammenfassend die verschiedenen Wege aufzeigen, die Intellektuelle des letzten Typs, meist Skeptiker, gewöhnlich wählen. Einige Personen entwickeln eine ästhetische Lebensauffassung und werden zu Virtuosen der Empathie, der Fähigkeit, die Rollen und Gedanken der anderen zu leben. Sie sind die Kenner, die Spezialisten für raffinierte Vergnügungen, die Humanisten. Andere stabilisieren den Drang zur Transzendenz und zum Zweifel in eine Routine der Umgehung des Ultimativen. Sie werden zu den immerwährenden Ironikern und zu sarkastischen Personen, zu den Akrobaten des Esprits und zu den professionellen Kritikern der Selbstgefälligkeit und des Philistertums (Heine, Börne und die oppositionellen Intellektuellen der 1830er Jahre). Schließlich gibt es diejenigen, die den produktiven Kern ihrer Skepsis bewahren. Als unerschütterliche Wahrheitssucher entlarven sie Heuchelei und Selbsttäuschung. Ihre radikale Desillusionierung ist wie Sauerteig im Brot, obwohl sie den Teig nicht liefern.

## 8. Die zeitgenössische Situation der Intelligenz

Die vorliegende Studie hat versucht, den gesellschaftlichen Wurzeln dieser ambivalenten Schicht auf die Spur zu kommen und nicht nur ihre Psychologie, sondern auch ihre sozialen Funktionen zu verstehen. Dies erwies sich auch als eine soziologische Annäherung an die Geschichte des Geistes. Konkrete Beispiele boten Illustrationen für das hier vorgestellte Verfahren.

Am Schluss ist es schwer, sich der Frage zu entziehen, welche vorhersehbare Rolle die Intellektuellen in unserer Gesellschaft möglicherweise spielen werden und was die Zukunft für den intellektuellen Prozess, wie wir ihn kennen, bereithält. Die beiden Fragen sind praktisch identisch. Obwohl der Niedergang einer relativ freien Intelligenz nicht notwendigerweise das Ende des Denkens und Forschens bedeutet, kann der vergleichende und kritische Ansatz, den eine Atmosphäre multipolarer Standpunkte fördert, zu einem Ende kommen. Wir müssen daher die Überlebenschancen der Gruppen untersuchen, auf deren Schultern der freie intellektuelle Prozess ruht. Es kann gut sein, dass dieser Prozess, wie wir ihn verstanden haben, vergänglich ist und sich auf einige kurze historische Zwischenspiele beschränkt. Einer davon fällt in die Zeit der freien Stadtstaaten Griechenlands, vielleicht markiert eine kurze Phase der römischen Geschichte eine andere, und die Zeit seit der Renaissance – keineswegs in ihrer Gesamtheit – stellt die dritte dieser Episoden dar.

Wir haben uns daran gewöhnt, diese besondere Art des intellektuellen Prozesses mit dem Geist als solchem gleichzusetzen. Wenn wir jedoch die weiten Zeiträume und Räume betrachten, in denen ein institutioneller Typus des Denkens vorherrschte – das mittelalterliche Europa ist nur ein Beispiel dafür –, können wir uns kaum der Schlussfolgerung entziehen, dass der hier beschriebene intellektuelle Prozess nur ein Aspekt des Liberalismus ist, der im weitesten Sinne verstanden wird. Das Zurücktreten des Liberalismus hat die Ära der kritischen Bewertung so gut wie beendet, und man muss blind sein, um nicht die schwindende Kraft seiner Protagonisten zu sehen. Wir sollten uns nicht der Illusion hingeben, dass das freie Denken und die freie Forschung eine lange und beeindruckende Geschichte haben. Auch der intellektuelle Output der liberalen Ära war nicht überwältigend liberal. In einem breiteren Sinne war der intellektuelle Prozess das Nebenprodukt des historischen Zerfalls. Der Liberalismus und die freie Ideenbildung sind nur eine Episode zwischen den Perioden der institutionellen Kultur. Können sie mehr als ein Übergang sein? Ein gewisses Maß an kritischem Denken konnte mit der Kirche gleichzeitig existieren, als sie ihren Zenit überschritten hatte. Die nachfolgenden großen Strukturen – der absolute Staat, die Massendemokratie und natürlich die Sowjetrevolution – tendieren nicht nur zu Kollektivismus der einen oder anderen Art und zu Dogmen, sondern sie sind auch besser als die Kirche in der Lage, das Denken zu kontrollieren.

Wir, die wir möglicherweise am Endpunkt einer Epoche leben, können diese Tatsachen nicht ignorieren, wenn wir die Orientierung behalten wollen.

Die Bildung ist einer der wichtigsten Bereiche, in denen der Forschergeist abnimmt. Der bürokratische Trend in der Bildung ist unvermeidlich, und es mag kurzsichtig sein, ihm zu widerstehen. Zunehmende Spezialisierung erfordert ein wachsendes Heer von Experten, und die umfangreiche Organisation von Regierung, Privatwirtschaft, Gewerkschaften und Parteien macht einheitliche Ausbildungsstandards notwendig. Wir haben bereits auf das preußische Zertifizierungssystem und sein ursprüngliches Ziel hingewiesen, Karrierefunktionäre auszubilden, die die Würdenträger einer halbfeudalen Verwaltung ersetzen könnten. Es läuft alles auf das einfache Prinzip hinaus, dass die rationelle Rekrutierung von Fachpersonal für einen umfassenden Einsatz eine konsequente Ausbildung und Auswahl erfordert. Unnötig ist jedoch die Überbetonung der manipulativen Aspekte des Wissens und der Eifer, mit dem die Institutionen die Absolventen für die Zertifizierung der Beherrschung der vorgeschriebenen Fächer in der vorgeschriebenen Auslegung ausbilden. Der Verkauf von Wissen in Standardpaketen lähmt den Impuls zum Fragen und Nachfragen. Wissen, das ohne die Anstrengung des Suchens erworben wurde, veraltet schnell, und ein öffentlicher Dienst oder ein Beruf, der von Personal abhängt, dem der kritische Impuls abhandengekommen ist, wird schnell träge und unfähig, sich auf die sich ändernden Umstände einzustellen. Es sollte möglich sein, ausgewählte Beamte auszubilden, die ihre Initiative und Fähigkeit, zu erfinden, nicht verlieren werden, sobald die Sicherheit ihres Amtes garantiert ist. Ein öffentlicher Dienst, der keine eigene Intelligenz ausbildet, besiegt sich auf lange Sicht selbst.[89]

Wir sehen eine Ausbreitung dieses Ausbildungssystems zur Erfüllung der Zertifizierungsanforderungen in technologischen Instituten, Betriebswirtschaftsschulen und Lehrerhochschulen. Ihre

89 Karl Mannheim, *Die Gegenwartsaufgaben der Soziologie. Ihre Lehrgestalt*, Tübingen 1932.

Absolventen werden vom Staat, den expandierenden Professionen und der rasch wachsenden privaten Bürokratie absorbiert.[90] Nun ist an der zunehmenden Größe der Industrie, des Handels, der medizinischen und öffentlichen Dienste nichts auszusetzen. Es ist ihr Wachstum, das dazu geführt hat, dass lebenswichtige Güter wie Nahrungsmittel, Unterkünfte, Gesundheitsdienste und Verkehrsmittel in größerem und angemessenem Umfang zur Verfügung stehen. Auch die Massenerziehung, die sie benötigen, ist nichts, was man bedauern könnte. Darüber hinaus kann der Zustrom neuer Schichten in die Berufe und die Verwaltungshierarchien eine Quelle neuer Impulse und fruchtbarer Kritik sein. Diese werden in einer Großorganisation dringend benötigt, die nur allzu bald ein Interesse an ihren eigenen trägen Konventionen gewinnt. Traditionell etablierte Schichten neigen dazu, die gewohnte Form der Dinge für selbstverständlich zu halten; es ist das aufstrebende Individuum, das in einer günstigen Position ist, einen neuen Blick auf den neu gewonnenen Boden zu werfen. Aber diese Vorzüge des Aufwertungsprozesses sind potenziell und nicht automatisch. Große und gut etablierte Organisationen sind in der Regel in der Lage, den Neuankömmling zu assimilieren und zu indoktrinieren und seinen Willen zum Widerspruch und Innovation zu lähmen. In diesem Sinne ist die Großorganisation ein Faktor der intellektuellen Austrocknung.

Bürokratien engen das Feld der freien Untersuchung in einem anderen Sinne ein. Politische Parteien, Industrieorganisationen und Gewerkschaften haben die Praxis übernommen, einen professionellen Stab von öffentlichen Interpreten – Experten für Öffentlichkeitsarbeit, wie sie in den Vereinigten Staaten genannt werden – anzustellen. Sie kämpfen die Kämpfe ihrer korporativen Arbeitgeber um eine günstige öffentliche Meinung und verdienen ihren Unterhalt als Lieferanten maßgeschneiderter Ideologien über die Massenmedien – Presse, Radio, Fernsehen und Film. Diese Promoter sind in der Regel ausgebildete Intellektuelle, ausgestattet mit den Werkzeugen zur freien Untersuchung, die ihre Aufgaben als Experten des gelenkten Denkens erfüllen – als Spezialisten, die aus variablen Prämissen zu festen Schlussfolgerungen gelangen. Wir haben es

90 Siehe die beißenden Kommentare von Abraham Flexner über den eng gefassten Professionalismus einer Reihe amerikanischer Universitäten (Abraham Flexner, *Universities: American, English, German*, New York 1930, S. 208).

hier mit einer starken Tendenz zu einer neuen Art von Scholastik zu tun. Der marxistische Flügel der Arbeiterbewegung erreichte vor einiger Zeit das dogmatische Stadium und war der erste, der ein neues Denkmuster in einem geschlossenen System etablierte. Es ist wahr, dass die verschiedenen Ideologien kein gemeinsames Lehrgebäude bilden und dass ihr Konkurrenzkampf ihren Einfluss auf die öffentliche Meinung tendenziell einschränkt. Aber das Anwachsen der Bürokratien und ihre zunehmende Zentralisierung führen dazu, dass der Bereich der freien Untersuchung außerhalb der verschiedenen technischen Bereiche immer mehr schrumpft.

Der Bereich der unabhängigen Untersuchung wird jedoch nicht nur durch den Vormarsch des gelenkten Denkens eingeengt. Die freie Untersuchung verliert auch ihre soziale Basis durch den Niedergang des unabhängigen Mittelstands, aus dem sich vor allem in Deutschland ein älterer Typus der relativ ungebundenen Intelligenz rekrutiert hat. Es ist keine andere Schicht und kein alternativer Plan entstanden, der den Fortbestand unabhängiger und ungebundener Kritiker sichert. Die Außenseiter des späten Mittelalters, die den Antrieb für eine freie Untersuchung am Leben hielten, konnten sich in die vielen Nischen und Spalten flüchten, die eine locker organisierte Gesellschaft offenließ. Die Existenz des Außenseiters in einer hochgradig institutionalisierten Gesellschaft, wie der unseren, ist unsicherer und anstrengender.

Vieles davon ist unvermeidlich und sogar wünschenswert. Aber wir müssen die Entwicklung beachten, wenn wir mit ihr umgehen wollen. Sozialdeterministen mögen sich fragen, ob Intellektuelle, die gewöhnlich die Strömung widerspiegeln, diese auch beeinflussen können. Denn ist der Intellektuelle nicht nur der Wellenkamm? Kann man vom Wetterhahn erwarten, dass er den Wind kontrolliert? Der extreme Determinist, der den soziologischen Standpunkt als ein systematisiertes Interesse am Massenverhalten interpretiert, übersieht, dass jede wichtige Phase des gesellschaftlichen Wandels eine Wahl zwischen Alternativen darstellt. Die Gesellschaft skizziert die Alternativen, aber Minderheiten können ihren Teil zur Entscheidungsfindung beitragen. Ob die Intellektuellen eine solche Minderheit sind, hängt zum Teil von ihnen ab. Es stimmt, dass sie als Gruppe keine Kontrolle über Macht und Ressourcen haben. Sie schließen sich nicht denselben Parteien an, und wir finden sie in gegensätzlichen Interessengruppen und in gegensätzlichen Klassen, aber sie prägen die öffentliche Interpretation der Angelegenheiten, und manchmal haben sie eine Rolle bei der Entscheidungsfindung gespielt, wenn es eine Wahl gab.

Was kann der Intellektuelle dann tun? Lassen Sie ihn zunächst einmal eine Bestandsaufnahme seiner Grenzen und Möglichkeiten machen. Seine Schicht steht nicht über Parteien und Partikularinteressen, und auch kein politisches Programm und kein wirtschaftliches Versprechen kann sie zu einer Aktionsgruppe zusammenschweißen. Die einzige Sorge, die dieser Schicht gemeinsam ist, ist der intellektuelle Prozess: das fortwährende Bemühen, Bilanz zu ziehen, zu diagnostizieren und zu prognostizieren, Wahlmöglichkeiten zu entdecken, wenn sie sich ergeben, und die verschiedenen Standpunkte zu verstehen und zu lokalisieren, anstatt sie abzulehnen oder zu assimilieren. Intellektuelle haben oft versucht, mit der Selbstaufgabe von Personen, die eine Identität zu erlangen suchen, die sie nicht besitzen, für besondere Ideologien einzutreten. Sie haben versucht, in der Arbeiterbewegung unterzutauchen oder Vertreter des freien Unternehmertums zu werden, nur um dann festzustellen, dass sie dadurch mehr verloren haben, als sie zu gewinnen hofften. Der offensichtliche Mangel an sozialer Identität ist eine einzigartige Chance für die Intellektuellen. Lassen Sie ihn in Parteien eintreten, aber mit dem Blickwinkel, der ihm besonders eigen ist, und ohne die Aufgabe jener Mobilität und Unabhängigkeit, die seine Stärke ausmachen. Seine Zugehörigkeit darf nicht zu einer Quelle der Selbstverleugnung werden, sondern muss Anlässe zur kritischen Analyse bieten. Die bürokratischen Maschinen sind durchaus in der Lage, die Gleichgesinntheit und Konformität zu schaffen, die sie brauchen, aber um langfristig zu überleben, müssen sie sich auch eines kritischen Urteils bedienen, das der kontrollierte Verstand nicht hervorbringt. Demokratien geraten manchmal wegen mangelnder Konformität ins Wanken, während Diktaturen in Ermangelung einer unabhängigen Prüfung in der Regel am Ende scheitern. Eine freie Gesellschaft kann nicht ungestraft in beiden Punkten scheitern.

Eine Schicht muss nicht zu einer Partei oder einer Interessengruppe werden, um sich selbst bewusst zu sein und ihre Ziele zu erreichen. Frauen und Jugendliche erreichten ihre Position in der Gesellschaft, indem sie ihre Ansprüche einzeln, in kleinen Gruppen und in allen Situationen, in denen sie sich befanden, durchsetzen konnten. Eine Gruppe wie die Intelligenz gibt nur dann auf, wenn sie ihr Selbstbewusstsein und ihre Fähigkeit preisgibt, auf ihre ganz eigene Weise zu handeln. Sie kann keine eigene spezielle Gruppenideologie bilden. Sie muss sich selbst gegenüber genauso kritisch bleiben wie gegenüber allen anderen Gruppen. Auch wenn der intellektuelle Prozess in all seinen Phasen das Produkt konkreter Situationen ist, sollten wir nicht vergessen, dass das Produkt mehr ist als die Situation.

*Aus dem Englischen von Oliver Neun*

# II. Die Entstehung der intellektuellen Gruppen aus der sich wandelnden Gesellschaftsstruktur

## Vorbemerkung: Übersicht über die hier entstehenden soziologischen Probleme

Wir haben in den letzten Ausführungen des vorangehenden Teiles die Grundeigenschaft des modernen Geistes auf soziologische Kräfte reduziert. Man könnte diese Grundeigenschaft auch folgendermaßen charakterisieren. Während der Gebildete früherer Zeiten die Sonderart seiner Prägung allein aus der Beschäftigung mit geistigen (im Gegensatz zu materiellen) Dingen bezog, ist die Intelligenz der modernen Zeit durch eine spezifische Haltung charakterisiert, die sie ihrer Teilnahme am »geistigen Leben« verdankt. Hierbei verstanden wir unter »geistigem Leben« nicht etwas Vages, sondern etwas genau Bestimmbares: die Multipolarität uns gleichzeitig ansprechender Möglichkeiten. Aber auch diese Möglichkeiten sind nicht beliebige, sondern sie stammen aus dem Zusammengetragenwerden derjenigen typischen, willensmäßigen Antriebe und seelischen Verhaltungsweisen, die in dem *gesamten* Gesellschaftsraume historisch jeweils vorhanden sind und in verschiedenen sozialen Lagen ursprünglich getrennt und für sich entstanden waren. Ihre Verbindung zu einer multipolaren Einheit auf der Bildungsebene ist der Tatsache zu verdanken, dass die Intelligenzgruppe in ihren Vertretern aus allen diesen Schichten und Lokalgruppen (die ursprünglich Träger dieser partiellen Einstellungen und Antriebe waren) rekrutiert wurde, gleichzeitig aber sie selbst eine offene Schicht zu bleiben vermochte. Dies erklärt sowohl das Zusammengeraten dieser Inhalte als auch ihre lockere Aufeinanderbezogenheit im Sinne einer offenen Multipolarität ohne Systematisierung auf einer dogmatischen Grundlage. Es ist nötig, diese Grundeigenschaft mit ganz besonderer Betonung hervorzuheben, um sie nicht in der großen Zahl der nunmehr folgenden soziologischen Analysen als eine unter vielen Eigenschaften des modernen Geistes verschwinden zu lassen.

Aber auch von einem anderen Gesichtspunkte aus war es wichtig, diesen Zusammenhang sorgfältiger als sonst zu entfalten, denn an ihm wurde unser Grundgedanke einer Soziologie des Geistes erst wirklich konkret demonstrierbar. Der Gedanke nämlich, dass die Eigenschaften des sich wandelnden kulturellen Lebens, die man meistens mit Zuhilfenahme entweder der individuellen Psychologie oder der Massenpsychologie zu deuten versucht, sich meistens am klarsten erklären lassen, wenn man sie auf jene wandelnden Konstellationen bezieht, die aus den Formen des Zusammenlebens und Zusammenwirkens der Kulturträger entstehen. Wir sind nicht gegen Psychologie, sondern gegen eine unsoziologisch beobachtete Psychologie des Menschen. Jene Veränderungen in der psychischen Verhaltungsweise des Einzelnen, die durch die wandelnden Konfigurationen der Gruppen, in denen er vorkommt, entstehen, bilden das noch unerschöpfte Thema einer historisch-differenzierten soziologischen Psychologie. Die sorgfältige Analyse der unendlichen Mannigfaltigkeit, wie Menschen zusammenleben und wie die verschieden gelenkten Erlebnisse jeweils sich verschieden integrieren und dadurch wieder auf das Individuum zurückwirken, ist das eigentliche Thema der Geistesgeschichte, wenn man sie anstatt zu einer beschreibenden zu einer erklärenden Wissenschaft machen will. So sahen wir in unserem Falle klar, wie die neue Gruppenform der Intelligenz, die der offenen Schicht (im Gegensatz zu Stand und Kaste) dasjenige neuartige geistige Medium schuf, das wir »geistiges Leben« nennen. Wir sahen ferner, wie das Individuum gerade dadurch, dass es an diesem geistigen Medium verschiedener Möglichkeiten partizipierte, zu einer neuartigen geistigen Haltung gelangte. Durch gesellschaftliche Notwendigkeiten ändert sich das Mit- und Gegeneinander der Individuen. Die dadurch entstehende neue Sozialform wirkt auf die Integrationsform der zur Verfügung stehenden geistigen Gehalte. Diese Integration ihrerseits aber regt eine neuartige Einstellung im Individuum an. Das Soziale kehrt also, durch die Vermittlung verborgener Zwischenglieder, zu dem Individuum zurück. Während der soziologische Laie, weil er gerade diese Zwischenglieder nicht zu sehen imstande ist, zwischen Einzelindividuum und formloser Masse in seinen Gedankenexperimenten hin und her pendelt, müssen wir darauf hinweisen, dass sehr oft gerade in der übersehenen Mannigfaltigkeit der Integrationsformen die Lösung des Geheimnisses liegt, warum die Einzelnen auf einmal ihre Verhaltungsweisen ändern. Der berühmte Streit, ob es zuerst einen kapitalistischen Menschen geben musste, um einen Kapitalismus aufbauen zu können, oder umgekehrt (was einer Problemstellung auf der Ebene der unsoziologischen Individualpsychologie entspricht, die mit der abstrakten Alternative Individuum oder Masse operiert, anstatt Individuen in konkreten Situationen sich vorzustellen), findet eine Lösung in der Tatsache, dass innerhalb der mittelalterlichen Gesellschaft immer häufiger Konstellationen entstehen konnten, die im Anpassungsvorgang auf Konkurrenz eingestellte Verhaltungsweisen provozierten und demjenigen Typus eine größere Chance des Erfolges sicherstellten, der diese Verhaltungsweisen richtig zu produzieren imstande war. Dieselbe Frage auf unseren Gegenstand angewendet, woher plötzlich der frei denkende, nicht dogmatische Intelligenzler kam, ist zu antworten, dass seine ihn charakterisierende Vielseitigkeit und Labilität letzten Endes die subjektive Widerspiegelung der neuen sozialen Integrationsform der Intelligenzgruppe ist.

Nun sind aber die Möglichkeiten der Beschreibung der soziologischen Ursachen des sich wandelnden Geistes mit dem soeben dargestellten Zusammenhang noch nicht erschöpft. Der soeben aufgewiesene Zusammenhang ist zwar grundlegend, weil er die Rahmenform für die weitere Typenmannigfaltigkeit des neuzeitlichen, aber auch des vorangegangenen Geistes abgibt. Diese Rahmenform muss aber durch Analysen differenzierender Art ausgefüllt werden, wenn wir dem Gesamtreichtum geistiger Formen gerecht werden wollen. Die soeben beschriebene Grundkonstellation stellt eine *primäre Wirkschicht* dar. Ob die Intellektuellengruppe eine monopolistisch geschlossene oder offene Schicht ist, ist für die geistige Prägung viel entscheidender als alle übrigen soziologischen Einwirkungen. Dieser primären Wirkschicht gegenüber wollen wir die Gesamtheit jener übrigen soziologischen Ursachenreihen, die die innerhalb dieser Rahmenform möglich werdenden Differenzen zustandebringen, als eine *sekundäre Wirkschicht* bezeichnen. Nach der Herausstellung der Differenzen in der Rahmenform moderner und vormoderner Geistigkeit wenden wir uns aber nunmehr jenen sekundären soziologischen Ursachenreihen zu, denen die konkrete Verschiedenheit der Geistesgeschichte innerhalb dieser beiden Epochen im Wesentlichen zu verdanken ist.

Die marxistische Soziologie hat darin sicher Recht gehabt, dass sie das geistige Leben einer Epoche zu ihrer Wirtschafts- und Gesellschaftsstruktur in Beziehung gesetzt hat. Sie hat es aber stets versäumt, was sie als Forderung aufstellte, jene »Vermittlungen«, d. h.

jene Mittelglieder gesellschaftlichen Geschehens, herauszuarbeiten, durch die der »Unterbau« auf den »Überbau« wirkt. Hätte sie das getan, so hätte sie allmählich neben die Klassensoziologie eine Soziologie der übrigen Gesellschaftsformen herausarbeiten müssen. So kommt es aber bei ihr immer wieder darauf hinaus, durch die Dehnung des Begriffes der Klasseninteressen, durch Interpretationsversuche bestimmte Wandlungen des Geistes erklärbar zu machen. Fügt man aber der Soziologie der Klassen eine Sondersoziologie der sich wandelnden Intelligenzgruppen und ihre Beziehung zum Publikum hinzu, und handhabt man dies im Zusammenhang mit der Gesamtdynamik der sozialen Schichten, so kommt man vielleicht aber an das heran, was die Soziologie für die Geistesgeschichte zu leisten hat. Es ist an und für sich unerklärlich, wieso man an dieser Soziologie der »Produzenten« und »Konsumenten« der Kulturgüter vorbeigehen konnte. Umgekehrt aber wäre es verfehlt, die Soziologie der Kultur allein auf die gesellschaftliche Analyse dieser beiden Faktoren zu beschränken, wie es die neuerdings entstehende Literatursoziologie zu tun versucht. Denn damit würde man wieder jenen umfassenderen Spiel- und Wirkraum verdecken, in dem Kultureliten und ihr Publikum erst entstehen.

Es ist also genauso falsch, allein die Rahmenform historisch-sozialen Geschehens zu sehen (das soziale Spannungsfeld des Klassenkampfes), wie es falsch ist, nur die unmittelbar greifbaren Wirkfaktoren des Kulturlebens für sich zu untersuchen. Das wirkliche Problem besteht in der Aufeinanderbeziehung jener meistens verborgenen Prozesse, durch die sich die jeweilige geistige Repräsentantenschicht herausselegiert, durch die sie sich in jeweils verschiedenen Gruppenformen zu einer Einheit verbindet und durch die ihr das Publikum in jeweils verschiedener Weise gegeben ist. Wenn dies einmal geleistet ist, ergeben sich die übrigen vermittelnden Glieder, jene, die im engeren Sinne psychologischer Natur sind, von selbst. In diesem Zusammenhang kommt es uns zugute, dass wir ein für alle Mal »die Kategorie des Funktionärs« aus dem Wege geräumt haben. Für die marxistische Soziologie hat die Intelligenzgruppe, wenn sie ihr überhaupt zum Problem wurde, nur als Funktionär, als ein Satellit eine Rolle gespielt. Man merkt geradezu, wie aus dem engeren, beschränkten Lebenskreis hier die alles verdeckende Kategorie des »Funktionärs« entsteht. Man denkt an so etwas wie einen Gewerkschaftsfunktionär. Nun ist auch in diesem

Falle mit dieser vergröbernden Soziologie etwas erfasst, die handfesten Beziehungen der Intelligenzgruppen zu den Klassen. Es ist wahr, dass Intelligenzgruppen sowohl in der Vergangenheit und in der Gegenwart sehr oft nichts anderes waren und sind als Ideologieproduzenten bestimmter Klassen- und Herrschaftsorganisationen. Dennoch wird man mit dieser Beziehung allein der Mannigfaltigkeit der Funktionen, in denen Geist in Bezug auf Gruppen da sein kann, nicht gerecht werden. Man wird schon sowohl in der Präzisierung und Verfeinerung der möglichen Funktionen weiter vordringen müssen, als auch in der Herausarbeitung aller jener zusätzlichen soziologischen Probleme, die in ihrer Gesamtheit eine Soziologie der Intelligenz ausmachen.

Wie stellen zunächst einmal drei Problemgruppen in den Vordergrund, die die unmittelbaren Probleme der Sondersoziologie der Intelligenzgruppen betreffen.

1) Soziale Herkunft der Intellektuellen, ganz besonders der Bildungsproduzenten.
2) Formen der sozialen Integration der Intelligenzgruppen.
3) Arten und Formen des Entstehens und des Eingebautseins der Bildungsgruppen in die Rahmengesellschaft.

Die Notwendigkeit der Analyse dieser drei Problemgruppen ergibt sich von selbst. Eine erläuternde Bemerkung wird nur im Zusammenhang mit der ersten Problemgruppe angebracht sein, da es heutzutage eine Strömung gibt, die meint, dass man der Soziologie genüge getan hat, wenn man das Zählbare am Publikum oder in den Herkunftsbedingungen der Kulturproduzenten erfasst hat. Obzwar es selbstverständlich entscheidend ist, die soziale Herkunft der Angehörigen von Intelligenzschichten zu kennen, da diese Angaben die sozialen Quellpunkte andeuten, aus denen Erlebnisformen und Willensausrichtung der Intelligenzler stammen, so ist damit nur ein fester Boden, ein guter Ausgangspunkt für weitere Beobachtung gegeben, aber in sich enthalten diese quantitativen Bestimmungen noch allzu wenig, um bereits als Soziologie zu gelten. Wir werden gelegentlich dort, wo Herkunftsbeobachtungen von Kulturproduzenten die Vergangenheit betreffend gemacht worden sind, diese in unsere Darstellung einbeziehen. Aber genauso, wie man aus der bloßen Milieuanalyse des Einzelindividuums seine geistige

Entwicklung als Ganzes nicht erfassen, vielmehr nur einige Stellen vom Erlebniszusammenhang festlegen kann, wo später entscheidend werdende Verhaltungsweisen in ihn eingedrungen waren, so kann man mit den Herkunftsdaten auch nur die Elemente in einem Amalgamierungsprozess erfassen, nicht aber jene komplizierteren Gestalten, in denen diese in Verbindungen höherer Art eingehen. Es ist wichtig zu wissen, wie viele Adelige, Bürgerliche oder Proletarier in einer Epoche sowohl als Bildungsproduzenten als auch als Publikum vorhanden waren. Es ist aber damit noch nicht gesagt, dass in jeder Periode die Eigenart der Geistigkeit der quantitativ am meisten vertretenen Gruppen folgt. In bestimmten Phasen der geistigen Schichtbildung kann trotz des Anwachsens der einströmenden neuen Klassenvertreter die Führung noch lange in den Händen der traditionellen Intelligenzschicht bleiben. So ist England ein Beispiel dafür, dass der Adel, nachdem er wirtschaftlich schon verdrängt war, im Politischen noch lange die Zügel der Leitung der öffentlichen Angelegenheiten in der Hand behielt. Auch gelang es in Deutschland für eine lange Zeit, das aufsteigende Bürgertum in die ökonomische Sphäre zu lenken und auf die politische Kompetenz Verzicht leisten zu lassen. So beobachtete ferner A. von Martin[1] mit Recht, dass, obzwar eine bestimmte Phase der mittelalterlichen Kultur bürgerlichen Charakters ist, ganz wichtige Vertreter dieser Mentalität adliger Herkunft sind. Solche Abweichungen von dem, was man aus der Zählung erwarten würde, sind erst erklärbar, wenn man differenzierte Fragen stellt, etwa die, ob wir in einer Phase der Dynamik der sozialen Schichten uns befinden, in der die ältere Bildungsschicht den Zusammenhalt ihrer Mitglieder so aufgelockert hat, dass die Herkunft aus ihr im Grund schon keine wesentliche geistige Prägung mehr bedeutet, oder ob umgekehrt die neue dominierende Kulturschicht so mächtig ist, dass sie die eindringenden Anhänger sozial verschiedener Herkunft unsichtbar dazu zwingt, ihre ursprünglichen ständischen und klassenmäßigen Gebundenheiten mehr oder minder zu kündigen. Mit einem Wort: die quantitativen Bestimmungen hätten ein entscheidendes Gewicht, wenn die Betrachtung des Sozial- und Kulturlebens in der Statik vornehmbar wäre und in dieser das Gleichgewicht und die

1 Alfred von Martin, »Kultursoziologie des Mittelalters«, in: Alfred Vierkandt (Hg.), *Handwörterbuch der Soziologie*, Stuttgart 1931, S. 370-390.

Verteilung der seelischen Einstellungen genau den soziologischen Lagerungen entsprechen würde. (Jede ausbalancierte traditionelle Gesellschaft, sei es die der Primitiven, sei es die der Kastengesellschaft höherer Stufen, tendiert dazu. Der Brahmin denkt und handelt, wie der Brahmin zu denken und zu handeln hat, und so tut der Krieger etc.) Demgegenüber bedeutet die dynamische Betrachtung, dass wir die in der zählenden Betrachtung weitgehend homogenisierten Menschenatome in Gedanken sozusagen mit verschiedenen, den wandelnden Situationen entsprechenden seelischen Ladungen versehen. Dadurch kommen Initiative-Elemente in Betracht, die z. B. eine soziale Gruppe oder Klasse nicht immer und unter allen Bedingungen besitzt, sondern nur in bestimmten Situationen. Das macht die Zählung der sozialen Herkunftsbedingungen der Intelligenzler nicht überflüssig, aber verhütet eine zu isolierte Handhabung und damit Überschätzung dieses Faktors.

Neben den bereits aufgezählten drei soziologischen Grundfragen, die man in jeder Kultursoziologie zu analysieren und in ihrem gegenseitigen Verhältnis zu klären hat, gibt es eine andere Kategorie von soziologischen Grundfragen, die nicht so sehr die menschlichen Beziehungen der Kulturträger zum Gegenstande haben, sondern auf die soziologischen Konstellationen von »Sachelementen« sich beziehen. Wir denken hierbei an einige Grundtatsachen, die die Kultur überhaupt erst möglich machen und deren konkrete Gestalt und konkrete Konfiguration auf die Eigenart des Kulturproduktes unsichtbar einwirken. Niemand wird die Behauptung bezweifeln, dass Kultur nur möglich ist, wenn Freizeit und Freienergie in einer Gesellschaft vorhanden sind. Und dennoch hat bisher unseres Wissens noch niemand systematisch die Frage stellt, wie in verschiedenen Zeitaltern die Freizeit und die Freienergie (d. h. jenes Energiequantum, das für die gesellschaftlich nötige Arbeit nicht verbraucht wird) verwertet wurden. Nun ist es sicher für die Kulturgestalt entscheidend, ob die vorhandene Freizeit (die ihrerseits nichts anderes als die Widerspiegelung der Eigenart und des Quantums des Surplusproduktes im Lebensaufbau der Individuen ist) in den Händen einer kleinen Minorität sich befindet oder ob diese zur Verfügung stehende Freizeit gleichmäßig an viele mehr oder minder egalitär verteilt wird, ob man bestimmten Kulturproduzenten für diese Kulturproduktion völlige Freizeit (d. h. völliges Enthobensein von materieller Arbeit) zusichert oder ob man in einer Gesellschaft die wesentliche geistige Leistung im Nebenberuf schafft oder ob man, um die Ausbildung eines geistigen Spezialistentums zu verhüten, durch verschiedene Berufsschichten rotierend die vorhandenen geistigen Funktionen erfüllen lässt. Alle diese verschiedenen Formen der Lösung der Verteilung der Freizeit wirken unmittelbar auf die Gestalt des Publikums und des Kulturschöpfers zurück und diese wieder auf die Mentalität, die sich in den Kulturprodukten ausprägt.

Hinzu kommt noch, dass die Natur des Surplusproduktes auch seine Verteilbarkeit bestimmt. Einer Naturalwirtschaft stehen andere Formen der Freizeitbildung zur Verfügung als einer Geldwirtschaft. Eine Geldwirtschaft kann leichter an beliebigen Stellen des Raumes oder an beliebigen Stellen des Gesellschaftszusammenhanges der Wirtschaftstätigkeit enthobene geistige Existenzen kreieren. Einer geplanten Gesellschaft stehen andere Formen der Freizeitverteilung zur Verfügung als einer in dieser Beziehung unregulierten Gesellschaft. Verkehrswirtschaft und Geldwirtschaft mögen dazu tendieren, Städte zu Kulturzentren zu machen, eine Planwirtschaft kann je nach Gutdünken an an sich unrentablen Orten einer Planidee entsprechend Kulturanregungen und Kulturstätten fördern. Interessante Kombinationen sind dort studierbar, wo in der Geschichte kulturelle Planwirtschaft auf naturalwirtschaftlicher Basis entstanden war. Sind etwa Orden und Klöster ursprünglich etwas anderes als zielbewusste Planung von Stätten, wo Kultur erblühen sollte, obzwar das natürliche und gesellschaftliche Milieu von sich aus noch kaum etwas zur Verfügung stellte? Auch diese Differenzen, die aus der Natur des Surplusproduktes oder aus dem Planen und Freigeben entstehen, wirken sofort auf die Mentalität der Kulturschöpfer und des Publikums zurück.

Ähnliche Probleme lassen sich bezüglich der seelischen Überschussenergie stellen. Die Überschussenergie kann m. E. zwei Wege einschlagen: die der Kultivation und die der Sublimierung. Unter Kultivation will ich jene Verfeinerung der normalen Lebensvollzüge verstehen, die daraus entsteht, dass der Mensch in der Arbeit und im Lebenskampfe nicht verbrauchte Energien für deren »Verschönerung« verwertet. Bei der Kultivation ist das Wesentliche, dass die Surplusenergie sich von den normalen Vollzügen des gesellschaftlich durchschnittlichen Handelns (»Alltagshandeln«) nicht abhebt und verselbständigt, sondern diese vertieft, raffiniert usw. Unter

Sublimierung verstehe ich jene Verwertung der Überschussenergie, die sich von den konkreten Wirkzusammenhängen des gesellschaftlichen Geflechtes, von der Arbeitsleistung, von den menschlichen Verkehrsbeziehungen usw. abzuheben tendiert und in Gestalt von Idealisierung, Spiritualisierung eine »zweite Welt« neben der soeben geschilderten auszubauen tendiert. Obzwar wir nun gerade über dieses Kapitel, über die Wege der Überschussenergie, noch sehr wenig wissen, ist es doch bereits auf der jetzigen Stufe der Einsicht in das uns zur Verfügung stehende Material sehr wahrscheinlich, dass eine unsichtbare Lenkung der durchschnittlichen Verwertung der Überschussenergien in den verschiedenen Gesellschaften vorhanden ist. Beobachtet man das einzelne Individuum, so entsteht der Anschein, als ob es völlig unberechenbar wäre, wie es seine Überschussenergien im Laufe seiner Entwicklung verwerten wird, ob es zur Sublimierung neigt und in welche Richtung sie sublimiert werden. So unberechenbar das Gelingen der Beeinflussung eines bestimmten Einzelindividuums durch Erziehung sein mag, so ist es doch sicher, dass, wenn man im Sinne der großen Zahl der Fälle seine Beobachtungen anstellt, es sich auch ohne Zählung aufdrängt, dass in bestimmten Gesellschaftssituationen eher der Weg der Kultivation, in anderen wieder der der Sublimierung gegangen worden ist.

Obzwar die primitivste Beeinflussung schon durch das Quantum und durch die Verteilung der Freizeit gegeben ist, genügt dieses Faktum bei weitem nicht, das konkrete Schicksal der Freienergie zu bestimmen. Betrachten wir nun zunächst das Gebiet der Kultivierung für sich, so müssen wir Fälle unterscheiden, wo das Wesentlichste der Freienergie im Arbeitsprozess verwertet wird. Dies ist der Fall in der um das Handwerk zentrierten Gesellschaft, wo die Arbeitsleistung selbst eine ungeheure Menge von ästhetischer Energie verbraucht und dementsprechend auch schon an sich eine korrespondierende Lustbefriedigung bietet. Nun ist eine Lenkung schon darin enthalten, dass die mechanisierte Arbeit der Großindustrie diese Art der Arbeitsfreude, die aus der Kultivation des Arbeitsvollzuges stammt, nicht oder nur in ganz geringem Maße bietet, also die Überschussenergie automatisch aus dem Arbeitsgebiete hinauslenkt.

Neben der Kultivierung des Arbeitsvollzuges ist eine andere Form der Kultivierung dort gegeben, wo die übrigen Lebensvollzüge zum

Gegenstande eines Raffinements gemacht werden wie etwa die sexuellen Beziehungen, die Tafelgenüsse oder die gesellschaftlichen Mensch-zu-Mensch-Beziehungen. Wir wissen z. B., dass, was die Kultivation der sexuellen Beziehungen anlangt, der Orient einen viel größeren Wert auf diese gelegt hat als unsere westliche Kultur. Wir wissen ferner, dass, wo eine agrarische Unterlage eine spätere höfische Kultivation vorbereitet, eine Tendenz besteht, kulinarische Genüsse zu verfeinern. Man denke an Frankreich und Österreich. Und wir wissen schließlich, dass jede Art Aristokratie, ganz besonders aber die höfische, in die Überkultivation der menschlichen Beziehungen, ganz besonders in denen durch Etikette regulierbaren Beziehungen, eine überaus große Menge von Energien investiert.

Man kann auch erwarten, dass diejenigen Menschengruppen, die für die Kultivation sehr viel übrig haben, weniger geneigt sein werden, die Wege der Sublimierung zu gehen, was selbstverständlich nicht ausschließt, dass Mischungen und Überlagerungen zustande kommen können.

Die verschiedenen Formen der Sublimierung, die Tagtraumbildung, die Idealisierung und Spiritualisierung, die Hinneigung zur Ekstase werden mit großer Wahrscheinlichkeit meistens in jenen Schichten zustande kommen, die zwar über ein steigendes Quantum von Freizeit und Freienergie verfügen, deren Lebensraum aber so beschränkt ist, dass er für die Überschussenergie keinen angemessenen Spielraum zur Verfügung stellt. In solchen Situationen, wo der Horizont bedeutend weiter als der Wirkungsraum ist, wo die Erwartungen angeregter als die Erfüllungsmöglichkeiten sind, dort werden die Wunschtraumbildungen, Utopien und Idealisierungen dominieren. Das auffallendste Beispiel für diesen Fall ist der soziale Typus der Dame in der bürgerlichen Gesellschaft, wie sie im 19. Jahrhundert entsteht. Durch den allmählich wachsenden Reichtum dieser sozialen Schicht und ihres Surplusproduktes fällt der Dame immer mehr Freizeit zu und wird immer mehr Energie von ihr freigesetzt. Alle wesentlichen Funktionen der Hausfrau wurden allmählich entweder aus dem Haus hinausverlagert, Spinnen, Waschen, Kindererziehung etc., oder aber auf Hilfspersonen übertragen, so dass ihr zu tun nichts mehr übrig bleibt.

Gleichzeitig stellt sich aber im XIX. Jahrhundert noch keine neue Funktion für sie im öffentlichen Leben ein. Es gab kaum Frauenberufe und in ihrem Privatleben war die Dame auch weiterhin gebunden an das Heim, dass weder Betätigungsfeld noch Kultivationsmöglichkeiten im erforderlichen Maße zur Verfügung stellte. Dies ist eine der typischen Situationen, die mit Notwendigkeit zur Sublimierung, Wunschtraumbildung, Idealisierung treiben. Die ganze Romanliteratur mit ihrer Idealisierungstechnik ist nicht denkbar ohne diese Leserinnenschicht. Eine ähnliche Situation, die zur kompensatorischen Wunschtraumbildung führt, ist die monotone Alltagsarbeit der Angestellten, die nach Kompensation in Romanen und im Kino sucht. Während aber im vorangehenden Falle die Idealisierung sich allmählich auf den ganzen Alltag, auf das ganze Lebensgebiet erstreckt, vollzieht sich im letzteren Falle eine Spaltung und die Wunschtraumbildung und Idealbildung werden in die Freizeit gelenkt. Eine andere Art der situationsgelenkten Erregung der Sublimierung, in diesem Falle in die Richtung des Ekstatischen, tritt uns im Klosterleben entgegen, wo auch ein künstlich eingeengter Wirkraum mit ungeheurer Freizeit und Freienergie, ferner eine geplante Entsagung in allen körperlichen und Werkbetätigungen zunächst zu einer kontemplativen und dann zu einer Visionsfülle leiten. Dies sind nur ein paar flüchtige Beispiele, um zu zeigen, dass es zweifelsohne Korrelationen zwischen Gesellschaftssituationen und der durchschnittlichen Lenkung der Überschussenergie gibt.

Fassen wir die soeben behandelten Probleme zusammen, so ergeben sich weitere drei Gesichtspunkte neben den eingangs erwähnten drei Gesichtspunkten für die Erforschung der Ursachen der wandelnden Kulturgestalt.

4) Die Gestalt des Surplusproduktes
5) Die Verteilung der Freizeit
6) Die Verteilung und der Gewaltwandel der Freienergie (Formen der *Kultivation* und der *Sublimierung*)

Nun wäre nichts falscher als anzunehmen, dass die Verwertung der Überschussenergie nur von den bisher aufgezählten Faktoren abhängt. Kulturgestaltung ist nur teilweise Kompensation zu dem, was in unserem Arbeitsleben und in unserem alltäglichen Wirkzusammenhang geschieht, nur in bestimmten Situationen Ersatz für das, was uns unser Alltag nicht bietet. Oft ist die Kultursphäre selber Fortsetzung dessen oder gar Vorbereitung dafür, was in dem

Arbeitsleben und im gesellschaftlichen Alltagskampfe geschieht. Genauso wie das Spiel einerseits Kompensation der Arbeitsbetätigung gegenüber ist, Ergänzung zu den einseitigen Verhaltungsweisen, zu denen wir im Alltag gezwungen sind, so ist es auch anderseits oft Vorbereitung für den Lebenskampfe selbst. So wie das Spiel auch zum Lebenskampfe vorbereitet, so ist Kultur nicht nur Mußeprodukt oder zumindest nicht in allen Gesellschaften in erster Reihe Mußeprodukt. Wir werden sehen, dass Kultur sehr oft mit den Lebenskampffunktionen so eng verflochten ist, dass sie deren Teil ist oder diese vorbereitet. Wie das Tier im Spiele sein Opfer zu fangen lernt, so prägen erst Kulturschöpfungen jene Erlebnisformen und Lebensmodelle, die in den typischen Lebenssituationen der betreffenden Gesellschaft notwendig sind. Wir werden dies im Detail bei der Analyse der sogenannten »heroischen Gesellschaft« genauer studieren. Kultur als etwas nur für die Muße Daseiendes zu betrachten, ist schon einseitig und an bestimmten partikularen Situationen abgelesen.

Ein weiterer grundsätzlicher Fehler würde uns unterlaufen, wenn wir im Laufe unserer Analysen komplizierte, mehrschichtige Gesellschaften als Einheiten betrachten würden. Worauf bei einer mehrschichtigen Gesellschaft deshalb zu achten ist, ist, dass diese meistens aus verschiedenen übereinandergelagerten Sonderwelten besteht. Dies in einem doppeltem Sinne: sozial, indem verschiedene Klassenschichten und Lebenskreise nebeneinander wirken, und geistig, indem diese Klassenschichten und Lebenskreise in verschiedenen, diesen Lagerungen entsprechenden Sonderwelten leben. Die Tatsache der Bildung fügt zu diesen sozial unmittelbar bedingten verschiedenen geistigen Sonderwelten noch die der Bildung hinzu. Zu den Sonderwelten, die aus den verschiedenen Klassen, Ständen und Berufen kommen, kommt noch der Gegensatz zwischen Gebildeten und Ungebildeten, der den früheren Gegensatz zwischen Klerikern und Laien ersetzt, hinzu. Dieses Phänomen der geistigen Sonderwelten eröffnete eine Reihe ganz komplizierter Probleme und führt zu der Frage der verschiedenen geistigen Gegenstandskonstitution für verschiedene Menschengruppen. Diese verfeinerten Verästelungen des Problems können wir aber erst an Ort und Stelle, im geschichtlichen Zusammenhang beobachten. Das Problem der Konstitution der geistigen Sonderwelt steht so ziemlich zwischen den mehr realsoziologischen Problemen des gesellschaftlichen Aufbaues der Klassenschichtung, des Überschussproduktes der Freizeitgestaltung usw. einerseits und den eher genuin geistesgeschichtlich zu nennenden Problemen der Weltanschauungslehre der geistigen Dynamik usw. andererseits. Unser Bestreben besteht hierbei darin, so weit als möglich geistesgeschichtliche Phänomene, die zunächst als rein immanente erscheinen, aus der Konstitution dieser soziologisch bedingten Sonderwelten zu deuten. Das genaue Studium des Aufbaues der geistigen Sonderwelten wird am ehesten dazu führen, jenen archimedischen Punkt zu finden, wo die Sozialstruktur in das Geistige formgebend hineinragt. Die Tatsache allein schon, dass es solche Sonderwelten gibt, ihr gegenseitiges Verhältnis, ihre gegenseitige Durchdringung und all die übrigen bisher noch nicht einmal gesichteten Konstellationsmöglichkeiten ergeben u. E. den Schlüssel für die Erschließung so mancher bisher unexplizierbaren Wandlungen im Feingewebe des Erlebens und Denkens der Menschen in verschiedenen historischen Konstellationen. Die Wandlungen dieser Sonderwelten sind ohne weiteres unmittelbar auf die Handlungen der sozialen Gruppen und deren differenzierte Schicksale beziehbar.

Wir setzen hierbei nicht voraus, dass in der Geistesgeschichte letzten Endes restlos *alles* auf wandelnde Sozialkonstellationen zurückzuführen ist. Es ist aber die natürliche Aufgabe des Soziologen, so viel, als aufgrund empirischer Belege und mit Hilfe der methodischen Analyse möglich ist, auf das Soziale zurückzuführen. Dabei gelingt es zwar – wie erwähnt – nicht alles aus dem sozialen Geschehen explizierbar zu machen, aber viel mehr als jene erwarten würden, die das Hineinragen des Sozialen in das Geistige nur deshalb leugnen, weil sie es noch nicht gelernt haben, soziale Differenzierungen mindestens so genau auseinanderzuhalten wie geistige. Das Verhängnis im Aufbau unserer Geisteswissenschaften ist, dass sie durch den geistigen Differenzen gegenüber hyper-sensitiven, den sozialen Verschiedenheiten gegenüber blinden Menschen gepflegt werden. Die nächste Aufgabe ist deshalb, die Fähigkeit zur soziologischen Analyse so weit als möglich zu schärfen und am historisch bisher bloß anschaulich beschriebenem Material herauszufinden, was sich eigentlich im Grunde soziologisch bei dessen Wandlungen abgespielt haben mag. Dies ist der Sinn des hier folgenden Teils des Buches. Die Aufgabe ist nicht so sehr, neuen Stoff aus den Quellen herauszuholen, sondern einen weniger beachteten Teil des Materials, den sozialen, in ihm in das richtige Licht zu stellen. Dieses Soziale soll auf die in ihm sich abspielenden Prozesse hin durchdacht und durch eine neuartige Analyse in einem neuen Sinne verstehbar gemacht werden. Die bisher erwähnten 6 Punkte zeigen die wesentlichsten Gesichtspunkte der Analyse an. Ihnen müssen wir noch aufgrund der letzten Analysen einen 7ten hinzufügen:

7) Das Problem des geistigen Sonderraumes

Die richtige Herantragung der aufgezählten Gesichtspunkte an die verschiedenen historischen Kultureinheiten, die Verfolgung, wie sie in den einzelnen Sozialkörpern ineinander wirken, ergibt eine angemessene Strukturanalyse derselben. Wir werden, um nicht in das Uferlose zu gelangen, zwei Beschränkungen uns auferlegen müssen: eine in Beziehung auf die zeitliche Ausdehnung des Materials und eine andere in Bezug auf die Intensität der Durchdringung des Materials. Wir werden die Entstehung und Entfaltung der Intelligenz nur für die abendländische Welt und auch dort nur von der Völkerwanderung bis zur Gegenwart ins Auge fassen und wir werden zweitens nur idealtypische Situationen herausarbeiten, nicht aber so weit in historische Details gehen, dass etwa die einzelnen Differenzierungen in den verschiedenen Ländern zum Gegenstand der Diskussion werden können. Dies ist nur dadurch erreichbar, dass man sozusagen nur den strukturellen Grundriss des Geschehens, die von der Struktur aus gesehen gemeinsamen und grundlegenden Faktoren der Einzelepochen heraushebt, nicht aber die differenzierenden Elemente betont. Auch werden wir nicht immer alle sieben aufgezählten Gesichtspunkte anwenden können, sondern nur in jenen Kombinationen, wie sie für die Erklärung der Eigenart der einzelnen Typen von Wichtigkeit werden. Man darf im Folgenden nicht vergessen, dass das, was geboten wird, nicht ein Ersatz für eine volle Geistesgeschichte ist, sondern ein Versuch mit der soziologischen Methode, die Schlüsselstellungen für die Wandlungen in der abendländischen Geistesgeschichte zu erarbeiten.

## 1. Primäre Konsensus-Kultur

Beginnen müssen wir unsere Darstellung und Analyse mit der primären Konsensus-Kultur. Sie stellt teilweise einen soziologischen Idealtypus dar (d. h., sie ist ein Hilfsmittel der theoretischen Analyse, die die entscheidend werdenden Faktoren in Reinheit kombiniert), aber sie ist doch, wie es die neueren Forschungen zeigen, auch sehr weitgehend in der historischen Realität annäherungsweise vorhanden. Das Leben der meisten primitiven Völker, solange diese noch nicht herrschaftlich und sonstwie stark differenziert sind, weist ihre Züge auf. Wir können dieses Stadium mit großer Wahrscheinlichkeit in der germanischen Urzeit bis in die Völkerwanderungsperiode voraussetzen und können ihre Züge noch in den urtümlicheren Bezirken des Volkslebens aufweisen. Wir wissen heute zwar sehr genau, dass die primitiven Völker unter sich höchst differenziert sind, dass Wirtschaftsform, Geschlechterorganisation, Machtverteilung im Einzelnen sehr große Differenzen unter ihnen zustande gebracht haben. Wir wissen gleichfalls, dass wir die einbrechenden Germanen der Völkerwanderungszeit nicht ohne weiteres mit den Primitiven, wie wir sie in Australien, Melanesien, Afrika usw. auffinden, gleichsetzen können. Schließlich wissen wir auch, dass das Bauerntum im Mittelalter oder in der Neuzeit schon dadurch von einer ursprünglichen Primärgruppe verschieden ist, als es herrschende Schichten über ihm gibt, woraus durch direkten Druck oder Filtration Konstellationsveränderungen in ihm zustande kommen.

Dennoch hat es m. E. einen guten Sinn, unter dem Titel »primäre Konsensus-Kultur« diese soeben aufgezählten, sonst aber in vielem unter sich verschiedenen Gruppenformen als eine verwandte Einheit aufzufassen. Wir reden absichtlich nicht von »primitiv«, weil wir ausdrücklich darauf hinweisen wollen, dass die Symptome, auf die wir es in erster Reihe abgesehen haben, nicht mit den »angeborenen« Eigenschaften des primitiven Bewusstseins zusammenhängen.

Man kann nämlich unter »primitiv« drei verschiedene Dinge verstehen.

a) Eine vermutete rassenbiologische Stufe des Nervensystems und des Gehirns, dem auch eine bestimmte Eigenart des Denkens, der unbewussten Erbschaft u. s. w. entspricht. Steht man auf diesem

Standpunkt, so schafft sich ein primitives Bewusstsein von diesen Gegebenheiten her automatisch eine primitive Gesellschaft und braucht eine ungeheure Zeit, um sich biologisch höheren Stufen entgegenzuentwickeln.

b) Man kann unter »primitiv« eine bestimmt geartete *soziale und kulturelle Erbmasse* verstehen, die von dem ersten Tage nach der Geburt im Laufe eines Lebens in einen eingeflößt wird. In diesem Falle erlebt und denkt der Melanesier melanesisch-primitiv, der mittelalterliche Mensch mittelalterlich, der moderne Mensch im industriellen Zeitalter dieser Stufe entsprechend, nicht weil die biologische Erbmasse sich verändert hat, sondern weil die Modelle der Verhaltungsweisen, die Arten des Fertigwerdens mit den inneren und äußeren Lebenssituationen in deren kulturellem Erbgut verschieden sind. Nach dieser Ansicht ist in allen diesen Typen die biologische Erbmasse ungefähr gleich. Wie Ogburn[2] es einmal formuliert hat: Die biologische Rüstung des modernen Menschen entspricht im Wesentlichen der des Höhlenmenschen. Wir machen durch unsere kulturellen Gehalte, die wir als Modelle des Fertigwerdens mit dem Leben in das Einzelindividuum einflößen, stets den alten Höhlenmenschen einmal zum Melanesier, das andere Mal zum mittelalterlichen Bauern, zum dritten Mal zum Zivilisationsmenschen des 20ten Jahrhunderts. Worin sind nun aber diese biologisch im Großen und Ganzen gleichen, sonst aber so verschiedenen Menschen unter sich anders? Durch die Bewusstseinsformen, die in sie durch die Erziehung eingeflößt werden. Diese enthalten in sich die Geschichte des kulturellen Erbgutes, einmal bei den Melanesiern, dass andere Mal bei den mittelalterlichen Menschen, das dritte Mal bei den Zivilisationsmenschen der europäischen Gesellschaft. Nun liegt aber auch in diesem Falle das Schwergewicht der Differenz im Bewusstsein, nur dass während im vorangehenden Falle das Bewusstsein durch biologische Erbschaft verschieden geworden war, in der jetzt behandelten Theorie vorausgesetzt wird, dass für die Verschiedenheiten im Bewusstsein die verschieden geartete kulturelle Tradition verantwortlich ist. […][3]

Ob der Einzelne hierbei zu seinem primitiven oder modernen Bewusstsein durch biologische oder kulturelle Botschaft gelangt,

2 [William Fielding Ogburn, *Social Change with Respect to Culture and Original Nature*, New York 1923.]

3 [Die Seite 24 des Manuskripts fehlt.]

ist zwar wichtig, macht aber keinen Unterschied vom Standpunkte der Betonung der Immanenz und des Primats des Bewusstseins im Gesellschaftsgeschehen aus. In beiden Fällen werden die einen eine primitive Gesellschaft und die anderen eine moderne aufbauen, weil ihr Bewusstsein verschieden geartet ist. Diese zugespitzte Formulierung stellt klar heraus, welcher Faktor auch bei der letzteren Betrachtungsweise außer Acht gelassen worden ist. Dass das in die primitive litauische Bauerngesellschaft hineinwachsende Bauernkind und das in die moderne Zivilisation hineinwachsende zivilisierte Kind verschieden werden, weil die ihnen anerzogenen Bewusstseinsformen und Handlungsmodelle verschieden sind, erklärt noch nicht, warum die ihnen so beigebrachten, traditionell vererbten Bewusstseinsformen in den beiden Gesellschaften verschieden geworden waren. Sicher nicht deshalb – wie man es bisher meistens angenommen hat –, weil das Bewusstsein, der »Geist« der Völker aus sich heraus mit Notwendigkeit verschiedene Stufen durchläuft. Die Ursache ihrer Verschiedenheit liegt vielmehr darin, dass die Natur- und Gesellschaftssituationen, die in den beiden Gesellschaften zu bewältigen waren, in ihrem historischen Nacheinander verschiedene Formen des Fertigwerdens mit diesen Situationen anregen und in der kulturellen Erbschaft beider eigentlich angemessene Reaktionen und Formen des Fertigwerdens mit diesen Situationen kumuliert und integriert vorhanden sind.

Verfolgt man diese Linie des Gedankenganges, so wird man nicht sagen, dass das primitive Bewusstsein sich eine primitive Gesellschaft baut, sondern umgekehrt, primäre einfache Gesellschaftssituationen an sich primäre Verhaltungsweisen zustande bringen. In der Tat werden hochmoderne Menschen – wenn sie (durch gewollte oder zufällige Isolierung) in Primärgruppen leben, wie es u. a. die Jugendbewegung getan hatte – zwar die gesamte gesellschaftlich-kulturelle Erbschaft nicht zum völligen Verschwinden bringen, aber doch in ihren relevanten Vollzügen denken und handeln, wie es den einfacheren Situationen entspricht.

c) Nun ist es möglich, die dritte Bedeutung des Wortes »primitiv«, oder in diesem Falle »primär«, klarzulegen, diejenige, die uns in erster Reihe interessiert. Für uns bedeutet primär weder eine rassenbiologisch niedrige Stufe des Nervensystems noch eine durch eine beschränkte historische Entwicklung charakterisierte kulturelle Erbmasse, sondern diejenigen Eigenschaften der Verhaltungsweisen und des Bewusstseins der Einzelnen, die durch soziologisch einfache Verhältnisse notwendigerweise zustande kommen. Wir leugnen nicht, dass wir diese Herauslösung und Betonung des sozialen Korrelates im primären Bewusstsein deshalb vornehmen, weil wir der Ansicht sind, dass die qualitativen Differenzen in den Verhaltungsweisen der verschiedenen historischen Gruppen in sehr vielen Dingen auf die Verschiedenheit bisher noch niemals im Einzelnen genau beobachteter Lagerung soziologischer Faktoren zurückgehen. Das bedeutet natürlich nicht, dass wir der Ansicht sind, dass primäre, einfache Verhältnisse an und für sich schon primitives Bewusstsein zustande bringen. Wenn zivilisierte Europäer in genau dieselben Verhältnisse gebracht werden wie die litauischen Bauern oder ein melanesischer Stamm, so werden sie zwar in ihren Verhaltungs- und Denkweisen zu ähnlichen Formen kommen – ganz besonders, wenn wir uns eine lang dauernde Isolierung der Gruppen von etwa 20-50 Jahren vorstellen –, sie werden aber noch immer nicht diejenigen Differenzen ganz verschwinden lassen, die in der soziologisch-kulturellen Erbschaft wurzeln. Das Beispiel kann uns deshalb dazu dienen, ganz klar voneinander dasjenige im Bewusstsein zu sondern, das in direkter Anpassung an primäre Verhältnisse in ihm primär ist, und dasjenige, was in ihm aus der kulturellen Erbschaft stammend primitiv bzw. zivilisiert etc. ist.

Hat man diese Unterscheidung zugegeben und die in einer gegebenen Situation wirkenden primären, einfachen sozialen Bedingungen abgesondert von denjenigen Bewusstseinselementen, die aus der jeweils verschieden gelagerten kulturellen Erbschaft stammen, so sind allerdings auch die Letzteren nicht eine rein geistige Erbmasse, über die die Soziologie nichts mehr auszumachen hat. Denn näher analysiert, enthält auch die sozial vererbte Kulturmasse gewesene Sozialsituationen in sich. Litauisches, melanesisches, modernes Denken und Erleben als verschieden geartete Erbmassen sind Produkte ihrer verschieden gearteten Geschichte, und was ist Geschichte anderes als eine verschieden geartete Kumulation, Selektion und Integration verschiedener gewesener Gesellschaftssituationen bzw. der adäquaten Reaktionen von Gruppen und Individuum auf diese. Man kann also vieles, wenn auch vielleicht nicht alles, auch im kulturellen Erbgut in letzter Analyse auf Soziologisches zurückführen. In diesem Sinne wäre unsere Analyse, die die soziale Bedingtheit der Verhaltungs- und Denkweisen in einer primitiven

Gruppe auf die gegenwärtig bestehenden primär einfachen Verhältnisse zurückführt, von jener, die die qualitative Primitivität an sozial vererbtem primitiven Bewusstsein untersucht, nur dadurch verschieden, dass *wir* mit den in der Gegenwart sich vollziehenden Anpassungen uns mehr beschäftigen, während derjenige, der die mitgebrachte kulturelle Erbschaft (sei es der Melanesier, sei es der modernen Menschen in ihrem Bewusstsein) besonders hervorhebt, im Grunde die integrierten Ergebnisse gewesener Anpassungen in der Geschichte besonderer Menschengruppen verfolgt.

Wie dem auch sei, ob das historisch vererbte Kulturgut restlos durch soziologische Elementaranalysen von neuem weiter aufgelöst werden kann oder ob bestimmte Elemente in ihm einer solchen Reduktion widerstehen, interessiert uns in diesem Zusammenhange nicht. Worauf es uns diesmal ankommt, ist, jene eindeutig als soziologisch zu bezeichnende Faktorengruppe gedanklich herauszuschälen, die in irgendeiner Form primäre Reaktionen mit Notwendigkeit hervorrufen werden. Was wir wissen wollen, ist, warum und wie weit das primitive, als »einfach« bezeichnete Bewusstsein primär ist, d. h. in einer spezifischen Weise sich gestaltet. Diese Unterscheidung zwischen primitiv und primär (die das so schwer kontrollierbare Problem eines primitiven Bewusstseins an sich konsequent aus der Problemstellung ausschaltet, um aus einer soziologischen Axiomatik das rein Soziologische in den kulturellen Produkten herauszuschälen) wird selbstverständlich im nächsten Schritt damit anfangen müssen, das, was wir unter primär *einfach* verstehen, nicht in dieser Unbestimmtheit zu belassen, sondern im Einzelnen zu präzisieren.

Vorher aber noch ein Wort darüber, was wir unter Konsensus in dieser »primären Konsensus-Kultur« verstehen wollen. Wir denken hierbei an jene ungleich größere Gleichförmigkeit in der Verhaltungsweise der Mitglieder in primären Sozialverhältnissen, verglichen mit der individuellen Differenziertheit der Verhaltungsweisen in komplizierteren Kulturgruppen. Und zwar geht es hier diesmal um einen spontan homogenen Konsensus, der nicht durch Diktatur und Organisationen wie in einer Armee etwa zustande kommt, sondern um die zumindest nicht bewusst regulierten spontanen Konformitäten dieser einfachen Gesellschaft. Nicht eine größere liebevolle Verbundenheit der einzelnen Mitglieder, die manchmal vorhanden sein kann, manchmal aber nicht, interessiert uns hier, sondern eine Gleichförmigkeit in den Gewohnheiten, Verkehrsformen, Gefühlsreaktionen wie auch in den Denkweisen charakterisieren die primäre Konsensusgruppe. Wo solche Primärgruppen historisch gewachsen sind und auf eine lange Tradition zurückblicken können, ist diese Gleichartigkeit der Verhaltungsweisen auf dem Wege der »mores« zustande gekommen, wie der amerikanische Soziologe Sumner[4] die Summe der durch Sitte und Brauch erzwungenen Verhaltungs- und Denkweisen bezeichnet. Nun ist das Gewachsensein von Sitte und Brauch ein soziologisch genauer zu definierendes Phänomen. De facto meint es eine unendlich lange Reihe von unbewusst vollzogenen Anpassungsversuchen, in denen in einem unsichtbaren Selektionsprozess allmählich die brauchbaren konformen Verhaltungsweisen gefunden und durch traditionelle Übertragung vererbt werden.

Die Frage ist nun, welche soziologischen Faktoren wirken in die Richtung der Herausarbeitung einer solchen Gleichförmigkeit? Die allgemeinste Formel wird wohl die sein, dass die Konformität vollständig zu werden tendiert, solange nicht allzu oft Situationen auftreten, wo das Individuum oder bestimmte Untergruppen in von den Übrigen verschiedene Lagen gelangen und in diesen immer mehr von dem Durchschnitt abweichend handeln und Sondertraditionen ausbilden müssen. Dieser allgemeine Hinweis soll uns als ein Leitfaden zur Aufzählung jener differentiellen Faktoren dienen, von denen im Großen und Ganzen die Erhaltung gleichartiger Verhältnisse, d. h. der Statik, abhängt. Unter den Grundtatsachen müssen wir in erster Reihe das Fehlen des technischen Fortschritts, den Mangel an Arbeitsteilung, das relativ kleine Arsenal an Machtmitteln, das Fehlen der Notwendigkeiten, zu viel organisatorische Regulierung einführen zu müssen, anführen, zu denen dann als die Statik und Konformität fördernde Faktoren hinzukommen: möglicherweise eine gleichmäßige Verteilung des Surplusproduktes, eine relativ gleichmäßige Verteilung der Freizeit, eine womöglich gleichförmige Lenkung der Gestaltung der Freienergie, die auch womöglich gleich bei den Einzelnen freigelegt wird. Diese Aufzählung der Faktoren ist selbstverständlich nicht so gemeint, dass sie alle erfüllt sein müssen, um die Statik, die zum primären Konsensus nötig

4 [William Graham Sumner, *Folkways. A Study of the Sociological Importance of Usages, Manners, Customs, Mores, and Morals*, Boston 1906.]

ist, zu produzieren. Sie sind auch bei den sogenannten Primitiven nicht in dieser Gleichmäßigkeit auffindbar, da es ja auch bei ihnen Differenzen gibt, in erster Reihe, was die zur Verfügung stehenden Machtmittel und die Notwendigkeit der Organisation betrifft, genauso wie es auch hierin Ungleichmäßigkeiten gibt, so ist auch das Vorhandensein eines kommunistischen Eigentums oder einer völlig gleichmäßigen Verteilung des Surplusproduktes eher ein Grenzfall als die Norm. Der Akzent bei der Bestimmung dessen, was wir hier einfach oder primär nennen wollen, liegt aber nicht auf dem Prinzip der demokratischen oder kommunistischen Gleichheit, die allerdings den Konsensus noch ihrerseits steigert, sondern auf der Hervorbringung der Statik als dem Mutterboden für die Gleichartigkeit der Menschen. Während unter den aufgezählten Bedingungen der fehlende oder nur ganz allmähliche technische Fortschritt fundamental ist, weil sehr oft aus ihm die übrigen Faktoren abgeleitet werden können, ist die relative Gleichmäßigkeit der wirtschaftlichen Betätigung, die durch den Mangel an zu großer Arbeitsteilung zustande kommt, die andere Bedingung, die mit ganz besonderem Gewicht als Erzieherin zur gleichmäßigen Verhaltungsweise der Mitglieder der Gruppe zu betrachten ist. Wo die Arbeitsteilung minimal ist, ist jeder Mensch, selbstverständlich mit Verschiedenheiten in der individuellen Eignung, auswechselbar, und so ist die Verhaltungsweise der Gruppenmitglieder schon im Arbeitsprozess, der doch einen wesentlichen Teil des Lebens ausfüllt, zur Gleichförmigkeit gelenkt. Das Fehlen von zu großen Machtmitteln, an Möglichkeiten des organisatorischen Aufbaues, ist wichtig, weil dieses es ist, das dem Zustandekommen von privilegierten Schichten vorbeugt, da solche sich nur halten können, wenn ganz besonders im Organisatorischen oder im machtmäßigen Dauergefüge (Armee, Polizei) Möglichkeiten zur kontinuierlichen Verankerung der errungenen Chancen bereitgestellt werden. Wo wenig Organisation vorhanden ist, können die Beziehungen zwischen Menschen eher flüssig gehalten werden und es kann niemand Schlüsselstellungen dieser Organisation zu seiner dauernden Machtverankerung verwerten, noch viel weniger auf seine Nachkommen institutionell gesichert vererben. Dasselbe gilt für die Anhäufung von Kriegsmitteln wie Waffen usw., deren monopolistische Aneignung durch eine Kriegerkaste meistens die erste wichtigste Sprengung der primären Gleichförmigkeit, der primären Klassenschichtung hervorbringt.

Es kann aber auch eine ziemlich gewaltige soziale Differenzierung in einer Gesellschaft entstehen, ohne die Statik dieser Gesellschaft und die daraus entstehenden Konformitäten zu sprengen, vorausgesetzt, dass es gelingt, die verschiedenen aus der Ungleichheit entstandenen sozialen Schichten kastenartig oder zumindest ständisch gegeneinander abzuschließen. Ist dies der Fall, so werden zwar die verschiedenen Schichten voneinander völlig verschieden erleben, denken und handeln, aber innerhalb der einzelnen abgeschlossenen Schichten wird eine Tendenz zur konsensusartigen Konformität bestehen. Ungleichmäßigkeit im Bereich des Besitzes und der Macht bedeutet also noch nicht an und für sich Dynamik und ein Aufgeben der Konformität, es sei denn, dass das Zusammenspiel der verschiedenen übereinandergelagerten Schichten auf die Dauer nicht in der Balance gehalten werden kann, weil die sich kumulierenden Verschiedenheiten dazu führen, dass der Macht- oder der Reichtumszuwachs sich so gestaltet, dass immer mehr Einzelne in den Unterschichten mächtiger und reicher und immer mehr Einzelne in den Oberschichten funktionslos und dadurch ärmer und gewichtsloser werden.

Ob das erfolgt oder nicht, geht selbstverständlich in erster Reihe auf das soziale Schicksal des Surplusproduktes zurück. Kann dieses entweder gleichmäßig verteilt werden oder, wenn ungleichmäßig verteilt, dies so, dass diese Ungleichmäßigkeit in Bezug auf die bestehenden Schichten konstant bleibt, so kann auch diese unegalitäre Gesellschaft in der Statik erhalten bleiben. Wenn es also fertigzubringen ist, dass das Surplusprodukt in Gestalt bestimmter Tributzahlungen etwa in seinem wesentlichen Bestand gleichmäßig zu derselben Herrenschicht gelangt und in der Unterschicht womöglich niemand wesentliche Chancenverbesserungen erreichen kann, so ist eine Statik und innerhalb der Schichten eine Gleichförmigkeit möglich. Ob aber das Surplusprodukt proportional gleichmäßig auf die bestehenden Schichten verteilt werden kann, hängt wieder an der Natur der Produktionstechnik und der kriegerischen Technik. Sind diese beiden Formen der Technik so geartet, dass ihre dynamische Entwicklung immer wieder neue Schlüsselpositionen erschließt, die durch diejenigen erobert und expropriiert werden können, die sie gerade verwalten, so kann man nicht vorbeugen, dass diejenigen Schichten, die man etwa in einer gegebenen Situation bewaffnen muss, mit diesen Waffen zugleich für sich ein

Dauerprivileg erobern oder dass Produzenten, sofern eine freie private Kapitalakkumulation vorhanden ist, aus diesem privatim akkumulierten Kapital sich privilegierte Stellen im ökonomischen Machtgefüge ausbauen. Ein Prozess, der dann dazu führt, dass die ursprüngliche Gleichmäßigkeit und die gegenseitige Abschließung der Gruppen gesprengt werden.

Die kommunistische Appropriation der Produktionsmittel ist sowohl auf ganz einfacher Stufe der Gesellschaft wie auch auf ganz hoher Stufe der Entwicklung die wirksamste Methode, Ungleichmäßigkeiten im Wachstum des Einflusses der Einzelnen vorzubeugen. Sie schließt nicht aus, dass eine ganze Schicht als solche, z. B. die Bürokratie, als Dauermacht den übrigen über den Kopf wächst, aber sie kann auch bei dauernder Dynamik des Gesamtkörpers eine statische Mentalität in den voneinander getrennten Schichten zustande bringen, wenn sie den privaten Aufstieg der Einzelnen (der diese regulierte Getrenntheit der Welten sprengen würde) zu überwachen und zu planen imstande ist. Dieser Hinweis beweist zugleich, dass Konsensus im Sinne von Konformität und kontinuierlicher Entwicklung *nicht* unbedingt an Gruppen mit kleiner Zahl der Mitglieder gebunden ist und dass sogar diese Konformität sich sehr oft wohl mit Privateigentum verträgt, wenn dieses Letztere so geartet ist, das es auf ganz wesentliche kollektive Funktionen im Wirtschafts- und Gesellschaftsprozess keinen Einfluss hat oder die kleinen Einheiten der ökonomischen Produktion so miteinander verkoppelt sind, dass sie sich in der individuellen Wegdifferenzierung voneinander und damit im ungleichmäßigen Wachstum einander gegenseitig hemmen.

Was nun – um zunächst mit dem Ersten anzufangen – die große Zahl der Mitglieder betrifft, so ist China ein Beispiel dafür, dass man organisch primäre Konformität in einer Gesellschaft der großen Zahl zustande bringen kann, wenn man es nur verhütet, dass sie zur offenen Massengesellschaft wird, in dem man die großen Massen in kleinere Primärgruppen abspaltet und unter ähnlichen Primärbedingungen sich mehr oder minder analog und isoliert entfalten lässt. Die großen, verbindenden Aufgaben des Einheitsreiches wurden hier durch eine Literaturbürokratie verwaltet, die ständisch genügend abgeschlossen war und aus Steuern auf einem besonderen ständischen Niveau kontinuierlich erhalten werden konnte. Was ferner den Zusammenhang zwischen Privateigentum,

Statik und Konformität betrifft, so muss man nur daran erinnern, dass Allmende, Gemengelage, Flurzwang in primitiver bäuerlicher Gesellschaft und zünftische Regulierung in einfacher Handwerksgesellschaft ausreichten, um für eine lange Zeit die Gleichmäßigkeit in der Entwicklung und Konformität in der Mentalität zu garantieren.

Wenn wir die erwähnten Beispiele uns nun noch einmal vergegenwärtigen, so ist es weder das Privateigentum an sich, das einer Statik und Konformität entgegenwirkt, noch das Prinzip der Ungleichheit in der Verteilung des Sozialprodukts und sonstiger Privilegien auf die sozialen Schichten, das Unruhe in das Gesellschaftsleben hineinbringt, sondern im Grunde die soziale Mobilität. Soziale Mobilität im bekannten Doppelsinne des Wortes, sozialer Auf- und Abstieg einerseits und Wanderung von einem Ort zu anderen, bringt jene Sondermentalität zustande, die die unmittelbare Ursache der Auflösung der ursprünglichen Konformität und des Konsensus ist und durch die hindurch erst die übrigen bisher erwähnten Faktoren wirken. Es ist ganz besonders der individualisierte Einzelaufstieg, der jenes kontinuierliche Streben im Individuum zustande bringt, durch das er sich von den durchschnittlichen Verhaltungsweisen, Normen losmacht, die die psychische Garantie der Konformität und des Konsensus innerhalb der Schichten sind.

Die den einzelnen Schichten zukommenden Pflichten und rechten »Ehrbegriffe« geraten ins Wanken, wenn zu viele einzeln sozial im Aufstieg oder im Abstieg begriffen sind. Sie gehören nicht mehr der einen und noch nicht der anderen Schicht an und sprengen damit sowohl die Verhaltungsweisen der Untergruppe als die der Obergruppe, in die sie hineintreten. Damit kommen wir zu einem anderen Punkt, der mit dem Auf- und Abstiegsproblem zusammenhängt, zu der These, dass Statik und Konsensus nur möglich sind, wenn es nicht massenhaft Menschen in einer Gesellschaftsordnung gibt, die aus den vorhandenen Schichten herausfallen. Es ist nicht die Armut an sich, die Unruhe stiftet, sondern die sozial nicht lokalisierte Armut. Eine ständisch wohlorganisierte, auf Statik hinstrebende Gesellschaft trachtet deshalb auch, die Bettler und die »Ehrlosen«, wie z.B. die Prostituierten, die Straßenhändler und fahrenden Leute im Mittelalter, von neuem ständisch zu lokalisieren. Wird aber diese Schicht der aus dem Gesellschaftsgefüge Herausfallenden zu groß, so werden diese die Herde der entstehenden Sondermentalität, das Reservoir für jene neue Mentalität, die man als die dynamische bezeichnen kann. Man kann dieselbe Situation auch – von einer anderen Seite her dasselbe Problem ins Auge fassend – so ausdrücken, dass die Garantie der sozialen Konformität und des Konsensus in erster Reihe die soziale Sekurität ist, worunter aber keineswegs nur Wohlstand zu verstehen ist, sondern eine sichere Aussicht, dass man einen ständisch einem zugeteilten Lebensstandard (im mittelalterlichen Sinne Nahrung) stets erreichen wird. Soziologisch ausgedrückt: in einer Gesellschaft, in der das mit der gesellschaftlichen Produktion verbundene Risiko sozialisiert ist, d. h. nicht verschiedene Individuen verschiedene Anteile der Unsicherheitschancen auf sich nehmen müssen, herrscht ein Sekuritätsgefühl, welches die seelische Grundlage kollektiver, konsensusartiger Anpassung ist. Es mag die gesamte Gesellschaft im höchsten Masse bedroht sein und sogar das Leben des Einzelnen in einer viel größeren Gefahr schweben als in einer anderen Gesellschaft, und doch wird das allgemeine Sekuritätsgefühl in der mit mangelhafter Sekurität ausgestalteten, aber diese Sekurität sozialisierenden Gesellschaft größer sein als in der objektiv mit größerer Sekurität und mit größerem Wohlstand behafteten Gesellschaft, in der aber jeder mehr oder minder individuell die Sekuritätschancen zu tragen hat. In der Ersteren ist Konsensus und Konformität möglich, die Letztere lebt aus der Ungleichmäßigkeit der menschlichen Verhaltungsweisen, die sie aber durch die Ungleichmäßigkeit der Situationen selber stiftet.

Dies sind im Großen und Ganzen die Fundamentalbedingungen, unter denen Konsensus, Gleichförmigkeit in einfacher Gesellschaft (in welchem Falle wir von *primärem* einfachen Konsensus reden werden) oder in ständisch geschichteter Gesellschaft (in welchem Falle wir von *abgestuftem* Konsensus reden werden) zustande kommen kann.[5]

Dies sind die Vorbedingungen im Gebiete der sogenannten Re-

5 [Der folgende, letzte Satz auf dieser Seite lautet: »Dies sind die Vorbedingungen und wir haben nunmehr uns den seelischen Formen zuzuwenden, durch die sich diese Statik weiter erhält und reproduziert. Zwar sind die soziologischen Realvoraussetzungen, die wir aufgezählt haben, unerlässliche Vorbedingungen für den Konsensus, die adäquate Formung der seelischen Verhaltungsweisen gehört aber zumindest genauso zu Erhaltung der soeben beschriebenen Gesellschaft…«. An dieser Stelle bricht der Satz aber ab.]

alfaktoren, die für das Entstehen einer konsensusartigen Konformität vorhanden sein müssen. Aber sie allein enthalten noch nicht diesen Konsensus, es muss neben ihrem Vorhandensein die Form der Weiterentwicklung des Gesellschaftsgeschehens, die Dynamik eine bestimmte Gestalt annehmen, die wieder ihrerseits sehr tiefgreifend den seelischen Habitus der Gruppenmitglieder bestimmt.

Was nun die Formen der Selbstreproduktion oder die Fortbewegung dieser primären Gesellschaft betrifft, so sprechen wir zwar üblicherweise von Statik, als ob ein Sichgleichbleiben das Charakteristische primärer Konformität wäre. Dies ist aber nicht ganz richtig, vielmehr ist es in vielen Fällen angebracht, von »dynamischem Equilibrium« zu reden, weil die Faktoren sehr oft nicht nur zu einem Gleichgewicht tendieren, sondern ein solches gegenseitiges Aufeinander-Abgepasstsein annäherungsweise auf einer stets höheren Stufe erstreben, ein Gleichgewicht also, das sich aufgrund quantitativ größeren Reichtums der Elemente und aufgrund einer größeren Zahl der Faktoren herstellt. In beiden Fällen ist eines entscheidend: dass die Reproduktion und Fortentwicklung in einem sehr langsamen Tempo und gleichmäßig (also nicht ruckweise) vonstattengehe. Dies ist notwendig, weil in der primären Konsensusgruppe die zweite Bedingung für die Gestaltung der Fortentwicklung ist, dass die neuen Lösungen durch unbewusst experimentierendes Suchen der Individuen und Gruppen *gefunden* werden und nicht *erfunden*, d. h. nicht ausgedacht, rational kalkuliert, sondern dass man durch natürliche Anpassung und Selektion zu den neuen tauglichen Schritten in der Bewältigung der Schwierigkeiten, die die Natur und die Gesellschaft stellen, gelangt. Sobald nämlich rationales Erfinden die nötigen Lösungen herbeiführt, werden diese viel zu vieldeutig, um durch traditionelle Festlegung vorausbestimmbar zu werden. Es kommt also durch die erfindende Weiterbildung der Prozesse zu viel vom Element der Rationalität in die Gesellschaft. Diese rational erfundenen Elemente bedrohen durch die Eigentümlichkeit ihres Funktionierens die konsensusartigen Verhaltungsweisen. Erfindende Einstellung schafft nämlich nicht nur dadurch Ratio, dass sie sich die neuen Lösungen, statt in unbewusst experimentierender Einstellung zu *finden,* durch analytisches Denken und Neukombination der letzten Elemente ausdenkt, sondern auch dadurch, dass sie all die anderen Sozialsubjekte, die auf dieses Ausgedachte zu reagieren haben, zur

Kalkulation zwingt. Diese Kalkulation der reagierenden Subjekte enthält aber von neuem eine rationale Verhaltungsweise und als solche ist sie ihrerseits zumindest genauso vieldeutig wie die bisher beobachteten Rationalismen. Auf diese Weise verpflanzt sich der in das Sozialgefüge einmal eingeführte rationalistische Eingriff ins Tausendfache. Das Fluidum der Unsicherheit, das um den ersten rationalen Akt sich ansammelt, sickert weiter in das gesamte innere Geflecht der Gesellschaft.

Wie das »Finden« die Form der irrationalen Neuschöpfung, so ist »Tradition« die Form, in der vorrationale Gesellschaft ihre Formen der Verhaltungsweisen weiterverpflanzt. Die tauglichen Verhaltungsweisen werden stereotypisiert und durch kritiklose Nachahmung weitergegeben.

Die wesentlichste soziale Funktion der Magie scheint eben diese Festlegung des Modells der Verhaltungsweise zu sein. Sie sichert auf dieser Stufe Eindeutigkeit des Vollzuges, Voraussehbarkeit des Ablaufes im Gebiete der gesellschaftlich wesentlichen Beziehungen und Handlungen. Man kann Konformität auch auf einer späteren Stufe in einer Massengesellschaft zustande bringen, aber nur aufgrund rationaler Regulierung planender Organisation. Es würde zu weit führen, zu untersuchen, wiefern diese mit der primären Konsensusgesellschaft verwandt ist und worin sie sich von ihr unterscheidet. Auf alle Fälle bringt das größere Ausmaß an Rationalität, die hier zumindest bei den planenden Instanzen vorhanden sein muss, so viel Züge der Kalkulation in die Gesellschaft hinein, dass man auch unter diesem Gesichtspunkt die Gesellschaft des »primären Konsensus« von der des geplanten Konsensus und der Konformität unterscheiden muss.

Langsames Tempo, Finden, Stereotypisierung und traditionelle Fortpflanzung ihrerseits sind aber erst Teile eines auch sie umfassenden Gesellschaftsprinzips, aus denen sie erst richtig verstanden werden können. Ich denke hierbei an den vielleicht fundamentalsten Unterschied, der in der Geschichte der sozialen Verhaltungsweisen aufweisbar ist, an den Unterschied zwischen kollektiver und individueller Anpassung. Nur wo Menschen sich *kollektiv* an die neuen Situationen anpassen, sind Gleichmaß im Tempo, Stereotypisierung des Gefundenen und traditionelle Verhaltungsweise durchsetzbar. Wo individuelle Anpassung notwendig wird, ist die Konformität von vornherein aufgegeben, es ist weder der Wille noch auch die Zeit da, die kleineren oder größeren Divergenzen durch gegenseitige Angleichung einzuordnen. Es ist aber gerade diese sofort sich vollziehende Angleichung aufeinander, die im Feingewebe des gesellschaftlichen Geschehens die Konformität hervorbringt. Während in diesen Gesellschaften Sich-ähnlich-zu-Sein Tugend und Abzuweichen Untugend ist, ist in der modernen Gesellschaft der individuellen Anpassung die Abweichung als Persönlichkeitswert hochgeschätzt.

Der Unterschied zwischen kollektiver und individueller Anpassung kann im Bilde folgendermaßen dargestellt werden: Individuell passt sich ein Schilfrohr an, wenn es allein steht und sich um seine Achse jeweils so dreht, dass es dem wechselnden Winde den kleinsten Widerstand bietet. Kollektiv passt sich ein Schilfrohr an, wenn es als Teil eines Schilfbündels sich um seine Achse so dreht, dass es als ein Element im kollektiven Widerstand gegen den Wind seine Funktion richtig erfüllt. Die Richtung der Drehung mag im letzteren völlig anders ausfallen als im ersten Falle. Es mag auch in der augenblicklichen Situation für das einzelne Rohr unvorteilhafter sein, diese oder jene Bewegung zu vollziehen, den Maßstab ihrer Richtigkeit hat sie auf alle Fälle im Kollektivoptimum. Das Gleichnis gilt auch weitgehend für die Verhaltungsweise der Individuen in der Gesellschaft. Der Sinn des Tuns des Einzelnen ist in der Gesellschaft des primären Konsensus nur erfassbar, wenn man die Richtung der Gesamtanpassung rekonstruiert hat. Der Sinn des Handelns in der individualisierten Gesellschaft hat immer zwei Maßstäbe, einmal einen, der an den unmittelbaren Zielen des Individuums messbar wird, und einen zweiten, dessen Maßstab aus den notwendigen Funktionen der Gruppe sich erschließen lässt. Der Zwang zur kollektiven Anpassung ist die grundlegendste Kraft unter den Faktoren, die die konsensusartige Konformität hervorbringen, und aus ihr werden auch die seelischen Formen im Einzelnen, die diese Gesellschaft benötigt und denen wir uns nun zuwenden, hervorgebracht.

Falls die bisher aufgezählten Vorbedingungen oder wenigstens einige von den fundamentalen unter ihnen gegeben sind, stellen sich bestimmte Formen der geistigen und seelischen Verhaltungsweisen ein, die umso mehr zur Konformität drängen, je homogener, »gleichgeschalteter« die Realfaktoren in dieselbe Richtung wirken. Hierbei ist das kulturelle Leben in den primären Konsensusgruppen noch viel mehr als in differenzierten Gesellschaften unmittelbarer Ausdruck der Lebensprozesse des Alltags. Es ist schon an und für sich auch auf komplizierteren Gesellschaftsstufen problematisch, einen scharfen Trennungsstrich zwischen Kultur- und Gemeinschaftsleben zu ziehen, es wäre aber ganz falsch, eine ähnliche Unterscheidung in einer primären Gesellschaft durchführen zu wollen. Die meisten Tätigkeiten, die man im Lichte der Denkgewohnheiten unserer Zivilisation als kulturelle bezeichnet, sind hier ein Teil des alltäglichen Lebensvollzuges der Gesellschaft. Wenn man aber das, was in diesen Gemeinschaften nach heutigen Begriffen als Kulturtätigkeit zu bezeichnen wäre, genauer unter die Lupe bringt, so sind bereits in dieser Gesellschaftsform die Freizeitverteilung, die Freienergieverteilung unmittelbar bestimmend für die Kulturgestalt und die Tatsache des Fehlens eines Kulturspezialistentums.

Was nun die Freizeit und die Freienergieverteilung betrifft, so ist die Tatsache der Gleichheit entscheidend. Im Großen und Ganzen stellt für jeden der Arbeitsprozess gleiche Quanten von Freizeit und Freienergie zur Verfügung und sofern in dieser Beziehung eine wesentliche Verschiebung stattfindet, können Verschiedenheiten in der Eigenart der Kultur beobachtet werden. Die Freienergie ist hierbei auf dieser Stufe meistens mit der kollektiven Tätigkeit unmittelbar verbunden, sie wird also noch nicht privatisiert. Die Freienergie erscheint entweder

a) als *Kultivation*, als Teil oder Interpretation des gemeinsamen Tuns. Das beste Beispiel, wie die Freienergie in Form einer Gestaltung des Arbeitsprozesses selbst sich niederschlägt, ist das Arbeitslied, an dem am besten beobachtet werden kann, wie mit dem ursprünglichen kollektiven Tun das Geistige unmittelbar verbunden ist. Beim Arbeitslied – wie dies richtig beobachtet wurde – ist das Singen und ganz besonders der Rhythmus ein Teil des Arbeitsprozesses selbst, ein organisierender Faktor in ihm. Der Anteil eines jeden an der Arbeit ist hier noch beinahe gleichartig, aber auch an der »Kultivation« des Prozesses; die einzige Differenzierung ist die Leistung dessen, der zum Lied ansporn oder durch sein Vorsingen den Takt gibt, wodurch schon der Vorläufer des Protagonisten im Chor vorgezeichnet ist. Von Büchers[6] bedeutendem Buch *Arbeit*

6 Karl Bücher, *Arbeit und Rhythmus*, Leipzig 1896.

*und Rhythmus* bis zu Naumanns'[7] Artikel über das Arbeitslied wurde die repräsentative Bedeutung dieser Gattung zur Genüge hervorgehoben. Wertvoll ist ganz besonders Naumanns Beobachtung: »Wie das Kinderlied zeigt auch das Arbeitslied die engste Verbundenheit von Rhythmus, Musik und Text, wobei Inhalt, Sinn noch nebensächlich sind.«[8] Gerade das letzte Merkmal, die Unablösbarkeit der einzelnen Elemente, ganz besonders des Sinnes von dem Zusammenhang des kollektiven Tuns, wirkt noch lange in den Kunstgattungen nach, solange der primäre Konsensushintergrund, wenn auch oft nur abgeschwächt, vorhanden ist. Wir verstehen solche Texte nicht, wenn wir sie von der Melodie oder vom Tun abheben. Für sich betrachtet sind sie nur Fragmente. Dies gilt u. a. noch für die mittelalterliche Lyrik, für den Minnesang etwa, der ja auch nur mit der musikalischen Begleitung, die leider nicht mehr erhalten ist, eine Ganzheit ergibt. Das Prinzip, dass wir in Naumanns Beobachtung angedeutet fanden, wird neuerdings in einem ganz anderen Zusammenhange bei dem Studium der magischen Texte der Primitiven durch Malinowski[9] hervorgehoben. Die Tatsache der »*Kontextgebundenheit*« der magischen Sprüche, d. h. das unvermittelte Verbundensein mit konkreten Aufgaben der Tätigkeit, weist darauf hin, dass Magie meistens nicht ein in sich ruhendes geistiges Phänomen ist, sondern eine wichtige Funktion im kollektiven Arbeitsprozess oder in anderen gesellschaftlichen Verrichtungen hat. Sie besitzt eine ausgesprochen organisatorische Funktion, indem sie die Menschen zusammenhält und jedem seine Aufgabe zuteilt. Sie prägt Modelle der richtigen Verhaltungsweise, erzieht zum genauen Vollzug der dem Einzelnen zufallenden Aufgaben und hilft seelisch, das mit dem Unternehmen verbundene Risiko zu formen. Magie erscheint hierbei meistens dort, wo die für den Primitiven durch den einfachen Erfahrungsschatz *nicht* bewältigbaren

7 Hans Naumann, [»Arbeitslied«, in: Paul Merker, Wolfgang Stammler (Hg.), *Reallexikon der deutschen Literaturgeschichte. Erster Band. Abenteuerroman – Hyperbel*, Berlin 1925/1926, S. 85-87.]

8 Hans Naumann, *Primitive Gemeinschaftskultur. Beiträge zur Volkskunde und Mythologie*, Jena 1921.

9 Bronislaw Malinowski, *Coral Gardens and their Magic. A Study of the Methods of Tilling the Soil and of Agricultural Rites in the Trobriand Islands. Bd. 1. The Description of Gardening*, London 1935; ders., *Coral Gardens and their Magic. A Study of the Methods of Tilling the Soil and of Agricultural Rites in the Trobriand Islands. Bd. 2. The Language of Magic and Gardening*, London 1935.

Risikoelemente im Spiel sind: die Unberechenbarkeit des Ausfalls der Ernte, des Zufalls im Fischfang oder in der Jagd sind Gegenstand magischer Bezwingung. Wo das primitive *Erfahrungswissen* ausreicht, ist kein Zauber nötig (es sei denn im erwähnten Sinne der magischen Stereotypisierung des kollektiven Arbeitsprozesses).

Dieselbe Kontextgebundenheit, die in der Magie vorhanden ist, ist auch in den ursprünglichsten Formeln der nicht lyrischen Dichtung aufzufinden, in der Gnomik, unter der wir urälteste Formen von Sprüchen verstehen, in denen typische Lebenssituationen reflexiv gemacht werden. Sie wachsen wie Sprichwörter unmittelbar aus dem Lebenszusammenhang heraus. Zwar ist es stets ein Individuum, das sie zuerst formuliert, der Spruch wird aber dann in seiner ursprünglichen Anonymität weitergegeben und weitergebildet, bis er seine stereotypisierte Gestalt erhält. Die Tendenz zur Reflexion, wenn man darunter eine die Welt und ihre Gegenstände *nicht* umformende, sondern die ursprüngliche Verflechtung der Dinge nur analytisch auch bewusst machen wollende Denktechnik versteht, begleitet den ursprünglichen Lebenszusammenhang als Interpretation genauso unmittelbar, wie es mit allen übrigen Kulturbetätigungen auf dieser Stufe der Fall ist.

b) Die Freienergie kann aber neben dieser an den ursprünglichen Lebens- und Arbeitsprozess sich anschließenden Kultivierung in der primitiven Kultur auch gesondert auftreten, zu Zeitpunkten, an denen die gesamte Gemeinschaft sie gemeinsam kumulieren lässt. Wir denken hierbei an Feste, wo Tanz und Opfer als gemeinsame Verrichtungen eine Rolle spielen. Dies ist die Ursprungsstätte der ältesten Form der Dichtung, der »chorischen Poesie«. Hier ist in der mehr feierlichen Form, sofern man sie mit dem Arbeitslied vergleicht, dasselbe Prinzip der noch nicht vollzogenen Spaltung in Vorführende und Publikum gleichfalls beobachtbar. Ferner ist hier, wenn auch der Protagonist sich schon differenziert, das Prinzip der Austauschbarkeit, Ersetzbarkeit des einen Mitgliedes durch das andere durchgeführt.

Was nun den dritten charakteristischen Faktor unter den soziologischen Vorbedingungen der geistigen Gestaltung auf dieser Stufe betrifft, ist das Fehlen des Kulturspezialistentums ausschlaggebend. Das bedeutet zunächst, dass keine Monopolisierung der Ausdruckssphäre stattfindet. Was Marx im Gebiete der wirtschaftlichen Produktion hervorgehoben hat, dass von einer bestimmten Stufe an der Arbeiter von seinen Arbeitsmitteln getrennt wird und dadurch ein grundlegend veränderter Tatbestand in seinem sozialen Schicksal eintritt, ist auch beobachtbar, sobald ein Spezialistentum für die Gestaltung der Ausdruckssphäre notwendig wird. Dieses Spezialistentum vertieft zwar die Möglichkeiten des Ausdrucks durch eine hingabevolle, besondere Kultivation, hebt sie aber aus dem ursprünglichen Zusammenhange des Gruppenlebens heraus. Das Mitgenießen der spezialistischen Ausdrucksleistung ist zwar noch immer ein unbewusster Mitvollzug, er ist es aber nicht in der sichtbaren Verhaltungsweise: nicht *overt behaviour*. Auch hat sich selbstverständlich die Vorstellung, dass geistige Produktion Privateigentum sein kann, noch lange nicht ausgebildet, obzwar wir wissen, dass z. B. bei bestimmten primitiven Stämmen Zaubersprüche oder Liebeszauber oft kaufbar sind. Solange es keine Magier oder Priesterkaste gibt, ist auch die rituale Dichtung nicht Privileg der Priester und neben den öffentlichen Opfern finden auch private Opfer statt. Die ersten Kulturspezialisten sind der Magier (Zauberer, Regenmacher), der Priester, der Sänger, der Chorusleiter usw. und es hängt mit den speziellen Chancen dieser sozialen Typen zusammen, ob sie einzeln oder als eine Schicht ihre Position so stabilisieren können, dass mit der Differenzierung der Gesellschaft sie zu den höheren Rängen gehören. Dass dies nicht unbedingt notwendig ist, zeigt die Tatsache, dass die Träger der Magie auch sozial sinken können (z. B. die Zigeuner oder wie der Spielmann im Mittelalter).

Es hätte sich nicht gelohnt, diese kollektivistische Stufe der primären Konformität in ihrem sozialen Aufbau genau zu rekonstruieren, wenn die geistigen Konsequenzen dieser Tatsachen nicht ganz fundamental wären und wenn man nicht durch die Rekonstruktion den Ausgangspunkt der wesentlichen Wandlungen in der Geistesgeschichte festlegen könnte. Man versteht erst die gegenwärtige Form so mancher geistiger Verhaltungsweisen richtig, wenn man weiß, woher sie historisch gekommen sind und durch welche Sozialprozesse sie zur Abwandlung gebracht worden sind. Wir wollen nun versuchen, in der Sphäre des Tuns, der Gefühle, des Denkens, des Selbstwertbewusstseins einerseits aufgrund einer Strukturanalyse, andererseits aufgrund des empirisch kontrollierbaren Materials die Auswirkungen der soeben geschilderten Sozialsituation zu verfolgen.

Zunächst in der Sphäre des Tuns enthält die Tatsache der sozialen Kontextgebundenheit des Handelns einige ganz wichtige Folgen, die noch nicht zu Ende gedacht worden sind. Zwar hat man bereits theoretisch auf der Linie der Entwicklung des Pragmatismus und des Behaviorismus in diesem Zusammenhang einiges richtig gesehen, was erst neuerdings empirisch belegbar wird. Es ist aber aus diesen theoretischen Ansätzen und aus dem empirischen Material noch so manches herauszuholen. So ist das, was ich meinerseits in der »Soziologie des Wissens« als die »Seins- und Situationsverbundenheit des Denkens« bezeichnet habe, auf dieser ursprünglichen Stufe noch viel unmittelbarer aufweisbar als in der sozial reichhaltig geschichteten, durch Kulturspezialistentum kompliziert gewordenen Gesellschaft. Zwar gilt die Seins- und Situationsgebundenheit des Denkens (die Tatsache, dass es für das Erkennen grundlegend ist, aus welcher sozialen Situation es aufsteigt) auch für die komplizierte Gesellschaft, nur ist hier das, was man gesellschaftlichen Hintergrund nennt, so umfassend, dass der in seinen durch die Arbeits- und Funktionsteilung voneinander getrennten Abschnitten sich befindende Mensch den Situationszusammenhang, durch den sein Tun getragen ist, sich erst mühsam rekonstruieren muss. In der primären Konsensusgruppe ist die Situation, auf die bezogen Tun und Handeln überhaupt nur Sinn erhalten, unmittelbar erfassbar.

In dieselbe Richtung, wenn auch mit Modifikationen, hat sich der Gedankengang des amerikanischen Pragmatisten und Behavioristen Mead bewegt und seine Einsicht, dass der Sinn dessen, was ein Individuum tut, primär sich aus dem objektiven Handlungsgeflecht determiniert, ist äußerst fruchtbar. Es ergibt sich daraus, dass es falsch ist, das Handeln so zu konstruieren, als ob die daran teilnehmenden Individuen mit ihren individuellen Intentionen dazukämen und erst nachträglich durch Vermittlung und Verständigung ein gemeinsames Handeln aufbauten. Wenn man diesen Ansatz richtig ergänzt, so wird es immer klarer, dass es einem relativ späten Stadium entspricht, dass das Individuum sich selber etwas vorsetzt und seine Handlung von sich aus definiert. Primär ist, dass ich aus einem kollektiven Aufgabenzusammenhang (Fällen eines Baumes, Jagd nach einem Tier) meine Funktion, mein Tun sozusagen vorgegeben bekomme. Was ich tue, wird mir und den anderen nicht aus der individuellen Zielsetzung, aus dem individuellen Willen heraus bewusst, sondern aus der objektiv vorgegebenen Funktion, aus der objektiven Situation heraus.

Aber noch mehr, sofern Motivationen halbbewusster oder bewusster Art im Spiele sind, sind auch diese zunächst vom objektiven Tun her vorgeschrieben. Die Subjektivierung der Gesinnung, d. h. die Möglichkeit, dasselbe auch aus anderen Motivationen heraus zu tun, als die, die objektiv vorgeschrieben ist, ist ein spätes Produkt der generellen Abdifferenzierung des Individuums. Dass dies möglich ist, dass man vom Objekt her und vom Gesellschaftszusammenhang her die vorschriftliche Motivation vorgesetzt bekommt und sich früher oder später mit ihr identifiziert, ist dem individualisierten Intellektuellen unserer Zeit ein befremdendes Phänomen. Dennoch ist dies das Ursprüngliche. Demgegenüber ist die Selbstverständlichkeit, die vorgeschriebenen Motivationen zu vollziehen, für die sogenannten Primitiven das Gegebene. Dies bedeutet selbstverständlich nicht, dass diese zur Bändigung und Formung des Charakters keiner Züchtung bedürfen und dass der Primitive seine Gesetze niemals bräche, vielmehr nur so viel, dass die individuelle und konforme Motivation sich als anerkannte Verhaltungsform noch nicht abgehoben und durchgesetzt hat. Ethnologen berichten, dass, wenn man einem Jüngling eines primitiven Stammes diesen oder jenen vorstellt und sagt, der Vorgestellte gehöre einem verwandten Stamme an oder stehe in dieser oder jener genauer spezifizierten verwandtschaftlichen Beziehung zu ihm, sich die vorgeschriebene Gefühlsregung, ohne die personellen Qualitäten des Partners besonders in Betracht zu ziehen, ohne weiteres auslöst. Wäre dies nicht der Fall, dass von der objektiven Beziehung her die Gesinnung sich bestimmen ließe, so hätte man im Laufe der Geschichte, wie dies bei der größten Zahl der Fälle geschah, die Eheschließungen *nicht* von elterlicher Seite her bestimmen können. Die vorgeschriebene Gesinnung stellte sich in der so geschlossenen Ehe in der noch nicht individualisierten Gesellschaft mit großer Wahrscheinlichkeit ein. Wir wissen, dass die Ehe erst seitdem ein wirkliches Wagnis geworden ist, seitdem die individuelle Gesinnung in Gestalt der individuellen Liebeswahl für bestimmte Schichten als Norm gilt. Dass Gesinnungsehen riskanter sind als durch Verhältnisse diktierte Ehen, liegt nicht daran, dass es besser ist, ohne die subjektive Gesinnung, ohne Liebe zu heiraten, sondern dass es schwieriger ist, ein Dauerbündnis dort aufzubauen, wo die Individualisierung so weit fortgeschritten ist, dass die Sondermotivation, die persönliche Gesinnung sich scharf von der vorgeschriebenen, objektiv geforderten abhebt. Individualisierte Menschen können es sich schwerer leisten, allein durch Sachforderungen motivierte Ehen zu schließen, denn es liegt bei ihnen weniger die Chance vor, dass zur objektiven Situation auch die Motivation sich nachher einstellt.

Genau wie durch die strenge Interdependenz in der durch den Arbeitszusammenhang noch viel unmittelbarer bestimmten Gesellschaft wenig Raum bleibt für Privatmotivationen und Einstellungen, die vom unmittelbaren gesellschaftlichen Produktionsprozess abgehoben sind, und die mangelnde soziale Differenzierung die Einzelnen dazu zwingt, viel eindeutiger und ohne ausweichen zu können, die ihnen vorgeschriebenen Handlungen zu vollziehen (woraus eine direkte Verknüpftheit zwischen objektivem Tun und Motivation sich ergibt), so finden wir auf dieser Stufe auch eine streng verbundene und noch nicht gespaltete Einheit zwischen Wert und Tun vor. Es ist in erster Reihe die Differenzierung der Gesellschaft für das Auseinanderfallen von Zielsetzung und Tun, von Wert und Tatsache (die uns bereits zur Selbstverständlichkeit geworden sind) verantwortlich. Hierbei müssen die beiden Formen der für uns in Betracht kommenden Differenzierungen in ihren Konsequenzen auseinandergehalten werden. Zunächst die Differenzierung, die aus der Arbeitsteilung stammt, die bewirkt, dass das früher einheitliche Tun in Stücke abgebrochen wird und jedes Individuum mit der Zeit nur Elemente, in ihrem Zusammenhang unübersehbare Elemente des Arbeits- und Kulturprozesses erfasst. Aus dieser Tatsache folgt unmittelbar, dass er deren letzten Sinn und Wert sich erst mühevoll zu rekonstruieren hat. Während noch für Aristoteles der Sinn der Sachdefinitionen aus dem Telos der Gegenstände bestimmt wird, ist etwa die Galilei'sche Betrachtung bereits eine radikale Loslösung von solchen Vorstellungen. Hierin theoretisiert aber dieser nur eine Situation, die letzten Endes im Arbeitsprozess und dessen Differenzierung entstanden ist. Zu dieser Differenzierung kommt nun dann die andere, die aus dem Zustandekommen eines Kulturspezialistentums erklärbar ist und deren Wirkungen wir sofort genauer nachgehen werden müssen. Kontrastiert man dieser Situation die der Primärgesellschaft, so ist in dieser die Wertung, ob etwas gut oder schlecht sei, mit dem Tun mitgegeben. Es färbt auch auf alle Schritte im Handeln ab. Jede Sache ist das, was sie ist, aus ihrer Tauglichkeit heraus, man kann nicht die Sache und die Tauglichkeit für sich betrachten. Die Sinngebung färbt die Empirie, die kollektive Zielsetzung organisiert kollektives Tun, ohne dass man sich dieser Dualität bewusst würde.

Wert und Tatsache fallen auch deshalb nicht auseinander, weil in einer primären Kooperation die Initiative und die Vollzugselemente nicht getrennt sind. Es gibt nicht eine Gruppe von führenden Personen, die die Arbeitsprozesse vorschreibt, Ziele bestimmt, Initiative ergreift, initiative Elemente verteilt, sondern wenn es auch hier Führung gibt, ist die Führung durch jeweils verschiedene Individuen übernehmbar. In der Austauschbarkeit der Funktionen kann immer wieder ein anderer der Initiator sein und die Arbeit kann in sehr vielen Fällen so verteilt werden, dass jedem initiative Elemente zufallen und der in die Gemeinschaft hineinwachsende Jüngling es schon von Anfang an lernt, in seinem Bereiche initiativfähig zu sein und seine Wünsche und Regungen ohne Druck in Handlung überzuleiten. Es ist das Produkt der Sozialdifferenzierung und des in diesem Zusammenhang aufkommenden Kulturspezialistentums, dass dadurch die Einheit zwischen Ziel, Wertung, Initiative und Ausführung auseinanderfallen und eine Menschengruppe ausgebildet wird, die immer mehr zur Passivität verurteilt, und eine andere, die nur die Funktion der Anregung hat. Eine Gesellschaft, in der es Menschen gibt, die nur über Zielsetzungen, Ethik und Moral diskutieren, und andere, die diese vorgesetzt bekommen, produziert nicht nur einseitige Typen von Menschen, sondern bricht auch den natürlichen Bogen, der vom Tun zur Gesinnung, von der Initiative zur Ausführung führt, mitten durch und löst den Wert einer Tatsache von ihrer bloßen Faktizität ab.

Die Folge des Fehlens dieser Brechungen ist, dass die primäre Gesellschaftskultur auch einem relativ sehr einfachem Verstande stets übersehbar und der Sinn des eigenen Tuns einsehbar ist, auf höherer Stufe aber die Gesellschaft, ihr innerer Zusammenhang immer unsichtbarer wird.

Hat man sich die Eigenart und die Struktur des Tuns im primären Gesellschaftsaufbau rekonstruiert, so ist die Eigenart und das Eingebautsein der *Gefühlselemente* in diese Gesellschaft gleichfalls aus den bisherigen Beobachtungen rekonstruierbar. Gefühle sind vielmehr an konkrete Personen, die ihrerseits Repräsentanten bestimmter sozialer Funktionen sind, und an Objekte in einer festgelegten Sinngebung gebunden. Das Sich-Abheben der Gefühle, ihre freischwebende Art, das reflexive Gerichtetsein auf ein Gefühl in der Selbstbeobachtung ist ein Produkt längerer Entwicklung. Aber auch das Phänomen dieser abgehobenen Gefühle kommt nicht »von innen heraus« zustande, wie es sich die Entwicklungspsychologie gedacht hat, indem das Subjekt im Laufe der Geschichte bestimmte Phasen immanent durchläuft, sondern diese Wandlung wird im Wesentlichen hervorgebracht durch die immer weiter greifende Differenzierung der Gesellschaft. Der direkte Zusammenhang zwischen Gefühl und seinem intentionalen Objekt wird gleichfalls abgebrochen durch Funktionsdifferenzierung und Kulturspezialistentum. Wenn ich einen Feind des eigenen Stammes zusammen mit meinen Stammesgenossen gemeinsam hasse, so partizipiere ich am Hass der übrigen und das Gefühl ist unmittelbar an das Objekt geknüpft. Die Gruppe sorgt auch dafür, durch Erziehung, Aussprache, Zurechtweisung, dass die vorgeschriebene Form des Hasses in entsprechenden Situationen sich einstellt. Kommt aber durch soziale Differenzierung zwischen das ursprüngliche Ziel des Hasses und die Verwirklichung des Hassakte eine lange Reihe vorbereitender Schritte, die unter Umständen sich auf mehrere Generationen erstrecken, so wird das zunächst einheitliche Hassziel in Partialziele entsprechend der Mannigfaltigkeit der vermittelnden Aufgaben abgebrochen. Dadurch hebt sich die ursprüngliche Wunsch- und Gefühlsausrichtung vom unmittelbaren Objekt ab und diese wird immer abstrakter. Es hausen dann zweierlei Gefühle nebeneinander, diejenigen, die auch weiterhin aus der unmittelbaren Gefühlslokalisierung im sozialen Nahraume sich ergeben, und die abstrakteren wie etwa Hass des Erbfeindes bzw. im Falle sympathetischer Akte wie Heimatgefühl, Königstreue, die also wegen ihrer abstrakteren Natur geradezu künstlich gezüchtet werden müssen und auf die ursprünglichere Eigenart der ersten zurückwirken.

Eine andere Entwicklung, die die Gefühle nehmen und die gleichfalls am klarsten aus soziologischen Konstellationen erklärbar ist, ist das Phänomen der Eindeutigkeit und scharfen Polarität der Gefühle in der Primärgruppe und das Auftreten der Gefühlsmischungen in der mehrschichtigen Gesellschaft. Auch hier werden wir die Belege erst später, im Laufe der Darstellung liefern können, aber das soziologische Prinzip, das im Hintergrunde wirkt, kann schon hier angedeutet werden. In der primären Gruppe sind die Attituden Personen und Dingen gegenüber (wie wir gesehen haben) in Eindeutigkeit vorgeschrieben. Wenn auch Temperament und sonstige Veranlagung bereits hier als Anreger für individuelle Differenzierungen vorhanden sind, hat die Angleichung aneinander an die eindeutiger festliegenden Normen ihren sicheren Leitfaden. Sobald es mehrere Schichten gibt, die voneinander mehr oder minder getrennt existieren, entsteht, wie wir sehen werden, eine Gefühlsdifferenzierung, wobei die Angehörigkeit zur einen Gruppe (zur herrschenden Schicht etwa) den einen Komplex der Gefühlseinstellung nahelegt, die Angehörigkeit zur anderen Gruppe dagegen einen anderen. Erst wenn es Zwischenschichten gibt und ganz besonders Individuen, die durch Aufstieg und Abstieg Erlebnisse zweier Gruppen in sich aufnehmen, entstehen Gefühlsmischungen. Dass man dieselbe Sache ambivalent erleben kann, entsteht meistens zuerst bei jenen Individuen, die (wie wir sehen werden) sozial »freischwebend« sind. Man muss nur ein Phänomen wie die Geschichte der Marienverehrung ins Auge fassen, um zu sehen, wie die Gefühlseinstellung zu diesem Objekt mit den Wandlungen der sozialen Schichten, die hierfür in Betracht kamen, sich gestaltet. In den Wandlungen von der hieratisch festgelegten, starren Verehrung der Königin des Himmels zu der mehr sentimentalen, intimisierenden der späteren Zeit spiegelt sich der Wandel von der klerikal-feudal mittelalterlichen hierarchischen Einstellung zur bürgerlich demokratischen wider. Im selben Sinne wie im Falle der Gefühle sind Verdrängungszwang und Enthemmung in einer primären Gruppe eindeutiger festgelegt, während in einer durchdifferenzierten Gesellschaft die größere Unübersehbarkeit der Situationen zur Differenzierung der auf das Individuum zuströmenden Wirkungen beiträgt. Während für eine militärische Kaste etwa die Angst vor dem Tode um jeden Preis niedergehalten werden muss, mag in einer anderen Schicht dieser Punkt unwesentlicher sein, dagegen wird jene Gruppe von Triebverzichten und Unterwürfigkeitsattituden in den Vordergrund treten, die durch die Machtlosigkeit Unterwürfigkeitsreaktionen (masochistische Einstellung zum Leiden) fördert. Die Grenzfiguren und die Vermittler zwischen diesen Gruppen werden es sein, die oft widersprechende Eigenschaften in dasselbe Bewusstsein geraten lassen. So kann oft Askese und Herrschaftsdrang, Libertinismus und religiöse Hingabe das eine Mal unverbunden, das andere Mal sogar organisch integriert nebeneinander bestehen.

Die Lenkung in der Primärgruppe ist so intensiv, dass sogar

seelische Reaktionen, die wir meistens als unbeherrschbare Eruptionen betrachten, wie z. B. Ekstase, Rache usw., in ihnen völlig kanalisierbar werden. Die primitive Gesellschaft kennt z. B. die kollektiv-orgiastische Ekstase, für die man sich sozusagen aufspart und der man sich zum gegebenen Zeitpunkt nach entsprechender Vorbereitung hingibt. Hierher gehören auch die Ventilfunktionen – wie sie Vierkandt[10] nennt –, die das menschliche Abreaktionsbedürfnis (z. B. Rache), das, wenn es an unberechenbaren Stellen des Gesellschaftsgefüges zum Durchbruch gelangte, den normalen Prozess der Kooperation stören würde, selber institutionalisiert, indem es bestimmte Enklaven dafür vorsieht. Genau hierher gehören die von Steinmetz[11] beobachteten institutionalisierten Fälle des Selbstschutzes, wo die Auflehnung des Einzelnen oder der Minoritäten gegen ein Übermaß von geregelten Gesetzen institutionell vorgesehen wird.

Im Gebiete des Denkens hat das Prinzip der Kontextgebundenheit genauso wie im Gebiet des Gefühls bestimmte beschreibbare Folgen, die bisher gleichfalls nicht verfolgt worden sind. Aus der Kontextgebundenheit, aus dem unmittelbaren Verflochtensein mit den konkreten nächsten Schritten des Tuns folgt, dass jede Art von systematisierendem und spekulativem Denken erst aufzutreten pflegt, wenn es Schichten gibt, die von der Art der Realität des unmittelbaren Tuns eine Distanz haben. Das heißt, es können nur jene Schichten in ihrem Denken über die unmittelbare Pragmatik des kollektiven Produktionszusammenhanges sich erheben, die nicht mehr unmittelbar am Arbeitsprozess beteiligt sind. Diese Distanz aber entsteht in einer doppelten Weise. Einmal bei den Schichten, die in irgendeiner Form nicht von der Arbeit, sondern von der Rente leben (die Schicht, die Veblen die »leisure class« genannt hat),[12] und bei der Schicht der Kulturspezialisten. Die Tatsache der sozialen Distanzierungen dieser beiden Gruppen hat einerseits den Nachteil, dass deren Denken »lebensfern« wird (wenn man unter Leben in diesem Falle den Prozess der Produktion, der

10 [Alfred Vierkandt, »Sittlichkeit«, in: ders. (Hg.), *Handwörterbuch der Soziologie*, Stuttgart 1931, S. 533-545.]

11 [Sebald Rudolf Steinmetz, »Selbsthilfe«, in: Alfred Vierkandt (Hg.), *Handwörterbuch der Soziologie*, Stuttgart 1931, S. 518-522, hier S. 518.]

12 [Thorstein Veblen, *The Theory of the Leisure Class. An Economic Study in the Evolution of Institutions*, New York 1899.]

Arbeit und des Kampfes versteht), und andererseits den Vorteil, dass nur aus dieser Distanz größere Zusammenhänge als die in der unmittelbaren Pragmatik zur Einsicht gelangen. Systematisierung ist – wie das schon Max Weber[13] beobachtet hat – Produkt der Schulbildung. Sooft eine Priesterkaste oder Juristenschule ihr Wissensgut der Lehrbarkeit zugänglich machen will, systematisierte sie vorher im Kontext den an den einzelnen Fällen sich ergebenden und von ihnen sich nur allmählich abhebenden Lehrgehalt. Auch das Auf-Prinzipien-Reduzieren des Erfahrungsstoffes, die besondere Beschäftigung mit der Methode, ist letzten Endes Produkt jener Distanz vom aktivistischen Kontext, die durch die Schaffung eines Kulturspezialistentums entsteht. Im selben Maße, in dem es für die Primärgruppe zu betonen gilt, dass in ihr die Beziehung zur Realität für alle Gruppenmitglieder im Großen und Ganzen dieselbe ist bzw. dieselbe Sphäre des Tuns durch alle als real erlebt wird, wird es auf späteren Stufen unsere Aufgabe sein, die verschieden gearteten sozial geschaffenen Distanzen zu dieser Realität zu beobachten und hier den Schlüssel für die immer wieder auftauchende Realismusproblematik in der Philosophie, in der Wissenschaft, in der Kunst zu verfolgen. Der Realismuskampf ist soziologisch gesehen nichts anderes, als dass der unmittelbare Lebensraum der verschiedenen sozialen Schichten gegeneinander ausgespielt wird. In der abendländischen in der Richtung der Demokratisierung sich bewegenden Gesellschaft bedeutet dementsprechend Realismus den periodisch sich erneuernden Vorstoß der unteren Gruppen, *ihren* Begriff der Realität gegen die idealistischen Sonderwelten der herrschenden Gruppen oder der Kulturspezialisten auszuspielen. Auch dieser Prozess wird noch im Einzelnen zu verfolgen sein.

Auch das Phänomen der *Überproduktion an Wissen* ist auf dieser Stufe, wo Nachdenken nur aus den konkreten Anlässen des gesellschaftlichen Handlungszusammenhanges aufsteigt, nicht vorhanden. Genau wie im Wirtschaftlichen in einer unübersehbar gewordenen, nicht geplanten Gesellschaft mehr produziert werden kann als nötig, so kann in einer auf Kulturspezialistentum sich einrichtenden Gesellschaft eine Überproduktion an Intellektuellen und damit eine Überintellektualisierung der Lebensbezüge entstehen.

13 [Max Weber, *Wirtschaft und Gesellschaft. Grundriß der Sozialökonomie. Bd. 3*, Tübingen 1922, insbesondere der Abschnitt über die Soziologie des Rechts.]

Im originären Zusammenhang des Lebens hat z. B. Reflexion eine ganz bestimmte Funktion. Wenn der direkte Vollzug der Anpassung an Situationen nicht ohne weiteres gelingt, wenn deshalb das Individuum sich zu reorganisieren hat, setzt organischerweise Reflexion ein. Nun kann durch die Schaffung einer sozialen Schicht, die aus diesem Kontext des unmittelbaren Tuns herausfällt, eine habitualisierte Attitude zur Reflexion entstehen, die nicht mehr aus diesen ursprünglichen Anlässen ihren Antrieb zur Reflexion bezieht. Strömt nun dieses Übermaß an reflexiver Attitude in die sonstigen Eliten zurück, so verlieren diese ihre zur Tat nötige unmittelbare Beziehung und werden zu Zauderern und Skeptikern. Während ein gewisses Maß von Skepsis, Zaudern und Überlegung zum organischen Prozess des Suchens gehört, ist diese sekundäre, durch Kulturproduzenten vermittelte Skepsis ohne Maß. Es sind immer wieder die großen Erschütterungen des Gesamtkörpers, die durch schwere Krisen dieser Führergruppen oder gar durch ihre Verdrängung durch Eliten aus den unteren Rängen der Gesellschaft (im Sinne der Zirkulation von Eliten im Sinne von Pareto) das seelische Gleichgewicht wieder herstellten. Diese Phänomene können alle unter dem Titel der »Disproportionalität in der Entwicklung der mehrschichtigen und auf Kulturspezialistentum basierten, nicht geplanten Gesellschaft« zusammengefasst werden.

Fernere Disproportionalitäten dieser Art sind die Phänomene des »Vorauseilens« und des »Zurückbleibens« bestimmter sozialer Sonder-Gruppen in der Entwicklung. Wir wollen von einem übermäßigen Vorauseilen intellektueller Gruppen reden, wenn diese Verhaltungsweisen »progressiver« Art produzieren, für die im Gesamtgefüge noch nicht genügend Raum ist. Wenn wir z. B. eine zum Teil agrarische, zum Teil industriell-städtische Gesellschaft vor uns haben und die städtische Intelligenz ihrer Situation angemessene Attitüden (die wir dann »progressiv« zu nennen pflegen) zu den herrschenden machen will, dann stehen wir vor einem disproportionalen Vorauseilen der städtischen Attitüden dem Gesamtzustand der gegebenen Gesellschaft gegenüber. Ein Beispiel hierfür wäre z. B. die hemmungslose Übernahme der Einstellungen der Französischen Revolution durch die damalige Intelligenz in Deutschland. Eine Übernahme, die zum Zusammenbruch dieser Gruppen führte, weil die deutschen Verhältnisse damals hinter denen in Frankreich zurückgeblieben waren. Der umgekehrte Fall des »Zurückbleibens« liegt vor, wenn es den Repräsentanten der agrarischen, ganz besonders den großgutbesitzenden Schichten gelingt, künstlich Attitüden vorherrschend zu machen, was in einer freien Gesellschaft früher oder später gleichfalls zum Zusammenbruch führt. Ein Beispiel ist hierfür die bismarcksche Epoche, die das schon sehr stark industrialisierte Deutschland in die Fesseln einer Junkerweltanschauung schlagen wollte. Alle diese Phänomene, die aus der Disproportionalität in der Entwicklung der mehrschichtigen Gesellschaft folgen, kommen in der Primärgesellschaft gar nicht zustande, denn das Sich-prompte-Einstellen der gegenseitigen Anpassung am Leitfaden des kollektiven Handlungszusammenhanges schaltet sofort auch ohne Planung die schädlichen Elemente, die Ansätze zu Disproportionalitäten aus.

Als letzten, nicht unwesentlichen Punkt sowohl im Aufbau des Gesellschaftsgefüges als in der Menschenformung müssen wir noch einiges über die Eigenart des *Selbstwertbewusstseins* auf dieser Stufe des Gesellschaftsaufbaus sagen. Der Mensch, der in einer in Kollektivanpassung sich erhaltenden und auf primären Konsensus basierten Gruppe lebt, bezieht sein Selbstwertbewusstsein in erster Reihe aus seinem Teilhaben an den Prestigequalitäten dieser Gruppen. Er lebt im Sinne der soziologischen Formulierung in erster Reihe aus einem »geborgten Prestige«. Die Identifikation mit seinem Stamme ist die wesentliche Stütze seines Selbstgefühls. Sekundär mag im Wetteifer mit den übrigen Gruppenmitgliedern seine spezielle Ehre, seine besondere persönliche Fähigkeit eine Rolle spielen. Er ist aber in erster Reihe sowohl für andere als auch für sich jemand, weil er seinem Stamme angehört. Er ist deshalb ohne weiteres bestrebt, im Notfalle seinen individuellen Vorteil dem Prestigezuwachs der Gruppe unterzuordnen.

Das Entstehen des individuellen, von der Gruppe völlig losgelösten Prestigebedürfnisses ist erst in Gesellschaften, in denen aus dem Konsensuszentrum durch individuelle Konkurrenz immer mehr Individuen sich herauslösen, zu beobachten. Diese Loslösung kann so weit gehen, dass das Individuum, um seine Loslösung wirksam zu vollziehen, seine Einstellung in allen Dingen des Lebens ändert. Wir werden dieses Phänomen schon auf der nächsten Stufe bei der Abdifferenzierung der heroischen Kultur beobachten können.

Die Folge des Geborgenseins des Individuums im kollektiven Prestige ist ferner, dass ein viel kleinerer Spielraum für Schwankungen in der Selbstbewertung vorhanden ist. Das Wissen, wohin man gehört, wie viel Schätzung man stets von außen erwarten kann, erzeugt ein Gleichgewicht, das wir als Weisheit, ruhige Vornehmheit, Ausgeglichenheit bezeichnen. Wie weit aber unerwartete Tugenden gerade aus dem Labilwerden des Selbstbewusstseins in der liberalen Gesellschaft entstehen können, werden wir auf späteren Stufen unserer historischen Analysen zu verfolgen Gelegenheit haben.

Will man, bevor man diese Stufe der gesellschaftlichen Produktion der Kultur verlässt, statt einer Zusammenfassung auf das Wesentlichste die Aufmerksamkeit lenken, so kann man ein paar allgemeine Gesetze fixieren, deren Wirksamkeit erst beobachtbar wird, wenn man diese Urform mit den späteren differenzierteren Formen der Vergesellschaftung vergleicht. Das Erste, was wir hierbei festlegen können, ist, dass der Grad der Integration der Verhaltungsweisen in den Individuen proportional zu dem Grad der Integration der Gruppe, in der sie leben, steht. Das bedeutet, je intensiver Handlungen aufeinander abgepasst sind, je genauer der Prozess der gegenseitigen Angleichung im Interesse der gesellschaftlichen Kooperation funktioniert, umso eindeutigere Gestalt nehmen die korrespondierenden Verhaltungsweisen der einzelnen Individuen an. Der Mensch der Konsensusgesellschaft hat sozusagen für jede Situation die angemessene Attitüde bereit. Der Schwankungsspielraum ist minimal. Die zunächst unorganisierten, schwankenden Tendenzen des neugeborenen Kindes werden immer mehr zu bestimmten Einheiten festgelegt. Es wäre aber falsch zu meinen, dass diese Attitüden im Individuum unabhängig von der Gruppe für sich existieren oder für sich gestaltet werden können. Es genügt nicht, das Individuum in seiner Frühzeit an diese Verhaltungsweisen zu gewöhnen. Sie werden erst durch das Bestehen der ihnen entsprechenden Situationen immer wieder neu hervorgerufen und zu Dauerverhaltungsweisen verfestigt. Sobald diese Situationen an Eindeutigkeit infolge der Gruppendesintegration verlieren, desintegrieren sich auch die an sie angepassten Verhaltungsweisen. Allein aus dieser Tatsache ist es erklärlich, warum Primitive, wenn sie aus ihrer Gruppe herausfallen oder in die industrielle Gesellschaft ohne Vorbereitung hineinströmen, in ihren Verhaltungsweisen völlig desorganisiert werden. Es ist gleichfalls auf dieser Grundlage erklärbar, warum Menschen derselben wohlintegrierten Konsensusgruppe in einer Situation der Desintegration (wie z. B.

zur Zeit der Revolution) plötzlich ihren gesamten Habitus verändern.

Der zweite wesentliche Faktor, der noch hier hervorzuheben ist, ist das beinahe völlige Fehlen der Privatisierung von Lebensbezirken. Da das Leben auf dieser Gesellschaftsstufe sozusagen völlig öffentlich ist, jeder in alles Einblick hat, gelingt es dem Individuum nicht, eine bestimmte Sphäre seiner selbst der öffentlichen Kontrolle und der generellen Anpassung zu entziehen. Dass auf späteren Stufen die individualistische Auflehnung gegen die kollektive Ordnung nicht nur von den Pionieren des individualisierten Konkurrenzkampfes ausgeht, sondern auch von den Sektierertypen, die eine innere Individualisierung an sich dem Kollektivum gegenüber vollzogen haben, liegt daran, dass diese die mit dem städtischen Leben gegebene (abgesehen von der mönchischen Isolierung) neue Möglichkeit der Entziehung ihres inneren Selbstes der öffentlichen Kontrolle dazu verwerteten, ein nicht konformes Innenleben auszubauen. Sobald irgendein Teil der menschlichen Seele, sei es auch nur das der inneren Attitüde (das Verhalten zu uns selbst), der öffentlichen Anpassung entzogen wird, entsteht mit der Zeit ein Anderswerden:[14] Dies ist das, was wir innere Individualisierung nennen. Die moderne Gesellschaft, die unendlich viele unvorausgesehene Situationen aus sich heraus stellt, hat es nötig, ihre Träger genauso wie mit dem Außenraume so auch mit der Innenwelt experimentieren zu lassen. Soziologisch gesehen ist das Freigeben der Privatisierung Schaffung innerer Pioniersituationen für den notwendig werdenden Umbau des Menschen in einer Gesellschaft, die nicht durch Konformität, sondern durch Komplementarität der Verhaltungsweisen ihren Zusammenhang wahrt.

Die dritte Beobachtung von allgemeinerer Bedeutung ist, dass ein Individuum, das an eine zu stark auf Konformität gegründete Gesellschaft angepasst ist, außerhalb ihrer nicht bestehen kann. Menschen der individualisierten Konkurrenzgesellschaft erringen sich eine allgemeine Umstellungsfähigkeit, die einer größeren Variabilität auf Wegen der individuellen Anpassung gerecht werden kann. Menschen einer primären, auf Konformität gegründeten Gemeinschaft sind nur einigermaßen brauchbar, nur in anderen gleichfalls auf Konformität gegründeten Rahmensituationen. Des-

14 [In der Fußnote fügt Mannheim ein: »Anm: zu Theorie der Privatisierung«.]

halb war es möglich, dass primitive Gruppen sehr oft ihre Götzen oder Götter auswechseln konnten, wenn nur das neue System auch weiterhin die Merkmale der Integration im Zeichen der Konformität bewahrte. Dagegen ist die Übertragung eines solchen Individuums in eine individualistische Gesellschaft nur unter den größten Erschütterungen möglich. Genau dasselbe gilt für die Übertragbarkeit der Kulturelemente aus einer nicht auf Konformität basierten Gesellschaft in eine Gemeinschaftskultur. Kulturattitüden und Gehalte sind in der individualisierten Konkurrenzgesellschaft viel fungibler und auch weniger kontextgebunden. Primäre Gemeinschaftskulturen haben oft ohne Schwierigkeit Inhalte, Kulturmotive übernommen, aber deren ganzer Sinn, auch die Natur der »Kunstgattung«, in der sie vorher auftraten, ändert sich mit einem Schlag. Über dieses Problem werden wir in Zusammenhang mit dem Thema des »gesunkenen Kulturgutes« noch einiges zu sagen haben.[15]

## 2. Das heroische Zeitalter

Die erste wesentliche Abschichtung von der primären Gemeinschaftskultur im abendländischen Kulturzusammenhang ist die Herausentwicklung einer besonderen kriegerischen Kaste aus der ursprünglichen Gemeinschaft. Es geht hier um eine Abschichtung im soziologischen Sinne, d. h. um das Entstehen einer herrschenden Schicht neben der arbeitenden und um eine Abschichtung einer entsprechenden Gruppe von neuen Erlebniseinstellungen. Man kann diese allgemeine Situation gleichfalls als eine idealtypische behandeln, denn sie ist nicht völlig einmalig. Sie wird zwar nicht mit Notwendigkeit durch alle Völker erreicht, weshalb man von einer Stufe nur in einem uneigentlichen Sinne reden kann. Sie ist aber, da sehr oft ähnliche Ursachenkomplexe am Werke sind, ein häufig in Erscheinung tretendes Phänomen. Die Griechen haben eine solche Periode gehabt, die Südslawen noch beinahe in die Gegenwart hinein, die Römer haben in ihrer Geschichte dieses Stadium *nicht* durchlaufen. Ganz besonders ausgeprägt ist sie bei den

15 [Zur These des »gesunkenen Kulturgutes« vgl. Naumann, *Primitive Gemeinschaftskultur.*]

germanischen Völkern gewesen, dort endet sie im Durchschnitt in der zweiten Hälfte des 6. Jahrhunderts und hat 200-300 Jahre lang gedauert. Es hat sich während der Völkerwanderungszeit ergeben, als die Möglichkeiten zu kleineren oder größeren Raubzügen in das römische Territorium eine Kriegerkaste zur Dauerinstitution werden ließen und diese sich über die übrige Bevölkerung als eine herrschende Oberschicht etablierte. Analoge Situationen treffen wir zu den Zeiten der *Ilias* und der *Odyssee* an und wir werden in Anschluss an Chadwick,[16] auf dessen vergleichende Studien wir uns stützen, auch diese gelegentlich zur Dokumentation heranziehen.

Das germanische Hauptdokument für dieses Zeitalter ist *Beowulf*, das die Verhältnisse klar durchblicken lässt. Auf deutschem Boden stammt das *Hildebrandslied* aus dieser Periode und aus dem *Nibelungenlied* kann man durch philologische Kritik rückwirkend Schlüsse ziehen.

Die während der Völkerwanderungszeit entstehenden, durch Raubeinfälle eroberten Reiche der Germanen sind kurzlebig, sie entstehen und vergehen, unter ihnen war das Gotenreich des Theoderich das bedeutendste, auch Attilas Hof ist ein Beispiel für diese Struktur.

Fasst man zunächst den Sozialaufbau ins Auge, so ist die Grundtatsache die, dass von der Stammesorganisation unter der Führung eines Häuptlings, eines Fürsten eine kriegerische Gefolgschaft *(Comitatus)* sich differenziert, die die Eroberungszüge organisiert. Aus dem Surplusprodukt, das diesmal aus Tributen und aus der kriegerischen Beute zusammengetragen wird, entstehen die Fundamente einer Sonderwelt und eines Sonderraumes.[17] Wir sprechen von einem Sonderraum in einem doppelten Sinne, sozial und räum-

16 H. Munro Chadwick, *The Heroic Age*, Cambridge 1912.

17 [Gestrichen wurde von Mannheim der folgende Absatz: »Entsprechend der radikalrisikohaften Natur dieses Surplusproduktes ist, die damit verbundene entstehende Kultur viel unkontinuierlicher als auf die Dauerarbeit sich aufgebaute und sich daran anschliessende Kultivation der Lebensprozesse. Es ist noch die rationale Einstellung zur Akkumulation und ganz besonders zur Kapitalisierung nicht vorhanden, woraus die abrupte Natur der Verhaltungsweisen aller nomadisierenden Völker auch hier beobachtbar wird. Es ist keine kontinuierliche Rhythmik, weder der Arbeit, noch der kontinuierlich zu verfügungstehenden Freizeit vorhanden. Gelegentliche Raubzüge, in der jeder einschliesslich des Fürsten, sein Leben und seine Habe riskiert, wechseln ab mit dem Gelage, wo ein Grossteil des Eroberten verprasst wird.«]

lich. Was die soziale Abschichtung betrifft: nur der Fürst und die Gefolgschaft haben Zugang dazu (es ist charakteristisch, dass in der Dichtung nur diejenigen einen Namen haben, die zu ihr gehören, Leute aus dem Stamme oder aus dort unterjochten Völkern werden nicht bei ihrem Namen erwähnt). Es ist ferner auch eine räumliche Abschichtung vorhanden, da wir hier zum erstenmal das Phänomen des *Hofes* vor uns haben, das bis in den Absolutismus hinein das soziologische Grundmodell des Kulturzentrums in einer Gesellschaft wird und demgegenüber der »Salon« nur eine allmähliche Übertragung dieses Grundmodells in die bürgerliche Gesellschaft bedeutet.[18] Auch seelisch stehen wir hier einem Sonderraum gegenüber, weil diese Welt durch ihre Umweltbedingungen einen Sondertypus von Menschen mit einer Sonderweltanschauung und einer Sondermoral zustande bringt.

Neu ist, soziologisch gesehen, das Prinzip der sozialen Organisation, da diese Gesellschaftsgruppe nicht eine durch Dauerarbeit zusammengehaltene, durch Tradition und Konformitäten bestimmte Konsensusgruppe ist, wo in erster Reihe die anonymen Prozesse für die Kohäsion sorgten. Das Integrationsprinzip ist hier die persönliche Treue dem Häuptlingsfürsten gegenüber, und dessen persönliche Initiative ist es, die die Lenkung abgibt. So ist auf der Grundlage dieses integrierenden Elementes die viel größere Labilität der Beziehungen, aber auch die Elastizität des Ganzen gewährleistet. Diejenigen, die als Führer gelten, die Fürsten, sind völlig unabhängig vom Stammesrecht. Sie repräsentieren den ersten individualisierten Typus in der Geschichte, und dieser Individualismus grenzt an die anarchistische Willkürlichkeit eines Despoten. Er, der Fürst, ist niemandem verantwortlich, keinem Stammesgesetz, und die heroische Literatur ist die Verherrlichung dieser Unbedingtheit. Jeder fürchtet seinen Zorn, seine Unbeherrschtheit wird als Symptom des Großartigen idealisiert. Vom typischen Despoten unterscheidet ihn die Tatsache, dass auch er mit vollem Einsatz an der Schlacht teilnimmt, noch mehr, er ist das wirkliche Zielobjekt des Feindes, denn mit seinem Ende ist die Gruppe nicht mehr aktionsfähig, nicht mehr existent. Dem Stammesgesetz sind auch die Glieder der Gefolgschaft enthoben. Nach oben hin dem Fürsten gegenüber sind sie durch das persönliche Band der Treue gebunden, das

18 Albert Léon Guérard, *Literature and Society*, Boston 1935.

sie allerdings verpflichtet, ihm bis in den Tode zu folgen. Die Gefolgschaft ist auch darin das Gegenprinzip zum Stämmischen, dass der Fürst zwar selbst meistens aus einer früheren prestigebehafteten (edlen) Familie stammt und auch die Gefolgschaft zunächst von da herkommt. Der Fürst ist aber doch nicht mehr an das Prinzip des Blutes gebunden, denn mit der Zeit selegiert er seine Gefolgschaft selber[19] nach Tüchtigkeit, persönlichem Verdienst und persönlichen Beziehungen. Hinzu kommt noch, dass sehr oft von fremden Höfen Gefolgsmannen kommen, und zwar solche, die ihr Heim und ihren Herrn in der Schlacht verloren haben oder die durch Vendetta[20] die Möglichkeit zur Rückkehr in ihr Heim verspielt haben. Aus dieser Freizügigkeit ist es allein erklärbar, dass die Germanen sich auch an die römische Armee als Söldner verdungen haben. Aus diesen sozialen Gegebenheiten entstehen von selbst drei neue Eigenschaften, die die Stammeswelt noch nicht besaß. Eine Art von *Internationalität*, das Wandern von einem Hofe zu dem anderen wird zur Selbstverständlichkeit und es entsteht durch diese wandernden Gefolgschaftsmannen ein bestimmter kultureller Austausch zwischen den Höfen. Es ist interessant, dass diese Internationalität bis in das Mittelalter in den Kreisen des Adels erhalten bleibt, auch heute noch ist der Adel internationaler als das bodenständige Bauerntum oder große Teile des Bürgertums. Die zweite Eigenschaft ist der Mangel an National- und Lokalgefühl, während die Stammesgötter meistens stammesgebunden und lokalgebunden waren. Schließlich ist es der Individualismus,[21] der als Novum aus den geänderten Verhältnissen hervortritt.

Wir haben schon darauf hingewiesen, dass der soziologische Ort der Entstehung einer besonderen geistigen Welt der Hof dieser Fürstenhäuptlinge ist. Jagdgelage und Raubzüge sind die wesentlichsten sozialisierenden Faktoren und an diese gliedert sich ein Erlebnis- und ein Erfahrungszusammenhang an, der von der Realitätswelt der Arbeit immer verschiedener wird. Es gibt nunmehr *zwei* Moralen, *zwei* Wirklichkeitswelten nebeneinander und in der

19 Chadwick, *Heroic Age*, S. 443.

20 Ebd., S. 350.

21 Es ist das Verdienst Häuslers (Sitzungsberichte der Akademie der Wissenschaften, Berlin 1909), auf diesen individualistischen, nicht nationalistischen Geist der Heldendichtung, aber noch nicht der Heldenzeit selbst hingewiesen zu haben. Für dieses vgl. ebd., S. 336. Anm. 2.

Übergangszeit hat sich diese zweite Weltanschauung als eine Gegenweltanschauung gegen die strenge Suggestion der Stammeswelt durchzusetzen. In ihr tritt immer mehr an Stelle der Stammeskulte, der stämmischen Magie, die Mythologie. Die Götter sind hier nicht mehr Lokalgötter, sondern Walhalla z. B., wo sich die Seelen der Helden nach dem Tode wiedertreffen, ist eine Kopie eines fürstlichen Hofes; tagsüber finden persönliche Kämpfe zwischen den Helden statt, in den Nächten werden Feste gefeiert. Die Götter sind universal und anthropomorph, weil sie nicht mehr Verkörperungen der mythischen Naturkräfte sind, deren Gunst der Bauer sich erwerben muss, sondern das konkrete Abbild des Gegners in diesem Leben, des Helden, dessen Kraft man allein zu fürchten hat. Die Götter sind auch universell, sie haben sich von der stämmischen oder chthonischen Bindung frei gemacht. Die historische Analyse hat im Bereiche der Götter allmählich zwei Typen herausgeschält. Zunächst jenen, der noch der stämmisch bäuerlichen Konsensusstufe entspricht, und jene Götter, die ausdrücklich den Stempeln des persönlichen Helden entsprechen. Thor ist, wie Chadwick[22] sich ausdrückt, ein idealisierter norwegischer Bauer mit dessen Weisheit und Schlauheit, Odin ist die Gottheit der fürstlichen Helden edler Abstammung.

Wenn die Soziologie von Individualisierung spricht, hat sie genau zu bestimmen, in welchem Wirklichkeitszusammenhang diese sich durchsetzt. Die Renaissance und der Liberalismus sind auch Perioden der Individualisierung in jeweils verschiedenem Sinne. Der Liberalismus z. B. ist eine Individualisierung des Kaufmanns, des Unternehmers und der Intelligenz. Das heroische Zeitalter hat demgegenüber die Individualisierung von der Kriegstechnik her zur Entfaltung kommen lassen. Damit bekommen wir einen in den kriegerischen Fähigkeiten individualisierten, in seinem Temperament und in seiner Weltanschauung heroisierten Menschen, nicht aber einen Vorläufer des individualistischen Typs wie in den letzten beiden Beispielen. Die Kriegstechnik hat vieles zu dieser Individualisierung beigetragen. Es ist aus der *Ilias* bekannt, wie die großen Schlachten in unzählige kleinere Duelle der Helden zerfallen. Daran schult sich und für diese schult man unbewusst den neuen Menschentypus, der Mut, Kraft und Fähigkeit haben soll,

22 Ebd., S. 396.

für sich selbst zu bestehen. Es ist nicht mehr die geschlossene Flanke des stämmischen Angriffes, wo alle zusammen etwas sind und für sich nichts. In dieser Differenzierung ist auch das erste *Verschiedenwerden der menschlichen Motivationen beobachtbar.* Auch hier ist beweisbar, was wir früher als eine soziologische Regel erwähnt haben, dass die Motivation, das Subjektive von dem objektiven Zusammenhang her sich differenziert. Der Fürst lebt und handelt aus einer anderen Motivation heraus als der Gefolgschaftsmann. Tacitus sagt schon, »die Fürsten kämpfen um des Sieges halber, die Gefolgschaftsmannen für ihre Fürsten«.

Stellt man sich die Frage, wie Kultur und die Träger der Kultur in diesem sozialen Zusammenhang stehen, so ist auch hier zunächst das Problem der Gestalt des Surplusproduktes, der Freizeit und der Freienergie, zu stellen. Dies ist die Brücke in der Charakteristik des Zusammenhanges zwischen sozialem Aufbau und Kulturgestalt. Das Surplusprodukt ist im Wesentlichen aus Raub erkämpft. Es ist noch keine Kumulierbarkeit und richtige Kapitalisierbarkeit des Erworbenen vorhanden. Man muss das meiste an die Gefolgschaft verteilen, und wenn man Schätze sammelt, so ist das in erster Reihe, um die eigene Macht zur Schau zu tragen, denn das Prestige wächst proportional mit der Freigiebigkeit und die Freigiebigkeit zieht neue Kämpfer an, was von neuem zur Steigerung des individuellen Prestiges beiträgt. Hier mögen die Ursprünge jener Schaustellung sein, jenes exhibitionistischen Elementes, das zur Heroisierung des Daseins führt. Wir kennen auch bei primären Gemeinschaftsgruppen die Schaustellung der Ernte und die Tendenz zur Schaustellung des Reichtums bei den Häuptlingen. Das Problem des Soziologen besteht aber hier darin, wieso diese nicht an den Stamm, nicht an die Kollektivität gebundene Schaustellung zustande kam, wieso dieser *Exhibitionismus*, der allmählich alle Elemente seiner eigenen Welt zu einer zweiten Realität vergrößert, als »imposant« zu erleben bestrebt ist. Hier sind wir nämlich bei dem Schlüsselproblem, wieso, durch welchen Mechanismus neben der Arbeitswelt diese heroistisch übersteigerte Welt des Helden entsteht, in der jedes Element des Erlebniszusammenhangs idealisiert wird. Woher stammt die heroistische Idealisierung, der gegenüber der Wirklichkeitszusammenhang der Arbeit als materiell und realistisch erscheinen wird? An sich sind ja das Morden und Gemordetwerden, das Rauben ein genauso nüchternes Handwerk wie die Arbeit. Woher kommt es, dass diese Welt es fertiggebracht hat, durch eine kontinuierliche Übersteigerung, durch einen ständigen Einbau der Phantasieelemente in das Realgefüge unbewusst aus dieser Welt eine gesteigerte Wirklichkeit zu machen?

Die Gestaltung der Überschussenergie könnte man hier mit dem Namen der *heoristischen Kultivation* belegen. Genauso wie vorher das Arbeitslied die Arbeit, die grundlegende Form des Lebenszusammenhanges in den unteren Schichten, gestaltete, indem es die überschüssigen Energien zu deren Kultivation verwendete, so werden auch hier die in dieser Gesellschaft auftauchenden grundlegenden Lebenselemente in einer neuen Richtung intensiviert. Ihren Zentralpunkt findet diese Kultivation in der Verherrlichung des subjektiven Risikos, das sie als Mut stilisiert, und die Verherrlichung des Todes im Kampfe kann als eine wohlgelungene, psychologische Sinngebung des Maximumeinsatzes der Individuen dieser Gesellschaft, ohne die sie ihr Leben gar nicht ertragen könnten, betrachtet werden. Heroismus ist hier nicht eine schöne Tugend, die nur der Dichter preist, sondern Vorbedingung der Ertragbarkeit des Lebens, wie es sich hier darbietet.

Aus der Unstetheit der Methode des Reichtumserwerbes, aus der Tatsache, dass der Lebenskampf nicht auf kontinuierliche Arbeit gegründet ist, dass die normale Rhythmik des Arbeitslebens fehlt, vielmehr ganz abrupt hart gekämpft und dann verprasst wird, dass man nie wissen kann, wie lange man im Besitze des Geraubten bleiben wird, entsteht eine Sprunghaftigkeit im Charakter. Die dominierende Tugend ist nicht Ausdauer und Durchhalten, vielmehr Plötzlich-Drauflosschlagen, Alles-Einsetzen und dann Fröhlich-Vergeuden. Auch hier nun spiegelt sich die Eigenart der sozialen Lebensunterlage wider, die Tatsache, dass der Lebens- und Reichtumserwerb auf unkontinuierliche Chancen aufgebaut ist, in der Sprunghaftigkeit des Charakters. Der Integrationsform der Gruppe entspricht die der seelischen Attitüden. Es wurde richtig beobachtet, dass diese germanischen Überfallsheere stets leicht besiegt wurden, so oft systematisch organisierte Heere ihnen entgegentraten.

Was ist nun der Ort der Kulturproduzenten, ganz besonders des Dichters in dieser Gesellschaft? Das anfängliche Stadium – wofür noch Belege vorhanden sind – ist, dass der Dichter zunächst ein Mitglied der Gefolgschaft ist, ein Krieger unter den übrigen, der gleichzeitig auch die Fähigkeit hatte, zur Laute zu spielen und am Ende des Gelages Heldenlieder vorzutragen. Auf späterer Stufe werden wir ihn noch immer als ein Mitglied der Gefolgschaft, aber dann schon völlig auf diesen Beruf spezialisiert vorfinden. Diesen berufsmäßigen Sänger treffen wir in altenglischen Gedichten wie in dem *Beowulf* an. Der alteenglische »skop« war von freier Geburt, ein Mitglied der Gefolgschaft, seinem Herren genauso in Treue ergeben wie die übrigen Mannen. Im Norden, wo sich wohl das Heldenzeitalter als auch dieser Sängertypus viel länger erhält, heißt er der »skalde« und bei den Iren und in Wales treffen wir eine ganz besondere Variation des »barden« an. Der freien Geburt und der damit verbundenen Ehre ist es zu verdanken, dass diese Kunstgattung und auch die Tätigkeit des Dichters als hochwertig, als »edel« erlebt wurde. Dies entspricht der soziologischen Regel, dass in den meisten Gesellschaften der soziale Stand des Leistenden die Dignität der Leistung in der Hierarchie der Dinge bestimmt. Wir werden später zu verfolgen haben, wie aus dem Sinken dieses sozialen Standes (was wiederum verknüpft ist mit dem Untergang der heidnischen Kultur infolge der Übernahme des Christentums) die ganze Kunstgattung an Dignität verliert. Die Tatsache, dass der »skop« Mitglied der Gefolgschaft und selber Held ist, schließt in sich, dass er noch nicht eine Sonderwelt der Dichtung schafft, die nicht mehr im alltäglichen Vollzug verwirklichbar ist, sondern dass diese Weltauslegung geradezu ein Teil und eine Vorbedingung des Funktionierens dieser Gesellschaft ist. Es ist auch deshalb ein Missverständnis, das Heldenlied als pure Kunst zu interpretieren, wenn auch nicht zu leugnen ist, dass der ästhetische Wert unbewusst mitgenossen wird. In soziologischer Analyse, die sich durch die literaturgeschichtliche Axiomatik den Weg zur Bestimmung der ursprünglichen Funktion der geistigen Leistungen nicht versperren lässt, sind diese Dichter und ihre Dichtungen mehr als literarische Kunst, sie erfüllen auf einmal sowohl die Funktion des Erziehers, der sozialen Integration, der Propaganda, usw. Wir wollen uns etwas genauer jenen originären Funktionen zuwenden, die aus dem Lebenszusammenhang dieser Gesellschaft die Notwendigkeit des Dichters und seiner Leistung entstehen lassen.

Das auffallendste Merkmal dieser Dichtung ist, dass sie eine völlig unverhüllte Lobpreisung des Helden, zu dessen Ehren man sie singt, enthält. Der Dichter hat hier eindeutig die Funktion des »Ruhmverleihers«, wie man diese soziologische Funktion in einem anderen Zusammenhang bezeichnet hat.[23] Gerade wenn man den soziologischen Ort des Gesamtgeschehens sich vergegenwärtigt, wird es verständlich, warum ein größeres Gewicht als sonst auf diese Ruhmverleihung gelegt wird. Die seelische Sekuritätwelt der Gemeinschaft, aus der heraus jeder seinen Status mit weitgehend großer Eindeutigkeit erhält, liegt hinter diesen Helden. Das »geborgte« Prestige« der Gruppenherkunft lenkt die Anerkennungsakte nicht mehr. Es ist persönliche Leistung, die einen aus der Gruppe hervorhebt. Durch Leistung erwirbt man sich aber nur Prestige, wenn die Anerkennung dieser Leistung und ihrer Maßstäbe in die übrigen eingehämmert wird. Dies geschieht zum Teil durch die neu entstehende heroische Moral, aber deren Bewusstmachung und Durchformung liegt bei den Dichtern. Wir dürfen ja nicht vergessen, dass es hier keine Schulen und keine sonstigen Institutionen wie die Propaganda in der Gegenwart für die Übertragung der moralischen Werte, die die Gesellschaft integrieren sollen, gibt. Man wird Krieger, Held, indem man in dieser Gesellschaft aufwächst und ihre Modelle und moralischen Normen mitmacht. Die letzte Durchstilisierung und bildhafte Vergegenwärtigung der Heldenmoral tritt aber erst in diesen Liedern dem Einzelnen entgegen. Die erwähnte Ruhmverleihung hat aber auch deshalb ihre große Bedeutung, weil die soziologische Integration hier an die Zuverlässigkeit persönlicher Beziehungen (und nicht an die Loyalität der Gruppe gegenüber) geknüpft ist. Es kommt deshalb alles darauf an, die gesamte Ehre und Hingabe, deren die Gruppenglieder fähig sind, in die Person des Führers zu investieren.

Aber auch vom Führer selbst aus gesehen, ist es für dessen Selbstwertbewusstsein Vorbedingung, von außen her diese Stütze zu erhalten. Auch dieses Selbstwertbewusstsein ist labiler als das der Mitglieder einer Stammesgruppe, denn auch er ist ohne den stützenden Hintergrund der gemeinschaftlichen Wertverleihung. Es ist wohl kein Zufall, dass hier ganz wie in der Renaissance die institutionalisierte Ruhmverleihung stets auftritt, wenn eine individualistische Kultur gegen eine kollektivistische (in der Renaissance gegen eine mittelalterlich kollektivistische) sich durchzusetzen hat. Der Par-

23 Zilsel, [*Die Entstehung des Geniebegriffs. Ein Beitrag zur Ideengeschichte der Antike und des Frühkapitalismus*, Tübingen 1926, S. 111].

venü braucht den Dichter, um sein Prestige gegen den »Status« der traditionellen Gemeinschaft durchzusetzen.

Diese Dichtung besteht bekannterweise meist aus dem *Preis-* und aus dem *Heldenlied*. Das Erstere ist eben der soeben beschriebenen Lobpreisung gewidmet, das Letztere ist Lob und Beschreibung der Abenteuer der *Vorfahren* des Helden. Das Selbstwertbewusstsein des Führers stützt sich also, neben seiner Leistung, auf das Prinzip der Herkunft. Mythos hat hier die Funktion des *Vorrechtsmythos*. Es ist nicht nur Verherrlichung der Vergangenheit, sondern immer wiederholte Betonung des historischen Vorrechtes der Mächtigen.

Aber noch weitere soziologische Funktionen sind in das Heldenlied eingebaut. Die Erzählung der Abenteuer dient unbewusst dazu, Modelle des Handelns, des Sichverhaltens, in das Bewusstsein der Helden einzuflößen. Das Abenteuer ist eine Lebensform, die den Helden vom Bauern unterscheidet.

Die verschiedenen Formen von Gesellschaften oder die verschiedenen voneinander abgesonderten Schichten in ihnen erhalten sich nicht nur dadurch, dass ein äußerer Zwang durch das Arbeitssystem oder durch die Gewalt den Einzelnen auferlegt wird, sondern auch dadurch (wie wir dies bereits gesehen haben), dass Modelle der Verhaltungsweisen auf das Individuum von seiner Kindheit an übertragen werden. Damit wären allerdings nur atomistisch die einzelnen adäquaten Reaktionen auf die typischen Situationen einer Gesellschaft gezüchtet. Aber weder eine Gesellschaft noch das Individuum funktioniert, wenn nur punktuell, d. h. an bestimmten, voneinander isolierten Orten des Gesellschaftsgeschehens gezüchtete Modelle vorhanden sind. Der Mensch muss, um im Zusammenhang richtig handeln zu können, zusammenfassende Gestaltvorstellungen sowohl vom Funktionieren der Gesellschaft als auch von seinem gesamten Handlungsgefüge haben. Diese Funktion erfüllen aber die Lebensformen. Eine solche charakteristische Lebensform ist aber für die heroische Gesellschaft die des Abenteuers, durch sie wird hier der Mensch zur Sinngebung des Unerwarteten erzogen. Während die Lebensformen des Bauern ihn in erster Reihe zum Erleben der rhythmischen Wiederkehr der natürlichen Zyklen (Jahreszeiten, Generationen usw.) erziehen, ist das Erleben der Ereignisse sub specie Abenteuer, eine Erziehung zum plötzlichen Entschluss, zum absoluten Einsatz, zur Positivschätzung des Unvorhergesehenen. Lebensformen liegen einer jeden Gesellschaft zugrunde.

Man ist in einer Gesellschaft eingebaut, nicht nur indem man ihre Sprache spricht, ihre Gewohnheiten teilt, ihren Symbolen folgt, sondern indem man sich das Leben nur im Zeichen ihrer Lebensformen vorstellen kann. Diese Lebensformen haben eine ungeheure Zähigkeit und Lebensdauer. Sie können in ihrer ganzen konkreten Fülle von einer Generation auf die andere übertragen werden, es ist aber auch möglich, dass sich bei einer langsamen Umformung der gesellschaftlich äußeren Verhältnisse nur der abstrakte Umriss einer solchen Lebensform überträgt, ohne dass die konkrete Fülle mitübernommen wäre, da zum Ausleben dieser Gehalte kein Spielraum mehr in der neuen sozialen Wirklichkeit vorhanden ist. So wurde z. B. der innere schematische Umriss des Abenteuers weiter vererbt auf die spätere ritterliche Gesellschaft, die nun keineswegs mehr vom Abenteuer lebte. In diesem Fall wurde also eine früher primäre lebensgestaltende Form auf die ästhetische Ebene des reinen Gestaltgenusses verschoben. An Stelle der wirklichen Handlung wurde immer mehr die ihr entsprechende Geste vollzogen. Der entsprechende Prozess, in dem an Stelle einer Handlungsintention eine Geste tritt, ist in der Psychologie als Ersatzhandlung beschrieben worden, er kommt sowohl in der Psychoanalyse als auch in der dynamischen Psychologie von Lewin[24] vor und ist zunächst am Individuum diagnostiziert worden.

Was aber für das Individuum gilt, gilt unter ähnlichen Umständen für ganze Gesellschaften. Wir werden diese Umformung einer ursprünglich konkret verwirklichten Lebensform in Ersatzhandlungen bei der Analyse der ritterlichen Gesellschaft weiterverfolgen. Ihr Unterschied tritt hervor, wenn man das Abenteuerliche auf der Stufe des originären Heldenliedes und auf der des *Nibelungenliedes* sich vergegenwärtigt.

Um nur noch ein Wort über das Wandern des abstrakten Schemas einer Lebensform zu sagen, sei auf die Erlebnisform des Liebesabenteuers und des Liebesabenteurers hingewiesen, wo das Schema, die Rahmenform des Abenteuers auf ein völlig fremdes Gebiet, auf das der Erotik übertragen erscheint und eine neuartige Sinngebung dieser Lebenssphäre bewirkt. Wie ungeheuer zäh die allgemeinen Umrisse einer Lebensform sein können, kann auch durch das Beispiel belegt werden (das man in einem anderen Zusammenhang ur-

24 [Kurt Lewin, *A Dynamic Theory of Personality. Selected Papers*, New York 1935.]

sprünglich beobachtet hat), dass das »hunting-pattern«, das Modell der Jagd, das aus einer uralten Sphäre der Gesellschaft, aus der der primitiven Jäger stammt, in einer umgewandelten Form in der Forscherexistenz auch weiterhin vorhanden ist, wenn der Forscher z. B. die Lösung eines Problems mit derselben Aufregung verfolgt, wie dies bei der Jagd nötig ist.

Die Funktion des »skop« ist in dieser Gesellschaft also die in ihr allmählich entstandenen Lebensformen wie die der heroischen Sinngebung, die des Abenteuers und die Tendenz zur tragischen Interpretation des Schicksals bis zur letzten Plastizität zu erheben. Gleichzeitig und gleichfalls ungewollt dienen diese Erlebnisformen zur Distanzierung der Gruppe gegen die Arbeitswelt. Eine Verschmelzung der herrschenden Klasse mit der beherrschten ist auch deshalb nicht möglich, weil in diesen Lebensformen sich die Schicht der Herrschenden eine unübertretbare Barriere schafft. Wenn man auch gestatten wollte, dass jemand in die obere Schicht eindringt, so wäre dies unmöglich, weil bis in seine Lebensformen hinein eine Fremdheit in ihm steckt, die nur durch ein Miterzogenwerden überhaupt überwindbar ist. Deshalb ist es kein Zufall, sondern vielmehr eine Notwendigkeit, dass, so oft verschiedene soziale Schichten sich vermischen und durch Aufstieg neue Schichten zugeführt werden, unvermeidlich ihre gesamten seelischen Verhaltungsweisen sich ändern. Die Umwandlung der geistigen Welt folgt nicht zufällig und gelegentlich der Umwandlung im sozialen Aufbau, sie ist notwendigerweise mit ihr verbunden.

Neben dieser Distanzierung, die sozusagen ein Nebenprodukt der Tätigkeit des »skop« ist, kommen dann noch die unmittelbar erzieherischen Funktionen dieser Lieder hinzu. Die typischen Charaktereigenschaften des Helden werden in ihnen gleichfalls in gestalthafter Reinheit und mit allen Mitteln der Suggestion beigebracht. Man hatte als solche Mut, Rache, Treue, Streben nach persönlichem Ruhm, Liebe des Abenteuers, Freigiebigkeit, Prahlen und Zurschaustellung bezeichnet. Die Kategorie der Freigiebigkeit, die übrigens während des ganzen Mittelalters, eigentlich solange es Patronage gibt, immer wieder in der Dichtung verherrlicht wird, ist das erste handgreifliche Symptom dafür, dass in die durch den Dichtern gelehrten und angezüchteten Charaktereigenschaften sich diejenigen mischen, die aus dem Lebenszusammenhang des Publikums einerseits und aus den Wünschen der erziehenden

Schicht andereseits stammen. Dass der Dichter schon auf dieser Stufe die Freigiebigkeit so sehr lobt, ist ein Korrelat zur Tatsache, dass er von den Gaben, Goldringen, Geschenken, die bis zu einem Lehngut sich steigern konnten, lebt.

Was wir später auch auf viel breiterer Grundlage verfolgen werden können, dass nämlich die offizielle Weltanschauung stets eine Synthese der Weltanschauung der herrschenden Schicht und der Schicht der Intelligenz ist, das kündet sich hier in diesem ersten Symptom des Sonderinteresses des Dichters an, der aber hier noch von der Ursprungsgruppe gar nicht wirklich abgeschichtet ist, da er ja ständisch völlig zur selben Welt gehört, für die er den Ausdruck zu finden hat. Seine ständische Dignität ist auch deshalb von Bedeutung, weil das, was er vorträgt, ein großes Gewicht – infolge der dargestellten Funktionen – haben muss. Wäre sein Lied nur zur Zerstreuung oder nur zum ästhetischen Genuss da, so könnte es durch weniger ernst zu nehmende Schichten geleistet werden. So wissen[25] wir z. B. aus den Angaben des Priscus (wenn diese auch auf spätere Zeiten, wenn auch auf Stämme, die diese Strukturen bewahrten, sich beziehen), dass nach den Liedern des Sängers man den »scenicis infamis« und den Taschenspielern, Spaßmachern, »leikari« lauschte, deren Leistung sowohl als ihr sozialer Stand aufs Tiefste verachtet wurde.

25 Vgl. hierzu Andreas Heusler, »Dichtung«, in: Johannes Hoops (Hg.), *Reallexikon der germanischen Altertumskunde. Bd. 1*, Straßburg 1911, S. 439 ff. Siehe auch Andreas Heusler, *Die altgermanische Dichtung* (Handbuch der Literaturwissenschaft, Bd. 5), Berlin-Neubabelsberg 1923.

# Anmerkungen zur Edition

Grundlage für den ersten Text »Das Problem der Intelligenz« ist der englischsprachige Artikel »The Problem of the Intelligentsia«, der 1956 posthum in den *Essays on the Sociology of Culture* erschienen ist und auf einem deutschen Originalmanuskript Mannheims basiert, das verlorengegangen ist.[1] Der Herausgeber des Bandes, Adolph Lowe, hatte die Übersetzung jedoch nach eigener Aussage mit dem ursprünglichen Manuskript verglichen und war zu dem Ergebnis gekommen, dass sie sowohl dem Buchstaben als auch dem Geist nach übereinstimmt.[2] Im Nachlass Mannheim befindet sich darüber hinaus ein handschriftliches Exposé mit der Überschrift »Intelligenzaufsatz«, das sich im Aufbau mit dem des gedruckten Aufsatzes deckt.[3]

Diese Fassung ist, wie bereits Kettler et al. vermuten, zum großen Teil in Deutschland fertiggestellt worden, unter anderem, weil sich darin fast wörtlich Sätze aus Mannheims Vorlesung aus dem Wintersemester 1931/1932 finden und weil es sich wahrscheinlich um die Version handelt, die Mannheim im Sommer 1933 an seinen Verleger Paul Siebeck geschickt hat.[4] In einem Brief an Hans Gerth gibt Lowe auch generell als Entstehungszeitraum für die in den *Essays on the Sociology of Culture* versammelten Texte die Jahre zwischen 1932 bis 1935 an.[5]

Die Literatur- und Seitenangaben sowie die Personennamen wurden zum Teil ergänzt oder stillschweigend korrigiert. Da unklar ist, welche Fußnoten von Mannheim selbst stammen und welche von den Herausgebern für die posthume Edition hinzugefügt

1 Karl Mannheim, *Essays on the Sociology of Culture*, New York 1956.

2 Adolph Lowe, »Editorial Note«, in: Karl Mannheim, *Essays on the Sociology of Culture*. Hrsg. v. Ernest Manheim in Zusammenarbeit mit Paul Kecskemeti, London 1956, S. V-VI, hier S. VI.

3 »Intelligenzaufsatz«, Karl Mannheim Papers, Man 1/I, 73, Keele University Archives and Special Collections.

4 David Kettler, Colin Loader, Volker Meja, *Karl Mannheim and the Legacy of Max Weber. Retrieving a Research Programme*, Hampshire 2008. Zur genaueren Publikationsgeschichte vgl. das folgende Nachwort.

5 Adolph Lowe an Gerth vom 16.12.1947, Briefwechsel H. Gerth und Lowe, Hans Gerth Nachlass, Sozialwissenschaftliches Archiv Konstanz.

wurden – z. T. werden Arbeiten aufgeführt, die erst nach dem Tod von Mannheim erschienen sind –, wurde als editorisches Prinzip angewendet, dass keine Literaturhinweise auf nach 1933 publizierte Bücher aufgenommen wurden, weil dies der letzte Zeitpunkt ist, an dem Mannheim vermutlich an dieser Fassung gearbeitet hat. Zudem wurden Verweise auf Bücher als authentisch eingeschätzt, zu denen Exzerpte in Mannheims Nachlass vorliegen.[6] Eine Fußnote wurde ebenfalls als genuin eingestuft, wenn es ein direktes Zitat war und die Person namentlich im Text erwähnt wurde. Zitate aus deutschen Werken wurden nach den deutschen Ausgaben zitiert und fremdsprachige Zitate übersetzt, zusätzliche Fußnoten wurden von dem Herausgeber in eckigen Klammern eingefügt.

Der zweite Text »Teil II. Kapitel I. Die Entstehung der intellektuellen Gruppen aus der sich wandelnden Gesellschaftsstruktur« basiert auf einer Kopie von Volker Meja des gleichnamigen, 86 Seiten langen Manuskripts aus dem Besitz von Edward Shils, da sich das Original nach Shils' Tod nicht mehr in dessen Nachlass auffinden ließ.[7] In dieser Kopie fehlen die Seiten 24 und 36. Im Nachlass von Mannheim befinden sich aber Durchschläge der Seiten 33 bis 43, wodurch Seite 36 ergänzt werden konnte.[8] In Mannheims Nachlass lagert zudem ein handschriftliches Exposé Mannheims mit dem Titel »Soziologie der Intelligenz II«, das sich im Aufbau mit dem des Manuskripts deckt.[9]

Die Fassung ist schon länger bekannt, da sie bereits von Henk E. S. Woldring in einer Aufstellung der unveröffentlichten Arbeiten Mannheims im Besitz von Shils erwähnt wird. Datiert wird sie von Woldring auf die Jahre 1934/1935, unter anderem, da sich in ihr Literaturverweise auf Werke befinden, die 1935 erschienen sind,

6 U. a. Karl Mannheim Papers, Man 1/M, 83, 1/K, 85, Keele University Archives and Special Collections. Auch die Werke, die in Mannheims Frankfurter Vorlesungsmanuskripten, in den Buchempfehlungen für seine Seminare oder in seinem Überblicksartikel »Deutsche Soziologie« von 1933 genannt werden, können zur Verifikation herangezogen werden (Karl Mannheim, »Deutsche Soziologie«, in: ders., *Schriften zur Soziologie*. Hrsg. v. Oliver Neun, Wiesbaden 2019, S. 121-143).

7 Die Seitenzählung geht nur bis Seite 84, da Seite 2 und 3 jeweils mit a und b durchnummeriert sind.

8 Karl Mannheim Papers, Man 2/D, 29, Keele University Archives and Special Collections.

9 »Soziologie der Intelligenz II«, Karl Mannheim Papers, Man 1/K, 16-31, Keele University Archives and Special Collections.

jedoch keine späteren Quellenangaben.[10] Es gibt auch keine Hinweise darauf, dass Mannheim nach diesem Zeitpunkt daran weiter gearbeitet hat. Sie wird hier erstmals veröffentlicht.

Das Manuskript ist maschinengeschrieben und mit handschriftlichen Anmerkungen von Mannheim versehen. Soweit lesbar, wurden diese Korrekturen in den Text integriert, ansonsten wurde die maschinengeschriebene Fassung gewählt. Zudem wurden die Literaturangaben ergänzt, da in den Fußnoten teilweise nur die Namen der Autoren genannt wurden. Offensichtliche Rechtschreibfehler, grammatikalische Fehler und die Kommasetzung wurden ebenfalls stillschweigend korrigiert, da, wie schon Kettler et al. in ihrer Edition von Mannheims Habilitationsschrift anmerken, an manchen Stellen deutlich wird, dass Mannheim nicht deutscher Muttersprachler war.[11]

Ein Dank geht an die Deutsche Forschungsgemeinschaft (DFG), die diese Edition im Rahmen des Forschungsprojektes »Karl Mannheim in England« finanziell gefördert hat.

*Oliver Neun*

10 Henk E. S. Woldring, *Karl Mannheim. The Development of His Thought: Philosophy, Sociology and Social Ethics, with a Detailed Biography*. Assen 1986, S. 411. Zur genaueren Datierung vgl. das folgende Nachwort.

11 David Kettler, Volker Meja, Nico Stehr, »Vorwort der Herausgeber«, in: Karl Mannheim, *Konservatismus. Ein Beitrag zur Soziologie des Wissens*, Hrsg. v. David Kettler, Volker Meja und Nico Stehr, Frankfurt/M. 1984, S. 7-9, hier S. 8.

## Oliver Neun
# Zur Entwicklung von Karl Mannheims Soziologie der Intellektuellen

## 1. Karl Mannheims Intellektuellentheorie vor seinem Werk *Ideologie und Utopie*

Karl Mannheim gilt als Klassiker der Soziologie und als Mitbegründer der Intellektuellensoziologie in den 1920er Jahren. Insbesondere der Begriff der »freischwebenden Intelligenz« wird, auch wenn er den Ausdruck von Alfred Weber übernommen hat, mit ihm verbunden und ist zum Teil Ziel einer starken Kritik.[1] Die bekannte Fassung seiner Intellektuellentheorie aus seinem 1929 erschienenen Werk *Ideologie und Utopie*, auf die sich diese Einwände beziehen, umfasst aber nur ca. 7-8 Seiten.[2] Die einzigen längeren und eigenständigen späteren Beiträge Mannheims zu dem Thema sind aber der bisher nur auf Englisch erschienene, aus dem Nachlass herausgegebene Aufsatz »The Problem of the Intelligentsia« aus dem Band *Essays on the Sociology of Culture*, der hier erstmals auf Deutsch veröffentlicht wird, und das unveröffentlichte Manuskript »Teil II. Kapitel I. Die Entstehung der intellektuellen Gruppen aus der sich wandelnden Gesellschaftsstruktur«, die er trotz großer Bemühungen nicht mehr zu Lebzeiten publizieren konnte.[3] In beiden Arbeiten legt er einen besonderen Fokus auf Intellektuellen*gruppen*.

Dieses Thema der »Intellektuellen« und der »Intellektuellen*gruppen*« beschäftigt Mannheim schon lange und ist eine biographische Selbstreflexion, da er Zeit seines Lebens prägende Erfahrungen in Intellektuellenzirkeln macht, angefangen bei seiner

1 Stefan Collini, *Absent Minds. Intellectuals in Britain*, Oxford 2006; Helmuth Berking, *Masse und Geist. Studien zur Soziologie in der Weimarer Republik*, Berlin 1984; Dietz Bering, *Die Epoche der Intellektuellen 1898-2001. Geburt – Begriff – Grabmal*, Berlin 2010, S. 247.

2 Karl Mannheim, *Ideologie und Utopie*, 3., veränd. Aufl., Frankfurt/M. 1952, S. 134-141. Es wird hier nach der dritten deutschen Auflage des Werkes zitiert, die allen späteren deutschen Auflagen zugrunde liegt. Es ist aber wichtig, darauf hinzuweisen, dass die ursprüngliche Fassung des Buches von 1929 nur drei Kapitel enthält.

3 Mannheim, *Essays on the Sociology of Culture.*

Mitgliedschaft im »Sonntagskreis« um Georg Lukács in Budapest, auf den er später häufig in Briefen zu sprechen kommt.[4] Nach seiner Emigration aus Ungarn wird er in Heidelberg ebenfalls Teil eines Zirkels um Marianne Weber und in England gehört er später dem »Moot«-Kreis an.

Die Erlebnisse verarbeitet Mannheim schon früh theoretisch, erstmals nach seiner Flucht nach Deutschland in seinen Briefen aus Heidelberg aus dem Jahre 1921. Die Analyse ist ausdrücklich eine Selbstbeschreibung, da Mannheim darin von den »Intellektuellen« in der »wir«-Form spricht: »Es war immer und ist auch heute so, daß wir [!], die wir schreiben, irgendwie zu ihnen gehören; und wenn wir schreiben, prüfen wir, obwohl unwissentlich, auch die Gesichtspunkte, die Vorurteile unserer eigenen Kaste [...].«[5] An anderer Stelle äußert er sich in den Briefen noch deutlicher: »Mich interessiert heute – möglicherweise wird das einmal anders – in erster Linie das Leben derer, zu denen ich gehöre.«[6]

Es tauchen auch bereits Elemente seiner späteren Intellektuellentheorie auf, da er die Bildung als verbindende Eigenschaft dieser Gruppe nennt, zudem erwähnt er schon unterschiedliche Formen von Intellektuellen*gruppen*. In Heidelberg dominieren für ihn zwei Pole, der Weber- und der Stefan-George-Kreis, wobei sich die »Assoziation und Zusammenkunft« dieser beiden Zirkel unterscheiden.[7] Die Funktion solcher Intellektuellen-Gemeinschaften ist für ihn generell, für den »in der heutigen Gesellschaft einsam gewordenen ›Intellektuellen‹, das mit der seelischen Heimatlosigkeit gesetzte Problem zu lösen«.[8]

Nicht zufällig entwickeln sich diese ersten soziologischen Überlegungen Mannheims zu dem Thema im neuen Heidelberger-Umfeld. In einem Brief an Jonas Cohn vom 11. 11. 1922 schreibt Mannheim, dass er sich gut eingelebt habe und durch den Einfluss des Heidelberger Milieus grundsätzlich soziologischer orientiert gewor-

4 Karl Mannheim, *Selected Correspondence (1911-1946) of Karl Mannheim, Scientist, Philosopher, and Sociologist.* Hrsg. v. Éva Gábor, Lewiston 2003, S. 43.

5 Karl Mannheim, »Heidelberger Briefe«, in: Éva Karadi, Erzsébet Vezér (Hg.), *Georg Lukács, Karl Mannheim und der Sonntagskreis,* Frankfurt/M. 1985, S. 73-91, hier S. 73f.

6 Ebd., S. 74.

7 Ebd., S. 75, 84.

8 Ebd., S. 91.

den sei: »Ich habe viel gelernt und die Erweiterung meines geistigen Gesichtskreises durch die hiesige hauptsächlich soziologisch orientierte Welt wirkt sehr anregend auf meine kulturphilosophisch eingestellte Arbeit.«[9]

Das Thema der »Intelligenz« wird in Heidelberg auch schon von Max Weber behandelt und er nennt in seinem Werk *Wirtschaft und Gesellschaft* als »Soziale Klassen« u. a. »die besitzlose Intelligenz und Fachgeschultheit« sowie »die Klassen der Besitzenden und durch Bildung Privilegierten«.[10] In seiner Wirtschaftssoziologie unterscheidet Weber ebenfalls als eine von drei sozialen Gruppen die »für die durch Besitzausstattung oder (besitzbedingte) bevorzugte Erziehungsausstattung tatsächlich Privilegierten«.[11] Nach Helmut Berking wird darüber hinaus im Heidelberger Umfeld von Carl Brinkmann 1921 erstmals der Begriff »Soziologie der Intelligenz« verwendet. Brinkmann deutet in seinem Beitrag »Zur Soziologie der »Intelligenz« schon die Idee eines »Freischwebens« dieser Gruppe an, da sie weniger sozial determiniert ist: »So daß diese Losgelöstheit von allen klassenmäßigen Substraten, dies freie Schweben im soziologischen Raum für sie zu einem bedeutungsvollen Problem der Gesellschaftserkenntnis wird.«[12]

Mannheim selbst führt den von ihm benutzten Begriff »freischwebende Intelligenz« auf seinen Habilitationsvater Alfred Weber zurück, obwohl sich der Ausdruck nicht in Webers Schriften findet.[13] Es lassen sich jedoch inhaltliche Parallelen zu Webers

9 Mannheim an Jonas Cohn vom 11. 11. 1922, Jonas Cohn-Nachlass, Salomon-Ludwig-Sternheim-Institut für Deutsch-Jüdische Geschichte, Duisburg.

10 Max Weber, *Wirtschaft und Gesellschaft. Grundriß der Sozialökonomie, Bd. 3*. Tübingen 1925, S. 178, 179.

11 Ebd., S. 60.

12 Berking, *Masse*; Carl Brinkmann, »Zur Soziologie der ›Intelligenz‹«, in: Emil Lederer (Hg.), *Soziologische Probleme der Gegenwart,* Berlin 1921, S. 30-42; hier S. 31.

13 Karl Mannheim, *Konservatismus. Ein Beitrag zur Soziologie des Wissens.* Hrsg. v. David Kettler, Volker Meja und Nico Stehr, Frankfurt/M. 1984, S. 144, 250; Mannheim, *Ideologie und Utopie*, S. 123. Vielleicht hat Weber ihn aber im Gespräch benutzt oder die Zuschreibung Mannheims ist eine »Geste« von ihm an seinen Habilitationsvater Weber (Hans-Joachim Dahms, »Kontroversen in der deutschsprachigen Soziologie vor 1933«, in: Stephan Moebius, Andrea Ploder [Hg.], *Handbuch Geschichte der deutschsprachigen Soziologie. Band 1: Geschichte der Soziologie im deutschsprachigen Raum,* Wiesbaden 2018, S. 89-116, hier S. 201; Eberhard Demm, *Geist und Politik im 20. Jahrhundert. Gesammelte Aufsätze zu Alfred Weber*, Frankfurt/M. 2000, S. 154; Éva Karadi, »Von Heidelberg nach

Überlegungen ausmachen. In seinem Vortrag *Die Not der geistigen Arbeiter* von 1923 definiert Weber geistige Arbeit grundsätzlich als Arbeit, »welche *am Geistigen selber* stattfindet, auf das Geistige als solches gerichtet ist«.[14] Im Folgenden konzentriert er sich genauer auf die »Schriftsteller und Journalisten, als Künstler und Gelehrte, als höherer Beamte und Geistliche« und bezeichnet sie als »Bildungsschicht«, wobei von ihm ebenfalls die Idee eines »Freischwebens« dieser Schicht anklingt.[15] Die Vorstellung eines Zusammenhalts der Personen taucht gleichfalls bei ihm auf, da er meint, dass das Intellektuellentum eine »Art von geistiger Einheit« bilde.[16]

Mannheim erwähnt den Typus des »freischwebenden Intellektuellen« bzw. der »freischwebenden Intelligenz« selbst erstmals in seiner 1925 eingereichten Habilitationsschrift *Alt-Konservatismus* und nennt sie dort eine »unverwurzelte oder wenig verwurzelte klassenmäßig, standesmäßig nicht eindeutig zurechenbare Schicht«.[17] Ihr eigenständiger Beitrag wird von Mannheim jedoch noch als gering eingeschätzt, da sie sich allein »für Wollungen einsetzt, die durch sozial intensiver gebundene Schichten getragen werden«.[18] Die Eigenschaften, die Mannheim mit dem Adjektiv »freischwebend«

Frankfurt. Karl Mannheim zwischen Kultursoziologie und Wissenssoziologie«, in: Eberhard Demm [Hg.], *Soziologie, Politik und Kultur. Von Alfred Weber zur Frankfurter Schule*, Frankfurt a.M. 2003, S. 121-140, hier S. 132).

14 Alfred Weber, *Die Not der geistigen Arbeiter*. München 1923, S. 6.

15 Ebd., S. 9, 14.

16 Ebd., S. 14.

17 Mannheim, *Konservatismus*, S. 144, 147. Die Habilitation wird erst 1980 vollständig unter dem veränderten Titel *Konservatismus* herausgegeben, unter der sie im Folgenden zitiert wird. Der Begriff »freischwebende Intelligenz« ist aber auch in der gekürzten, im *Archiv für Sozialwissenschaften und Sozialpolitik* erschienenen Fassung »Das konservative Denken« enthalten (Karl Mannheim, »Das konservative Denken. Soziologische Beiträge zum Werden des politisch-historischen Denkens in Deutschland«, in: ders., *Wissenssoziologie. Auswahl aus dem Werk.* Hrsg. v. Kurt H. Wolff, Berlin u.a. 1964, S. 408-508). In seinen unveröffentlichten kultursoziologischen Manuskripten spricht Mannheim dagegen noch von einer »Bildungskultur« (Karl Mannheim, »Eine soziologische Theorie der Kultur und ihrer Erkennbarkeit (Konjunktives und kommunikatives Denken)«, in: ders., *Strukturen des Denkens.* Hrsg. v. David Kettler, Volker Meja und Nico Stehr, Frankfurt/M. 1980, S. 155-322, hier S. 297).

18 Mannheim, *Konservatismus*, S. 147.

verbindet, sind zudem zwiespältig.[19] Für ihn ist das Charakteristikum gekoppelt mit einer »moralischen Unsicherheit, eine[r] steten Bereitschaft zum Abenteuer und ›Obskuranten‹« und die Tendenz der Intellektuellen ist es darüber hinaus generell, »alles und jedes zu rechtfertigen«.[20]

Mannheim deutet zwar schon an, dass die Intellektuellen »die größte Chance für das Zustandekommen von Gesamtanschauungen der Geschichte« besitzen, aber nur wenn sie »sich mit den Wollungen konkret vorhandener gesellschaftlicher Mächte verbinden«.[21] Schon hier nennt er jedoch eine konkrete Intellektuellen*gruppe*, die 1811 gegründete »Christlich-Deutsche Tischgesellschaft«.[22]

Schon diese kurzen Anmerkungen in seiner Habilitation führen dazu, dass Mannheim 1926 von Gottfried Salomon aufgefordert wird, für den dritten Band des von Salomon herausgegebenen *Jahrbuchs der Soziologie* zum Thema »Soziologie der Intelligenz« »aus Ihrer Arbeit über die Konservativen vielleicht einen Bogen« beizutragen.[23] Helmuth Plessner schlägt Mannheim ebenfalls 1929 ein von Mannheim herausgegebenes Sonderheft der Zeitschrift *Philosophischer Anzeiger* zu dem Thema vor, was Mannheim jedoch ablehnt, weil er es für zu soziologisch für ein philosophisches Journal hält.[24]

Die »relativ sozial freischwebend[e]« Literatenschicht erwähnt Mannheim aber auch in späteren Arbeiten wie in seinem Aufsatz »Das Problem der Generationen« aus dem Jahre 1928.[25] Weiterhin

19 David Kettler, Volker Meja, Nico Stehr, »Über die Ursprünge des Historismus«, in: Karl Mannheim, *Konservatismus. Ein Beitrag zur Soziologie des Wissens,* Hrsg. v. David Kettler, Volker Meja und Nico Stehr, Frankfurt/M. 1984, S. 11-40, hier S. 26.

20 Mannheim, *Konservatismus,* S. 145, 146.

21 Ebd., S. 251.

22 Ebd., S. 218.

23 Salomon an Mannheim vom 25. 1. 1926, II. Korrespondenz, 744, Gottfried Salomon-Delatour Papers, International Institute of Social History, Amsterdam. Salomon kennt die zu diesem Zeitpunkt noch nicht veröffentlichte Habilitation, da Mannheim sie ihm zugeschickt hatte. Die Idee wird aber nicht umgesetzt, da der Band schließlich ein anderes Thema hat.

24 Mannheim an Plessner vom 31. 3. 1929, 134.192.1, PO Box 559, Helmuth Plessner Nachlass, Special Collections. Library University of Groningen. Auch dieser Plan scheitert, weil die Zeitschrift vorher eingestellt wird.

25 Karl Mannheim, »Das Problem der Generationen«, in: ders., *Schriften zur Wirt-*

sieht er ihre Bedeutung als gering an, da der Eindruck, dass sie über den »Zeitgeist« entscheidet, für ihn täuscht: »Faktisch ist es so, daß die entscheidenden, die Richtung bestimmenden Wollungen gar nicht in ihnen verankert sind, sondern in den hinter ihnen stehenden viel kompakteren sozialen Trägern in ihrer polaren Gespaltenheit, die als solche ständig präsent sind.«[26] Der Beitrag der Intellektuellen besteht allein in deren »wirkliche[r] Vertiefung«.[27] Den Kern von Generationseinheiten bilden jedoch wiederum Intellektuellen*gruppen*, als Beispiel verweist Mannheim erneut auf die »Christlich-Deutsche Tischgesellschaft«. Für ihn ist aber der Grund für die Ausstrahlungskraft dieser Zirkel, dass deren Ideen »mehr oder minder adäquater Ausdruck der betreffenden Generationslagerung sind«.[28]

In seinem Vortrag »Die Bedeutung der Konkurrenz im Gebiete des Geistigen« auf dem DGS-Kongress 1928 in Zürich, der den Beginn der Diskussion um die Wissenssoziologie markiert, geht Mannheim jedoch nur kurz bei der Beschreibung der historischen Entwicklung auf die Intellektuellen ein.[29] Träger des Wettbewerbs sind für ihn dagegen die Parteien und die dadurch entstehenden Synthesen »Parteisynthese[n]«.[30] Zusammenfassend schätzt Mannheim deshalb in seinen frühen Arbeiten die Gruppe der Intellektuellen noch als relativ unwichtig und als grundsätzlich passiv ein.[31]

*schafts- und Kultursoziologie*. Hrsg. v. Amalia Barboza und Klaus Lichtblau, Wiesbaden 2009, S. 121-166, hier S. 162.

26 Ebd., S. 162.

27 Ebd., S. 162.

28 Ebd., S. 151 f.

29 Karl Mannheim, »Die Bedeutung der Konkurrenz im Gebiete des Geistigen«, in: ders., *Schriften zur Wirtschafts- und Kultursoziologie*. Hrsg. v. Amalia Barboza und Klaus Lichtblau, Wiesbaden 2009, S. 81-120, hier S. 96, 105. In der Diskussion des Vortrags steht daher nicht das Problem der »Intelligenz« im Mittelpunkt, sie hat zudem noch nicht die starke öffentliche Wirkung wie die spätere Debatte um die Wissenssoziologie nach der Veröffentlichung von *Ideologie und Utopie*.

30 Ebd., S. 90, 118.

31 John Heeren, »Karl Mannheim and the Intellectual Elite«, in: *The British Journal of Sociology* 22 (1971), S. 1-15, hier S. 1, 4.

## 2. Die »freischwebenden Intellektuellen« in Karl Mannheims *Ideologie und Utopie*: der »Streit um die Wissenssoziologie«

Nach dieser Vorgeschichte findet sich die bekannteste Fassung von Mannheims Intellektuellentheorie in seinem Werk *Ideologie und Utopie*, dessen Erscheinen 1929 den »Streit« bzw. den »Kampf« um die Wissenssoziologie auslöst und das bereits 1930 in einer zweiten Auflage erscheint.[32] Dieser »Streit« zählt zu einer »der zentralen Kontroverse[n] der Weimarer Zeit«.[33] Dessen starke Wirkung zeigt sich daran, dass die Wissenssoziologie kurz danach als neue Spezialdisziplin in soziologische Lehrbücher aufgenommen wird, während sie in dem Überblick von Franz Oppenheimer von 1928 noch fehlt.[34] In dem von Alfred Vierkandt 1931 herausgegebenen *Handwörterbuch der Soziologie* ist sie aber mit einem eigenen Beitrag von Mannheim vertreten und wird in Geigers Überblicksartikel »Soziologie« als eine Hauptströmung des Faches genannt, mit Mannheim als gegenwärtigem Hauptvertreter.[35]

32 Volker Meja, Nico Stehr, »Zum Streit um die Wissenssoziologie«, in: dies. (Hg.), *Der Streit um die Wissenssoziologie. Erster Band. Die Entwicklung der deutschen Wissenssoziologie,* Frankfurt/M. 1982, S. 11-23, hier S. 14, 16. Die Diskussion ist auch in verschiedenen Sammelbänden dokumentiert und in Überblicksdarstellungen beschrieben worden (Kurt Lenk [Hg.], *Ideologiekritik und Wissenssoziologie,* Neuwied 1961; Hans-Joachim Lieber [Hg.], *Ideologienlehre und Wissenssoziologie. Die Diskussion um das Ideologieproblem in den zwanziger Jahren,* Darmstadt 1974; Volker Meja, Nico Stehr [Hg.], *Der Streit um die Wissenssoziologie. Zweiter Band. Rezeption und Kritik der Wissenssoziologie*, Frankfurt/M. 1982; Ilja Srubar, »Der Streit um die Wissenssoziologie«, in: Georg Kneer, Stephan Moebius [Hg.], *Soziologische Kontroversen. Beiträge zu einer anderen Geschichte der Wissenschaft vom Sozialen*, Frankfurt/M. 2010, S. 46-78; Friedrich Lenger, *Globalen Kapitalismus denken. Historiographie-, theorie- und wissenschaftsgeschichtliche Studien*, Tübingen 2018; Hans-Joachim Dahms, »Kontroversen in der deutschsprachigen Soziologie vor 1933«, in: Stephan Moebius, Andrea Ploder [Hg.], *Handbuch Geschichte der deutschsprachigen Soziologie. Band 1: Geschichte der Soziologie im deutschsprachigen Raum,* Wiesbaden 2018, S. 89-116).

33 Stephan Moebius, »Soziologie in der Zwischenkriegszeit in Deutschland«, in: Karl Acham, Stephan Moebius (Hg.), *Soziologie der Zwischenkriegszeit. Ihre Hauptströmungen und zentralen Themen im deutschen Sprachraum. Band 1*, Wiesbaden 2022, S. 31-176, hier S. 93.

34 Franz Oppenheimer, »Richtungen der neueren deutschen Soziologie [1928]«, in: ders., *Schriften zur Soziologie.* Hrsg. v. Klaus Lichtblau, Wiesbaden 2015, S. 265-301.

35 Karl Mannheim, »Wissenssoziologie«, in: Alfred Vierkandt (Hg.), *Handwörter-*

Jürgen Habermas nennt *Ideologie und Utopie* in seinem Überblick über die Weimarer Soziologie zudem das soziologische Werk mit der »größte[n] öffentliche[n] Aufmerksamkeit« und es findet nicht nur Widerhall im eigenen Fach, sondern es »trug mit dazu bei, die geistige Objektivation ›Soziologie‹ nach außen zu wenden«.[36]

Mit diesem Buch wandelt sich aber Mannheims Auffassung der Intellektuellen. Eine Synthese ist für ihn nun allein für diese »relativ klassenlose, nicht allzu fest gelagerte Schicht im sozialen Raum« möglich, die er weiter die »sozial freischwebende Intelligenz« nennt.[37] Mannheim sieht die Intellektuellen jetzt zudem positiver, da ihre Funktion nicht mehr in dem Anschluss an andere Klassen bzw. gesellschaftliche Gruppen besteht, sondern im »Sich-Besinnen auf die eigenen Wurzeln«.[38] Sie haben, wie er nun emphatisch formuliert, die Aufgabe, »Wächter zu sein in einer sonst allzu finsteren Nacht«.[39] Er definiert diese Intelligenz aber nicht genauer, sondern führt nur unterschiedliche Beispiele für sie an wie die Rentnerintelligenz, die Beamten oder die freien Berufe.[40] Eine Gemeinsamkeit entsteht jedoch für ihn durch die Bildung, weshalb er sie die »Gebildeten« nennt.[41]

*buch der Soziologie,* Stuttgart 1931, S. 659-680; Theodor Geiger, »Soziologie«, in: Alfred Vierkandt (Hg.), *Handwörterbuch der Soziologie,* Stuttgart 1931, S. 568-578, hier S. 571; vgl. auch Karl Dunkmann, *Lehrbuch der Soziologie und Sozialphilosophie. Unter Mitarbeit von Gerhard Lehmann und Heinz Sauermann,* Berlin 1931; Leopold von Wiese, *Soziologie, Geschichte und Hauptprobleme.* 2., vermehrte Aufl., Berlin 1931, S. 106, 109.

36 Jürgen Habermas, »Soziologie in der Weimarer Republik«, in: Helmut Coing, Lothar Gall, Jürgen Habermas, Notker Hammerstein, Jubert Markl und Wolfgang J. Mommsen, *Wissenschaftsgeschichte seit 1900. 75 Jahre Universität Frankfurt,* Frankfurt/M. 1992, S. 29-53, hier S. 41; Erhard Stölting, *Akademische Soziologie in der Weimarer Republik,* Berlin 1986, S. 120. Auch in der Gegenwart wird weiter die Bedeutung der Debatte zur Wissenssoziologie hervorgehoben (Dahms, »Kontroversen«, S. 112; Srubar, »Streit«, S. 74).

37 Karl Mannheim, *Ideologie und Utopie,* S. 135. Er knüpft aber ausdrücklich an seine früheren genannten Studien wie »Das konservative Denken« an (ebd., S. 1; vgl. auch ebd., S. 12, 21, 28).

38 Ebd., S. 140.

39 Ebd., 140. Wichtig für die spätere Diskussion ist, dass Mannheim als andere Möglichkeit den Anschluss der Intellektuellen an Klassen oder an Parteien skizziert, d. h. für ihn das »leere Glorifizieren der nackten Interessen in den Lügengeweben der bloßen Rechtfertigungsdenker« (ebd., S. 139).

40 Ebd., S. 135.

41 Ebd., S. 136.

Mannheim geht auch kurz auf die historische Dimension des Problems ein und grenzt die neue Form der Intelligenz von der in früheren Kulturen ab, in denen sie noch »von einem sozial streng gebundenen Stand (von der Priesterkaste etwa) getragen« wurde.[42] Eine weitere geschichtliche Andeutung von ihm ist: »Schon der Humanismus wurde weitgehend von einer solchen sich mehr oder minder emanzipierenden Schicht getragen.«[43] Er führt die Bemerkungen jedoch nicht weiter aus.

Die Intellektuellen besitzen für Mannheim zudem eine Affinität zur (politischen) Soziologie. Er hebt hervor, dass erst jetzt die »Möglichkeit einer Politik als Wissenschaft« gegeben sei und dafür außerhalb von Parteischulen Plattformen nötig seien, an der ebenfalls eine Synthese vorgenommen werden solle.[44] An anderer Stelle betont er generell die zentrale Stellung der Soziologie in der Gegenwart, die für ihn »immer mehr zur Zentralwissenschaft« wird, womit sie die Philosophie ablöst.[45]

Mannheims Ziel seiner Überlegungen zu dem Thema bleibt aber weiterhin wie in seiner früheren Schrift *Konservatismus*, wie er selbst meint, die Beschreibung des historischen Einzelfalls, d.h. von »einmalige[n] Konstellationen«.[46] Er bezeichnet sie darüber hinaus nur als Andeutungen, weil er hier nicht »die Möglichkeiten einer eigenen Intellektuellenpolitik näher zu untersuchen« hatte.[47] Mannheim schränkt auch generell die Reichweite seiner Anmerkungen zu der Frage ein: »Es ist unmöglich, in diesem Zusammenhange das schwierige soziologische Problem der Intelligenz auch nur einigermaßen zu umreißen.«[48] Es bleibt daher in *Ideologie und Utopie* bei diesen knappen Ausführungen.

In vielen Besprechungen des Werkes wird jedoch trotz des geringen Umfanges im »Streit um die Wissenssoziologie« die These der »freischwebenden Intelligenz« thematisiert und sie wird sogar »zum bevorzugten Angriffspunkt der Kritiker«, jedenfalls der linken.[49]

42 Ebd.
43 Ebd.
44 Ebd., S. 141.
45 Ebd., S. 213, 216.
46 Ebd., S. 197, Mannheim, *Konservatismus*.
47 Mannheim, *Ideologie und Utopie*, S. 140.
48 Ebd., S. 135.
49 Dahms, »Kontroversen«, S. 102. Nur dieser Aspekt des »Streits um die Wissenssoziologie« soll auch im Folgenden behandelt werden.

Grundsätzlich erklärt sich die Intensität der Diskussion und die hohe Wirkung des Buches nach dessen Erscheinen daraus, dass die in ihm behandelten Themen nicht nur eine wissenschaftliche, sondern als »politisch-praktischer Diskurs« eine starke politische Dimension besitzen.[50]

Die politische Relevanz von Mannheims Buch insbesondere für den Sozialismus wird von Paul Tillich in seinem Beitrag für die Ausgabe der sozialdemokratischen Zeitschrift *Gesellschaft* hervorgehoben, in der mehrere Rezensionen zu dem Werk veröffentlicht werden.[51] Er geht dabei auf die Rolle der »Intelligenz« ein und benennt als zentralen theoretischen Unterschied zu Mannheim, dass der Marxismus »das Proletariat als Ort der soziologischen Wahrheit setzt«.[52] Tillich hält selbst an dieser privilegierten Rolle der Arbeiterklasse fest, wenn er sie auch in typischer Weise mit einer zentralen Stellung der Intellektuellen verbindet, die jedoch als Vertreter des Proletariats verstanden werden und die Funktion haben sollen, deren »Bewußtsein theoretisch Ausdruck zu verleihen«.[53] Er hat aber eine durchaus ambivalente Haltung zu Mannheims Thesen, da man für ihn aus dessen Buch für den Sozialismus lernen könne, dass dieser sich fragen müsse, ob er selbst eine Ideologie sei.[54]

Für eine orthodoxe marxistische Position in der Diskussion ist dagegen die Kritik von Karl August Wittfogel repräsentativ. Er identifiziert zwar bei Mannheim »›linke‹ Züge«, da er die Krisenhaftigkeit der Gegenwart erkenne. Mannheim sehe aber nicht, dass »diese Konzeption eben infolge ihrer Klassenbestimmtheit nicht von den Theoretikern anderer Klassen übernommen werden

50 Berking, *Masse und Geist*, S. 178.

51 Paul Tillich, »Ideologie und Utopie«, in: Volker Meja, Nico Stehr (Hg.), *Der Streit um die Wissenssoziologie. Zweiter Band. Rezeption und Kritik der Wissenssoziologie*, Frankfurt/M. 1982, S. 451-458, hier S. 451. Otto Neurath verweist in seiner Besprechung ebenfalls generell auf die Gefahr der Wirkung der Ideen Mannheims auf die marxistische Jugendbewegung, weil Mannheim »sich sozusagen als Marxist innerhalb gewisser Grenzen dem Leser vorstellt« (Otto Neurath, »Bürgerlicher Marxismus«, in: Volker Meja, Nico Stehr [Hg.], *Der Streit um die Wissenssoziologie. Zweiter Band. Rezeption und Kritik der Wissenssoziologie*, Frankfurt/M. 1982, S. 584-593, hier S. 590).

52 Tillich, »Ideologie und Utopie«, S. 455 f.

53 Ebd., S. 457 f.

54 Ebd., S. 457.

kann«.[55] Diese »bürgerliche« politische Tendenz Mannheims wird für ihn besonders bei der Behandlung der Intellektuellen deutlich, die er zu den »unentbehrlichen wie brutalen Bestandteilen der bürgerlichen Apologetik« zählt: »Es ist klar: nur dann wird der bürgerliche Intellektuelle seiner Klasse von vollem Nutzen sein, wenn er mit irgendwelchen Mitteln ›nachzuweisen‹ versteht, daß er im Grunde über den Klassen stehe, daß also die von ihm produzierten Ansichten nicht die Ansichten der herrschenden, ausbeutenden Klasse seien.«[56]

Die zentrale Bedeutung der Intelligenz wird von orthodoxer Seite ebenfalls bereits in dem Titel von Adalbert Fogarasis Beitrag »Die Soziologie der Intelligenz und die Intelligenz der Soziologie« angedeutet. Er weist gleichfalls auf die politische Dimension der Frage hin, da für ihn die These der »freischwebenden Intellektuellen« sogar mit der »Bekämpfung des Marxismus« verbunden ist.[57] Dagegen ist für ihn wie bei Tillich das Proletariat die zentrale Klasse, interessant sei die Soziologie der Intelligenz allein wegen ihrer politischen Wirkung und er sieht sogar, verschärft zu Wittfogel, eine Beziehung zum »*Sozialfaschismus*«.[58] Differenzierter, aber mit einem ähnlichen Fokus lautet der Vorwurf von Ernst Lewalter, dass Mannheims Intelligenztheorie ein »ideologisches Moment« besitze und der eigene Standort von Mannheim darin »ideologisch hypostasiert« werde.[59]

55 Karl August Wittfogel, »Wissen und Gesellschaft«, in: Volker Meja, Nico Stehr (Hg.), *Der Streit um die Wissenssoziologie. Zweiter Band. Rezeption und Kritik der Wissenssoziologie*, Frankfurt/M. 1982, S. 594-615, hier S. 607, 608.

56 Ebd., S. 610.

57 Adalbert Fogarasi, »Die Soziologie der Intelligenz und die Intelligenz der Soziologie. (Beiträge zur Theorie der Intelligenz)«, in: Hans-Joachim Lieber (Hg.), *Ideologienlehre und Wissenssoziologie. Die Diskussion um das Ideologieproblem in den zwanziger Jahren*, Darmstadt 1974, S. 483-504, hier S. 483. Fogarasi räumt aber selbst ein, dass die »Intelligenz« im Marxismus wenig berücksichtigt werde. Er kündigt auch an, in dem Beitrag nicht nur Kritik zu üben, sondern selbst die Rolle der Intelligenz in der Klassengesellschaft behandeln zu wollen (ebd., S. 484). Er verschiebt die Frage dann aber bezeichnenderweise auf einen späteren Aufsatz, der nie erschienen ist.

58 Ebd., S. 500.

59 Ernst Lewalter, »Wissenssoziologie und Marxismus. *Eine Auseinandersetzung mit Karl Mannheims* Ideologie und Utopie *von marxistischer Position aus*«, in: Volker Meja, Nico Stehr (Hg.), *Der Streit um die Wissenssoziologie. Zweiter Band. Rezeption und Kritik der Wissenssoziologie*, Frankfurt/M. 1982, S. 551-583, hier S. 570, 571.

Häufig steht zudem Mannheims These der Soziologie als Leitwissenschaft im Mittelpunkt der Kritik, die, wie gesehen, eine Verbindung zu dem Thema der Intellektuellen aufweist, da die Intellektuellen für Mannheim eine Affinität zur (politischen) Soziologie besitzen.[60] Günther Stern, der die Passage zitiert, in der Mannheim von der Soziologie als »Zentralwissenschaft« spricht, stellt dem aber die Untersuchung der »geschichtslosen Existenz des Menschen« entgegen.[61]

Es gibt in diesem Punkt Parallelen zur Kritik an Mannheim von politisch konservativer Seite, die in der Diskussion von dem Romanisten Ernst Robert Curtius, einem früheren Kollegen Mannheims aus Heidelberg, vertreten wird.[62] Der Titel seines Beitrags »Soziologie – und ihre Grenzen« macht schon die grundsätzliche Abgrenzung von dem Fach deutlich.[63] Er zitiert ebenfalls Mannheims These, dass die Soziologie in der Gegenwart die »Zentralwissenschaft« geworden sei,[64] für ihn ist aber, ähnlich wie für Stern, die Grundwissenschaft die Philosophie.[65] Sein zentraler Vorwurf lautet, dass Mannheim eine nihilistische und skeptische Position vertrete.[66] Curtius behandelt zudem die Theorie der »Intelligenz«

60 Mannheim, *Ideologie und Utopie*, S. 213.

61 Günther Stern, »Über die sog. ›Seinverbundenheit‹ des Bewußtseins«, in: Volker Meja, Nico Stehr (Hg.), *Der Streit um die Wissenssoziologie. Zweiter Band. Rezeption und Kritik der Wissenssoziologie*, Frankfurt/M. 1982, S. 497-514, hier 498; vgl. Hannah Arendt, »Philosophie und Soziologie«, in: Volker Meja, Nico Stehr (Hg.), *Der Streit um die Wissenssoziologie. Zweiter Band. Rezeption und Kritik der Wissenssoziologie*, Frankfurt/M. 1982, S. 515-531, hier S. 519, 524.

62 Der Konflikt zwischen Mannheim und Curtius wird eingehend von Dirk Hoeges beschrieben (Dirk Hoeges, *Kontroverse am Abgrund: Ernst Robert Curtius und Karl Mannheim. Intellektuelle und »freischwebende Intelligenz« in der Weimarer Republik*, Frankfurt/M. 1994).

63 Ernst Robert Curtius, »Soziologie – und ihre Grenzen«, in: Volker Meja, Nico Stehr (Hg.), *Der Streit um die Wissenssoziologie. Zweiter Band. Rezeption und Kritik der Wissenssoziologie*, Frankfurt/M. 1982, S. 417-426. Die der Rezension zugrundeliegenden (antisemitischen) Vorbehalte von Curtius zeigt der Nachsatz in einem Brief an Rychner vom 27. 8. 1929: »Aber so gescheut [sic] wie drei Ostjuden sind wir auch noch, nicht wahr?« (Ernst Robert Curtius, Max Rychner, *Freundesbriefe: 1922-1955*, hrsg. und kommentiert v. Frank-Rutger Hausmann, Frankfurt 2015, S. 237).

64 Curtius, »Soziologie«. S. 418.

65 Ebd., S. 424; vgl. ebd., S. 417 f.

66 Ebd., S. 419.

von Mannheim. Er lobt zwar dessen in Deutschland erstmals unternommene »ausgezeichnete Analyse des soziologischen Problems der Intelligenz«, hier lautet aber ebenfalls seine Kritik, dass man nur weiterkommen könne, wenn man »eine philosophisch fundierte Lehre von der Intelligenz« besitze.[67]

In der grundsätzlich wohlwollenderen Betrachtung des Buches *Ideologie und Utopie* von Hans Speier, Mannheims erstem Doktoranden in Heidelberg, wird das Problem der »Intelligenz« gleichfalls thematisiert und die zu geringe Differenzierung Mannheims innerhalb der Gruppe der Intellektuellen bemängelt. Für Speier behandelt Mannheim z.B. nicht den Begriff der »Fachintelligenz«.[68] Hellsichtig und so nicht von allen gesehen, benennt er aber als wichtiges Merkmal von Mannheims Ansatz die Identifizierung der Soziologen mit den Intellektuellen, d.h., dass Mannheim »den sozial relativ ›freischwebenden‹ Soziologen [...] *mit Intelligenz gleichsetzt*«.

Siegfried Kracauers Besprechung des Buches *Ideologie und Utopie* ist gleichfalls weniger kritisch als die kanonischen Rezensionen und weicht inhaltlich in bestimmten Punkten von ihnen ab. [69] Er

67 Ebd., S. 425, 426.

68 Hans Speier, »Soziologie oder Intelligenz? Bemerkungen zur Soziologie der Intelligenz«, in: Volker Meja, Nico Stehr (Hg.), *Der Streit um die Wissenssoziologie. Zweiter Band. Rezeption und Kritik der Wissenssoziologie*, Frankfurt/M. 1982, S. 532-550, hier S. 539 f., S. 542.

69 Ebd., S. 543. Die bisher genannten und in den Readern zum »Streit um die Wissenssoziologie« versammelten Rezensionen des Werkes, auf die sich die früheren Rekonstruktionen der »Debatte um die Wissenssoziologie« zum großen Teil stützen, bieten aber nur ein einseitiges Bild der Resonanz auf *Ideologie und Utopie,* wodurch die negative Reaktion auf Mannheims Werk überschätzt wird (Stehr, Meja, *Streit um die Wissenssoziologie*; David Frisby, *The Alienated Mind. The Sociology of Knowledge in Germany 1918-1933,* London 1983; Srubar, »Streit«; Dahms, »Kontroversen«, Lenger, *Kapitalismus*). Stehr und Meja weisen selbst darauf hin, dass zu *Ideologie und Utopie* andere als die von ihnen in ihren Band *Der Streit um die Wissenssoziologie* aufgenommenen Rezensionen erschienen sind (Stehr, Meja, *Streit,* S. 21). Die Einschränkung ist in der Folge allerdings nicht hinreichend beachtet worden. In den anderen, weniger bekannten Besprechungen finden sich zum Teil sehr positive Einschätzungen des Werkes und der Intellektuellentheorie Mannheims. Die Ausführungen zur Intelligenz zählt Karl Dunkmann etwa »zu dem Besten der Schrift« und er verweist auf Parallelen zu seinem eigenen Buch *Angewandte Soziologie* (Karl Dunkmann, »Ideologie und Utopie. Nach dem gleichnamigen Buch von Karl Mannheim«, in: *Archiv für angewandte Soziologie,* 2 [1929/1930], S. 71-83, hier S. 83, vgl. Karl Dunkmann, *Angewandte Soziologie. Probleme und Aufgaben mit besonderer Berücksichtigung*

kannte das Buch zudem schon vor dessen Veröffentlichung. In einem Brief an seinen Verleger Klostermann vom 19.4.1929 mahnt Mannheim, ein Exemplar des Buches an die *Frankfurter Zeitung* zu schicken, die es an Kracauer weiterleiten soll. Dann könne Kracauer seine bereits verfasste Rezension einreichen: »Herr Kr. hatte das Buch in den Fahnen bzw. in d. letzteren Korrekturen gelesen und eine längere Besprechung geschrieben.«[70]

Kracauer geht darin ebenfalls auf Mannheims Thesen zur »Intelligenz« ein und betont aber, dass sie bei Mannheim nur eine »*relativ* klassenlose Gruppe« sei.[71] Darüber hinaus hebt er wie Speier deren Nähe zur Soziologie und zur Hochschule hervor, denn »sie mag die Hörerschaft der Hochschule bilden, an der die von ihm postulierte politische Soziologie betrieben wird«.[72] Kracauers Kritik lautet zwar, dass die Bestimmung der Intelligenz von Mannheim zu formal sei und Mannheim sich allein auf deren Methode beschränke, merkt jedoch weiter an, dass »ihr Idealtypus [...] außerordentlich geistreich durchkonstruiert« sei.[73] Die Abgrenzung gegenüber dem idealistischen Bewusstsein wäre aber klarer gewesen, wenn Mannheim genauere Angaben zu der »konkrete[n] Orientierung der Intelligenzgruppe« in der Gegenwart gemacht hätte.[74] Er fordert da-

*der Pädagogik, Ökonomik und Politik*, Berlin 1929; Karl Thieme, »Rezension von Mannheim ›Ideologie und Utopie‹«, in: *Zeitschrift für Politik* 7 [1929], S. 67). Das Buch wird darüber hinaus in der jüdischen Bewegung rezipiert und der Rabbiner Ignaz Maybaum veröffentlicht eine Rezension in der zionistischen Zeitschrift *Jüdische Rundschau,* in der er Mannheims Intellektuellentheorie ebenfalls positiv wertet (Ignaz Maybaum, »Ideologie und Utopie«, in: *Jüdische Rundschau* 101/102 [1929], S. 693-694).

70 Mannheim an Klostermann vom 19.4.1929, Mannheim an Klostermann vom 20.6.1929, Briefwechsel Vittori Klostermann – Karl Mannheim 1928-1930, A: Klostermann-Verlag, Deutsches Literaturarchiv Marbach.

71 Siegfried Kracauer, *Aufsätze 1927-1931.* Hrsg. v. Inka Mülder-Bach, Frankfurt/M. 1990, S. 150. Diese Einschränkung: Mannheims »*relativ* klassenlose Schicht«, wird von allen anderen Rezensenten übersehen (Mannheim, *Ideologie und Utopie*, S. 135). Mannheim spricht Kracauer zufolge zudem zwar von »wertfreier« Ideologieforschung, Kracauer interpretiert dies aber so: »Wie sich von selbst versteht, hat der Ausdruck ›wertfrei‹ hier nur eine relative Bedeutung, und Mannheim weiß im übrigen sehr wohl zwischen einem falschen und einem richtigen Bewußtsein zu unterscheiden« (Kracauer, *Aufsätze*, S. 149).

72 Ebd., S. 150.

73 Ebd., S. 151.

74 Ebd., S. 151.

her mehr empirische Forschung zu dem Thema. Dies ändert jedoch nichts an Kracauers grundsätzlicher Einschätzung von *Ideologie und Utopie*, dass für ihn »zu den intensivsten denkerischen Leistungen seit Max Weber und Scheler gehört«.[75]

## 3. Die Intellektuellen als »geistiger Mittelstand«: Mannheims *Ideologie und Utopie* und die Weimarer Angestellten- und Berufssoziologie

Ein durch den Fokus auf die Rezensionen des Werkes *Ideologie und Utopie* bisher übersehener weiterer Diskussionsstrang ist die Verbindung der Debatte um die »Intellektuellen« mit der für die Weimarer Soziologie zentralen Auseinandersetzung mit den »Angestellten« bzw. dem »neuen Mittelstand«, die Rainer Maria Lepsius als besonders wichtig für die Zeit zum Ende der Weimarer Republik hervorhebt und in der es ebenfalls eine Rezeption von Mannheims *Ideologie und Utopie* gibt.[76] Sie ist zudem von Bedeutung für die Weiterentwicklung von Mannheims Intellektuellentheorie, da er später Aspekte daraus und aus der Berufssoziologie aufgreift.[77]

Ein Zusammenhang besteht darin, dass die Intellektuellen wie die Angestellten als Teil des »Neuen Mittelstandes« angesehen werden, was zum Teil in der Beschreibung der Intellektuellen als »geistiger Mittelstand« zusammengefasst wird.[78] Mannheim deutet die Parallelen in *Ideologie und Utopie* selbst an, wenn er schreibt, dass eine Synthese bevorzugt vorgenommen wird von »mittleren

75 Ebd., S. 191.

76 M. Rainer Lepsius, »Die sozialwissenschaftliche Emigration und ihre Folgen«, in: ders. (Hg.), *Soziologie in Deutschland und Österreich 1918-1945. Materialien zur Entwicklung, Emigration und Wirkungsgeschichte*, Köln 1981, S. 461-500, hier S. 467. Es gibt daher auch personelle Überschneidungen zu der genannten Debatte um die Wissenssoziologie.

77 Wie gesehen, wurde die »Intelligenz« schon von Max Weber in seiner Sozialstrukturtheorie behandelt. Mannheim hat zudem eine freundschaftliche Beziehung zu den Autoren der Angestelltensoziologie, da Speier, Kracauer und Lederer mit ihm persönlich verbunden sind (Kettler et al., *Mannheim*, S. 50).

78 Eine weitere Gemeinsamkeit ist, dass beide Gruppen durch die marxistische Klassentheorie nur schwer zu fassen sind (Hans Speier, *Die Angestellten vor dem Nationalsozialismus. Ein Beitrag zum Verständnis der deutschen Sozialstruktur 1918-1933*, Göttingen 1977, S. 18).

Klassen, die sich von unten und oben bedroht fühlen und sozial instinktiv von vornherein eine Vermittlung zwischen den Extremen suchen«.[79] Die Verbindung wird ebenfalls in der Besprechung des Buches von Thieme erwähnt, in der er auf Übereinstimmungen mit der Diskussion um den »neuen Mittelstand« hinweist.[80] Auch Hans Zehrer stellt in seiner Rezension von *Ideologie und Utopie* diese These auf: »Die Intelligenzschicht entspricht in ihrer Mehrheit einer Schicht, die man als Mittelklasse bezeichnen kann, sie ist soziologisch an diese Mittelklasse gebunden.«[81]

Eine weitere Affinität ergibt sich daraus, dass die Diskussion zu den »Angestellten« gleichfalls in dem für Mannheim wichtigen Heidelberger Milieu geführt wird,[82] am prominentesten von Emil Lederer, der sich 1910 bei Alfred Weber zu dem Thema *Die Privatangestellten in der modernen Wirtschaftsentwicklung* habilitiert und in einem späteren Beitrag mit Jakob Marschak seine Studien zum »neuen Mittelstand« zusammenfasst.[83] Lederer und Marschak nennen darin als Merkmal des »neuen Mittelstandes« – und nicht nur der Intellektuellen – »die *Zwischenstellung* zwischen den Klassen«.[84] Charlotte Lütkens, die 1920 bei Alfred Weber promoviert, bezeichnet die Intellektuellen ebenfalls nur als Beispiel für »jene[.] größere[.] Zwischenschicht, für die die Bezeichnung ›geistiger Mittelstand‹ üblich geworden ist«.[85]

Die Verbindung der Themen ist auch bei Kracauer zu erkennen,

79 Mannheim, *Ideologie und Utopie,* S. 134; vgl. auch Mannheim, »Generation«, S. 162.

80 Thieme, »Rezension«, S. 67.

81 Hans Zehrer, »Die Revolution der Intelligenz«, in: *Die Tat* 21 (1929), S. 486-507, hier S. 498 f.

82 Reinhard Blomert, *Intellektuelle im Aufbruch. Karl Mannheim, Alfred Weber, Norbert Elias und die Heidelberger Sozialwissenschaften*, München 1999.

83 Emil Lederer, *Die Privatangestellten in der modernen Wirtschaftsentwicklung*, Tübingen 1912; Emil Lederer, Jakob Marschak, »Der neue Mittelstand«, in: *Grundriss der Sozialökonomik. IX. Abteilung. Das soziale System des Kapitalismus. I. Teil. Die gesellschaftliche Schichtung im Kapitalismus*, Tübingen 1926, S. 120-141.

84 Ebd., S. 123; vgl. Emil Lederer, »Die Umschichtung des Proletariats und die kapitalistischen Zwischenschichten vor der Krise (1929)«, in: ders., *Kapitalismus, Klassenstruktur und Probleme der Demokratie in Deutschland 1910-1940. Ausgewählte Aufsätze mit einem Beitrag von Hans Speier und einer Bibliographie von Bernd Uhlmansiek. Herausgegeben von Jürgen Kocka*, Göttingen 1979, S. 172-185.

85 Charlotte Lütkens, *Staat und Gesellschaft in Amerika. Zur Soziologie des amerikanischen Kapitalismus,* Tübingen 1929, S. 131.

der, wie gesehen, eine positive Besprechung zu *Ideologie und Utopie* veröffentlicht hatte. Dieses Werk von Mannheim nennt er zwar nicht in seiner Studie *Die Angestellten* von 1930, die er Mannheim schickt und die Mannheim in seiner Antwort lobt,[86] er weist aber darin auf die Affinität der Angestellten zur Intelligenz hin: »Die Intellektuellen sind entweder selbst Angestellte, oder sie sind frei, und dann ist ihnen der Angestellte seiner Alltäglichkeit wegen gewöhnlich uninteressant.«[87] Zu den »freien Berufen« hält er in einem späteren Aufsatz wie Mannheim fest, dass diese geistig nicht eindeutig durch die Klassenlage bestimmt und daher »gesinnungsmäßig nicht festzulegen [seien]. Nicht so, als ob sie der allgemeinen Verelendung entgangen wären; die ökonomische Position erlaubt jedoch bei ihnen keinen zwingenden Schluß auf die ideologische Haltung ihrer Vertreter.«[88]

In den Arbeiten von Theodor Geiger aus dem Jahre 1930 wie »Panik im Mittelstand« ist nach dem Erscheinen von Mannheims *Ideologie und Utopie* ein direkter Einfluss des Werkes auszumachen.[89] Geiger zählt die Intellektuellen darin ebenfalls zum »neuen Mittelstand« und ein Teil davon sind für ihn Selbständige und Beamte, die zusammen den »Stand der Gebildeten« ausmachen. In dem Kontext bezieht er sich auf Mannheims *Ideologie und Utopie* und dessen Idee des »›frei schwebenden intellektuellen Mittelstand[s]‹«, wie Geiger es formuliert, wobei Mannheim den Begriff selbst nicht benutzt.[90] Als Parallele zu Mannheim weist Geiger jedoch als Merkmal dieser Gruppe auf die »mannigfach verschiedene soziale Herkunft der Angestellten« hin.[91]

In seinem späteren bekannten Werk *Die soziale Schichtung des deutschen Volkes* von 1932 diskutiert Geiger den »Ideologie«-Begriff von Mannheim aus *Ideologie und Utopie* genauer und grenzt ihn

86 Mannheim, *Briefe*, S. 42.

87 Kracauer, *Angestellten*, S. 14. Kracauer gibt zudem eine ähnliche Beschreibung der »Ortlosigkeit« der Angestellten, wie Mannheim sie für der Intellektuellen diagnostiziert: »Die Masse der Angestellten unterscheidet sich vom Arbeiter-Proletariat darin, daß sie geistig obdachlos ist« (ebd., S. 117).

88 Kracauer, *Aufsätze*, S. 226.

89 Theodor Geiger, »Panik im Mittelstand«, in: *Die Arbeit* 7 (1930), S. 637-654.

90 Geiger nennt auch keine Seitenangaben für die vermeintlichen Zitate aus Mannheims Werk.

91 Ebd., S. 641, 644.

von dem der »Mentalität« theoretisch ab.[92] In seiner Sozialstrukturtheorie nennt er zudem erneut die Intellektuellen als eine der Gruppen des neuen Mittelstandes und als dessen Kern historisch den »Stand der Gebildeten«.[93] Er führt darüber hinaus jedoch andere Formen der Intelligenz als die »freischwebende Intelligenz« auf wie die »gewerbsmäßige Intelligenz – in beamteter Stellung oder gemanaget«.[94]

Die Verbindung der Themen »Angestellten«/»Intelligenz« wird ebenfalls bei Speier deutlich, dessen Werk *Soziologie der deutschen Angestelltenschaft* wie Geigers *Die soziale Schichtung des deutschen Volkes* in der von Alfred von Martin, Sigmund Neumann und Albert Salomon herausgegebenen Reihe *Soziologische Gegenwartsfragen* erscheinen soll.[95] Speier zählt darin die »Intelligenz« zwar nicht zu den Angestellten, beobachtet aber gleichfalls eine Affinität zwischen ihnen. Seine Erklärung, wieso es so viele Arbeiten zu dem Thema gibt, ist, dass »der soziologisch interessierte Schriftsteller« Berührungen zu den Angestellten besitzt: »Er kannte sie besser als beispielsweise die Arbeiter oder die Bauern, weil er als Angehöriger der ›Intelligenz‹ ihnen gesellschaftlich näher stand als den anderen Schichten.«[96] Er hält zudem ähnliche soziale Faktoren für die

92 Theodor Geiger, *Die soziale Schichtung des deutschen Volkes*, Stuttgart 1932, S. 77-79; vgl. auch schon Geiger, »Panik«, S. 643. Dieses Buch von Geiger wird von Mannheim in einem Brief an Walter Adams von der englischen Hilfsorganisation »Academic Assistance Council« (AAC) vom 17. 7. 1934 gelobt: »Seine [Geigers] erste grössere Publikation hat zur Psychologie der revolutionären Massen her Wesentliches beigetragen, und sein letztes Buch über die soziale Schichtung des deutschen Volkes ein Themengebiet empirisch-statistisch und in soziologischer Interpretation verarbeitet, was von bleibendem Wert sein wird« (Mannheim, *Briefe*, S. 83).

93 Geiger, *Soziale Schichtung*, S. 97, 100. Geiger erwähnt auch die Charakterisierung des Mittelstandes durch Lederer und Marschak, dass er »zwischen den Klassen« steht (Lederer, Marschak, »Neue Mittelstand«; Geiger, *Soziale Schichtung*, S. 102).

94 Ebd., S. 121.

95 Speier, *Angestellten*, S. 9. Das Werk kann aber nicht mehr in Deutschland publiziert werden und es erscheinen nur noch Teile daraus als »Bemerkungen zur Erfassung der sozialen Struktur« 1933 in der letzten Ausgabe des *Archivs für Sozialwissenschaften und Sozialpolitik* (Hans Speier, »Bemerkungen zur Erfassung der sozialen Struktur«, in: *Archiv für Sozialwissenschaft und Sozialpolitik* 69 (1933), S. 705-725). Vollständig wird die Studie erst 1977 unter dem Titel *Die Angestellten vor dem Nationalsozialismus* publiziert.

96 Speier, *Angestellten*, S. 10, S. 14.

Angestellten wie für die Intelligenz für relevant und geht z. B. der sozialen Herkunft der Angestellten bzw. deren »Aufstieg im Beruf« nach.[97] Speier greift auch, ähnlich wie Geiger, die Idee aus seiner Rezension von Mannheims Buch *Ideologie und Utopie* auf, dass es andere Formen der »Intelligenz« als die der »freischwebenden Intelligenz« gibt, etwa eine »erfahrungswissenschaftliche[.] Intelligenz«, die er alternativ als »technische[.] Intelligenz« bezeichnet.[98]

In der zeitgenössischen allgemeinen Berufssoziologie werden die Thesen Mannheims schließlich 1930 in der Einleitung von Ottoheinz Gablentz zu dem Werk *Deutsche Berufskunde,* das Mannheim später in »Das Problem der Intelligenz« zitiert, sozialstrukturell untermauert, da Bildung für Gablentz ein Schichtmerkmal ist: »Diese verhängnisvolle Grenze, die das ganze deutsche Volk in *›Gebildete‹* und *›Ungebildete‹* scheidet, ist ein sehr kompliziertes Gebilde.«[99] Intellektuelle werden in der *Deutschen Berufskunde* aber noch nicht als eigene Berufsgruppe aufgeführt.

## 4. Die Fortsetzung des »Streits um die Wissenssoziologie«: die Intellektuellen bei Mannheim in seinen Arbeiten nach *Ideologie und Utopie*

Als Reaktion auf diese Diskussionen nach der Veröffentlichung von *Ideologie und Utopie* entwickelt Mannheim seine Intellektuellentheorie weiter. Dies wird aber dadurch verdeckt, dass die einzige öffentliche Reaktion Mannheims auf die vielen Kritiken seine Antwort auf den Beitrag von Curtius ist, die als »Zur Problematik der Soziologie in Deutschland« in der *Neuen Schweizer Rundschau* erscheint.[100] Mannheim betont darin, dass seine Wissenssoziolo-

97 Ebd., S. 44-51, 52-58.

98 Ebd., S. 94, 108; Speier, »Soziologie oder Intelligenz?«.

99 Ottoheinz von der Gablentz, »Einleitung«, in: ders., Carl Mennicke, *Deutsche Berufskunde,* Leipzig 1930, S. 1-12, hier S. 3; Karl Mannheim, »Das Problem der Intelligenz«, in diesem Band, S. 31.

100 Karl Mannheim, »Zur Problematik der Soziologie in Deutschland«, in: Volker Meja, Nico Stehr (Hg.), *Der Streit um die Wissenssoziologie. Zweiter Band. Rezeption und Kritik der Wissenssoziologie,* Frankfurt/M. 1982, S. 427-437. Auch später will Mannheim nicht auf die Kritiken z. B. von Alexander von Schelting reagieren und nennt als Grund dafür in einem Brief an Wirth vom 28. 12. 1936:

gie eine empirische und historische Ausrichtung besitze und er die Philosophie nicht durch die Soziologie ersetzen wolle, die Idee der »freischwebenden Intelligenz« erwähnt er jedoch nicht.[101]

Weitere Anfragen für Repliken lehnt Mannheim ab, wie er in einem Brief an seinen Verleger Klostermann am 26.1.1930 erläutert: »Mich selbst hat die ›Neue Rundschau‹ aufgefordert, über Ideologie und Utopie für sie etwas zu schreiben; da es aber nicht wahrscheinlich ist, dass ich in der nächsten Zeit dazu komme, halte ich es nicht für ausgeschlossen, dass der Heiss'sche Aufsatz dort Aufnahme finden würde.«[102] Mannheims Sichtweise auf die Debatte wird daher allein durch Bemerkungen in seinen Briefen deutlich. In einem Schreiben an Klostermann vom 2.10.1929 äußert er sich aber kritisch zu dem erkenntnistheoretischen Fokus der Diskussion, wenn er sich zwar für die Zusendung der Besprechungen von Robert Heiß und Thieme bedankt, zu der von Heiß aber schreibt: »Die erstere hat mich sehr interessiert und gefreut, denn sie ist sehr klug und sachlich, wenn auch nur die philosophische Seite in den Kreis der Betrachtung einbezogen wird.«[103]

Mannheim führt danach jedoch die Arbeit an dem Thema »Intelligenz« fort und reagiert in seinen späteren Arbeiten auf die Rezensionen zu seinem Buch und ausdrücklich auf die Arbeiten der Angestellten- bzw. Berufssoziologie. In seinem Vortrag »Gegenwartsaufgaben der Soziologie« aus dem Jahr 1932 hebt er programmatisch die neue, »sehr wertvolle Berufskunde« hervor und meint: »Diese Strömung müßte weitergebildet werden in der Richtung einer genauen sozialen Charakteristik der vorhandenen ›Intelligenzgruppen‹, ohne deren Befundaufnahme weder die Kulturgestalt

»Ich habe es bedeutenderen Gegnern gegenüber (mit Ausnahme von Scheler) nicht getan, denn ich glaube, die Arbeiten selbst sollten überzeugen, und es hat keinen Sinn jenen wieder zu antworten, die bloss die alten Argumente wiederholen« (Mannheim, *Briefe,* S. 119 f.).

101 Mannheim, »Zur Problematik der Soziologie in Deutschland«, S. 431, 434.

102 Mannheim an Klostermann vom 26.1.1930, Briefwechsel Vittori Klostermann – Karl Mannheim 1928-1930, A: Klostermann-Verlag, Deutsches Literaturarchiv Marbach.

103 Mannheim an Klostermann vom 2.10.1929, Briefwechsel Vittori Klostermann – Karl Mannheim 1928-1930, A: Klostermann-Verlag, Deutsches Literaturarchiv Marbach; Thieme, »Rezension«, Robert Heiß, »Besprechung von Karl Mannheim Ideologie und Utopie«, in: *Kölner Vierteljahreshefte für Soziologie* 8 (1929), S. 240-243.

einer Epoche noch die politische Differenzierung und Führung verständlich sind.«[104]

Der Einfluss wird erstmals in seinem Artikel »Über das Wesen und die Bedeutung des wirtschaftlichen Erfolgsstrebens« von 1930 deutlich, in dem er als weitere Form der Intelligenz neben der »freischwebenden Intelligenz« kurz die »fachgeschulte Intelligenz« erwähnt.[105] Er stützt sich auf die genannte Sozialstrukturtheorie Webers, in der Weber, wie gesehen, drei Gruppen unterschieden hatte, darunter die »Bildungsprivilegierten«.[106] Mannheim geht von dieser Bestimmung aus und ersetzt den Begriff der »Bildungsprivilegierten« durch den der »sogenannte[n] fachgeschulte[n] Intelligenz«, wozu er vor allem Beamte und technische Leiter zählt.[107]

Es findet sich zudem ein direkter Bezug Mannheims zur Diskussion zur Angestelltensoziologie der Weimarer Zeit. In den Literaturangaben zu dem Themenbereich »Beamte, Angestellte und sonstige soziale Typen« führt er die Arbeiten von Kracauer und Lederer/Marschak auf und erklärt zu Kracauers Schrift *Die Angestellten*, dass die Mentalität der Angestellten »in *Krakauers* neuesten Beobachtungen glänzend fixiert« sei.[108]

Ein anderer neuer Aspekt, der schon in diesem Aufsatz zu erkennen ist, ist die stärkere sozialpsychologische Orientierung Mannheims, angeregt möglicherweise ebenfalls durch die Weber-Rezeption.[109] Seine zentrale These lautet, dass die Wirtschaft den gesamten

104 Karl Mannheim, »Die Gegenwartsaufgaben der Soziologie. Ihre Lehrgestalt«, in: ders., *Schriften zur Soziologie*. Hrsg. v. Oliver Neun. Wiesbaden 2019, S. 67-108, hier S. 85.

105 Karl Mannheim, »Über das Wesen und die Bedeutung des wirtschaftlichen Erfolgsstrebens. Ein Beitrag zur Wirtschaftssoziologie«, in: ders.; *Schriften zur Kultur- und Wirtschaftssoziologie*, hrsg. v. Amalia Barboza und Klaus Lichtblau. Wiesbaden 2009, S. 167-220; hier S. 212.

106 Ebd., S. 211 f.

107 Ebd., S. 212; Weber, *Wirtschaft und Gesellschaft,* S. 60.

108 Mannheim, »Erfolg«, S. 218, 209; Kracauer, *Angestellte,* Lederer, Marschak, »Neue Mittelstand«. Von Speier zitiert er einen früheren Aufsatz zu den Angestellten. In seinem Überblicksaufsatz »Deutsche Soziologie« erwähnt er ebenfalls die »sehr instruktiven Beiträge von Lederer und Marschak« (Mannheim, »Deutsche Soziologie«, S. 139).

109 Mannheim arbeitet in der Zeit an einer Monographie zu Webers Werk, die er aber nicht veröffentlicht (Mannheim, *Briefe,* S. 35-37). Nach dem Erscheinen von *Ideologie und Utopie* 1929 entwickelt Mannheim generell ein neues Interesse an der (Sozial)-Psychologie (Mannheim, »Gegenwartsaufgaben der Soziologie«,

»sozialpsychologischen Habitus« prägt und die »Gestalt des ›Geistigen‹ in unserer Gesellschaft« verändert, ohne Letzterem aber genauer nachzugehen.[110] Mannheim deutet damit jedoch schon deren Relevanz für Fragen der Kultursoziologie an, wenn noch ohne direkten Bezug zu den Intellektuellen.

Mannheim beschäftigt sich auch nach seinem Wechsel von Heidelberg nach Frankfurt 1930 mit dem Problem der »Intelligenz«, erstmals in seiner Antrittsvorlesung im Sommersemester 1930, in der er explizit auf die Kritiken an seinem Ansatz verweist.[111] Er spricht jetzt deutlicher als in *Ideologie und Utopie* von einer »soziologisch gewordenen Intelligenz«, die die »Gesamtsituationen sehen kann, wo der andere nur die Partikularsituationen sieht«.[112] Darüber hinaus nennt er die Gruppe der Intelligenz erstmals im Kontext der Analyse des Faschismus: »Bei Untersuchungen über Faschismus und Gegenrevolution muß man die Intelligenz des betreffenden Landes untersuchen.«[113]

In späteren, bisher unpublizierten Vorlesungen wie aus dem Sommersemester 1931 zur »Soziologie der Familie« entwickelt Mannheim die Bemerkungen weiter und es finden sich bereits Überlegungen, die in sein späteres Manuskript zu dem Thema eingehen.[114] Eine Veränderung ist, dass er das Thema nun stärker

S. 74; Gunter W. Remmling, *Wissenssoziologie und Gesellschaftsplanung: Das Werk Karl Mannheims,* Dortmund 1968, S. 7).

110 Mannheim, »Erfolg«, S. 190, 183. In einem Brief an Siebeck nennt Mannheim den Artikel auch ausdrücklich, abweichend von dem schließlich gewählten Titel, »Die historisch-sozialen Formen des Erfolgsstrebens und ihr Einfluss auf die Kulturgestaltung [!]« (Mannheim, *Briefe*, S. 45).

111 Karl Mannheim, *Karl Mannheims Analyse der Moderne. (Jahrbuch für Soziologiegeschichte 1996). Mannheims erste Vorlesung von 1930. Edition und Studien.* Hrsg. v. Martin Endreß und Ilja Srubar, Opladen 2000. »Kurz will ich noch auf einen anderen Einwand eingehen, der mir gemacht worden ist [...]« (ebd., S. 113).

112 Ebd., S. 116, 110.

113 Ebd., S. 31. In dem Vortrag wird von ihm zudem erstmals ausdrücklich Freud erwähnt (ebd., S. 35, 116 f.; Loader, *Mannheim*, S. 125; Martin Endreß, Ilja Srubar, »Einleitung«, in: Karl Mannheim, *Karl Mannheims Analyse der Moderne. Mannheims erste Frankfurter Vorlesung von 1930. Edition und Studien*, Opladen 2000, S. 7-15, hier S. 9).

114 Karl Mannheim, Vorlesungsmanuskript »Soziologie der Familie, Die Gesellschaftsformen der Gegenwart und ihre Geschichte mit 3-seitiger Einleitung zu Geschichte und Bedeutung der Soziologie nach Ottmar Spann sowie Geschichte und gegenwärtige Schulen der Gesellschaftslehre«, Karl Mannheim Samm-

historisch behandelt, unter anderem auf die Konflikte in der griechischen Welt und die dortige »Intelligenzschicht« eingeht sowie bei der Beschreibung der Geschichte der Askese diese Gruppe erwähnt.[115] Die Bedeutung der »Intelligenz« für die Entwicklung der Kultur wird ebenfalls schon angedeutet: »Träger der Auseinandersetzung, die sich zwischen den sich berührenden Kulturkreisen vollzieht, ist die geistig am weitesten entwickelte Schicht, die Intelligenzschicht. Ihre einzelnen Angehörigen nehmen die neu einströmenden Gedanken oder Formen auf, bringen sie in sich zum Konflikt, zur Entscheidung für eine der rivalisierenden Wertskalen oder bilden eine neue Wertskala.«[116] Zudem verwendet Mannheim neue theoretische Begriffe wie den der »Sonderwelt«: im Mönchtum zeigt sich z. B. die »erstmalige *Schaffung einer Sonderwelt, die sich von der interdependenten Welt deutlich* abhebt«.[117]

Die Überlegungen führt Mannheim in seiner Vorlesung »Theorie und Geschichte der sozialen Klassen, Probleme des Aufstiegs und der Bildungsschicht« im Wintersemester 1931/1932 fort.[118] Deutlich wird bereits durch deren Titel, dass er hier die Intellektuellen stärker im Kontext der Klassen- und Sozialstrukturtheorie analysiert und insbesondere auf die »Rolle der *Intelligenzschicht* im Sozialprozess« eingeht.[119] Weiter zeigt sich aber seine historische Ausrichtung, da er unter anderem auf die »Familie der Germanen« und auf das »Zeitalter der Stammesbildung (100-500)« eingeht.[120] Auch greift er den Begriff der »Sonderwelt« wieder auf und erwähnt das Rittertum, bei dem in der Burg eine »Sonderwelt« entsteht.[121]

Neu und wegweisend für die späteren Arbeiten ist, dass Mannheim darüber hinaus erstmals die Rolle von Intellektuellen*gruppen*

lung, Sozialwissenschaftliches Archiv Konstanz. Die Vorlesungen aus Frankfurt sind generell von Interesse, weil Mannheim darin Aspekte behandelt, die in seinen veröffentlichten Arbeiten nicht (mehr) auftauchen, z. B. die Analyse des Hofes oder der Rolle der Frau.

115 Ebd., S. 25, 32.

116 Ebd., S. 45.

117 Ebd., S. 37.

118 Karl Mannheim, Vorlesungsmanuskript »Theorie und Geschichte der sozialen Klassen, Probleme des Aufstiegs und der Bildungsschicht«, Karl Mannheim Sammlung, Sozialwissenschaftliches Archiv Konstanz.

119 Ebd., S. 2.

120 Ebd., S. 18.

121 Ebd., S. 66.

und deren Funktionen in den Mittelpunkt stellt. Die Intelligenzler haben für ihn eine *»spezifische Funktion«* im Gesellschaftsprozess, wobei er insbesondere auf die Bedeutung der »Soziologie der Intelligenzgruppen« für die Geistesgeschichte verweist.[122] Als wichtigen Aspekt nennt er deren »Form der Amalgamierung« und er führt verschiedene Typen solcher Verbindungen auf, womit er – wie unter anderem von Speier in dem »Streit um die Wissenssoziologie« gefordert – eine genauere Differenzierung der verschiedenen Arten der »Intelligenz« unternimmt. Er unterscheidet nun »drei Formen der Intelligenz«: die »lokal gebundene Intelligenz«, die »gebundene Intelligenz« und die »relativ emanzipierte, freischwebende Intelligenz«.[123] Darüber hinaus finden sich erste Bemerkungen Mannheims zur Empirie von Intellektuellenanalysen, da z. B. *»empirische soziographische Stichproben«* zu machen wären.[124]

Mannheim hält auch 1932 einen Vortrag in Holland zu dem Thema, der stärker auf die Gegenwart bezogen ist als seine Vorlesungen in Frankfurt.[125] Darin bezeichnet er es als ein Merkmal seiner Zeit, dass die Intelligenz sich zunehmend selbst bewusst werde.[126] Das Krisenbewusstsein ist jetzt aber stärker ausgeprägt als

122 Ebd., S. 78, 80.

123 Ebd., S. 82, Speier, »Soziologie oder Ideologie?«.

124 Mannheim, Vorlesungsmanuskript »Theorie und Geschichte der sozialen Klassen, Probleme des Aufstiegs und der Bildungsschicht«, S. 102. Es finden sich im Nachlass auch weitere verstreute, wahrscheinlich in diesem Kontext entstandene deutsche Notizen Mannheims zu dem Thema der Intelligenz (Karl Mannheim Papers, Man 1/B(1), 144, Keele University Archives and Special Collections; vgl. auch Man 1/H, 272 f., ebd.).

125 Der Vortrag wird erst 1993 auf Englisch veröffentlicht (Karl Mannheim, »The Sociology of Intellectuals«, in: *Theory, Culture & Society* 10 (1993), S. 69-80).

126 Grundsätzlich ist dies für Mannheim keine historisch neue Entwicklung, da sich eine solche soziologische Selbst-Interpretation erstmals im Proletariat zeigt, zudem sieht er Parallelen zu der Bewußtwerdung in der Frauen- und in der Jugendbewegung. Die Intellektuellen sind nur die letzte Gruppe, die ein solches Selbstbewusstsein erlangen. Die Entwicklung wird für ihn aber dadurch erschwert, dass schon eine dominierende Interpretationsmöglichkeit für sie vorliegt, die des Proletariats, wonach die Intellektuellen entweder eine Klasse oder unwichtig sind (Mannheim, »Sociology of Intellectuals«, S. 74). Hier beobachtet Mannheim ebenfalls Parallelen zur Frauenbewegung, da die Emanzipation der Frauen durch die dominierende männliche Sicht behindert wurde (ebd., S. 73). Dies könnte man für ihn als Ausweitung der These von Marx interpretieren, dass die Konzeption einer bestimmten Zeit immer die der herrschenden Klasse sei (ebd., S. 73).

in früheren Texten Mannheims, weil für ihn viele Kräfte in der Gegenwart eine echte geistige Bildung verhindern wollen.[127] Die (Selbst-)Kritik an den Universitäten und dem Staat ist z. B. erstmals klar formuliert, weil Mannheim interne und externe Feinde der Intellektuellen ausmacht und als die internen die Intellektuellen selbst bezeichnet, die denken, dass ihre Intelligenz durch ein Bildungszertifikat ausreichend belegt werde. Diese Tendenz wird für ihn durch die Verbindung zum Staat verstärkt, der zunehmend der soziologische Lebensraum der »patentierten Intellektuellen« werde.[128] Er beobachtet dadurch generell zwar einen gesellschaftlichen Bedeutungsgewinn der Intellektuellen, worin für ihn aber eine Gefahr liegt: »Alle Funktionen in der großen Organisation stehen ihnen zur Verfügung – sofern sie sich nicht dagegen wehren, Funktionäre zu werden.«[129] Die Parteien, insbesondere die sozialistischen Parteien, bräuchten jedoch undogmatische Intellektuelle.

In dieser Zeit werden auch mehrere Doktorarbeiten zu dem Thema »Intellektuelle« bzw. »Intelligenz« bei Mannheim verfasst, in denen der Einfluss seiner Vorlesungen oder Veranstaltungen zu erkennen ist und auf die er später selbst als Anwendung seiner intellektuellensoziologischen Ideen verweist.[130] Sie können zudem

127 Ebd., S. 78.

128 Ebd., S. 78; Übersetzung O. N.

129 Ebd., S. 79; Übersetzung O. N.

130 Mannheim, »Das Problem der Intelligenz«, S. 42; vgl. auch Kettler et al., *Mannheim,* S. 139. Zu dem Kreis in Frankfurt um Mannheim vgl. Claudia Honegger, »Die ersten Soziologinnen in Frankfurt«, in: Heinz Steinert (Hg.), *Die (mindestens) zwei Sozialwissenschaften in Frankfurt und ihre Geschichte. Ein Symposion des Fachbereiches Gesellschaftswissenschaften aus Anlaß des 75-Jahre-Jubiläums der J. W. Goethe-Universität Frankfurt 11./12. Dezember 1989*, Frankfurt 1990, S. 88-99; Kettler et al., *Mannheim.* Mannheims Schüler und Schülerinnen behandeln in diesen Doktorarbeiten Bereiche, die Mannheim nicht im Blick hat, und sie zeigen damit schon die Breite der empirischen Anwendungsmöglichkeiten auf. Hans H. Gerth geht z. B. auf die Bedeutung der Universitäten und die Universitätsintelligenz und Nathalie Halperin auf die weiblichen Intellektuellen ein (Hans H. Gerth, *Bürgerliche Intelligenz um 1800. Zur Soziologie des deutschen Frühliberalismus,* Mit einem Vorwort und einer ergänzenden Bibliographie hrsg. v. Ulrich Herrmann, Göttingen 1976, S. 45; Natalie Halperin, *Die Deutschen Schriftstellerinnen in der zweiten Hälfte des 18. Jahrhunderts. (Versuch einer soziologischen Analyse)*, Quakenbrück 1935). Schon in seiner Zeit in Heidelberg gibt es erste von Mannheim initiierte Dissertationen zu dem Thema, die er aber, weil er zu der Zeit noch Privatdozent ist, nur inoffiziell betreuen darf wie Hans

schon grundsätzlich als Umsetzung seiner Forderung nach einer empirischen und historischen Wissens- bzw. Intellektuellensoziologie und als Reaktion auf die Kritiken an seinem Buch *Ideologie und Utopie* gelesen werden, etwa die von Kracauer, dass Mannheims Beschreibung der Intelligenz zu formalistisch und empirische Forschung dazu notwendig sei.[131]

Seine neueren Überlegungen zu Intellektuellen und zu Intellektuellen*gruppen* nach der Veröffentlichung von *Ideologie und Utopie* will Mannheim in dieser Zeit auch schon selbst veröffentlichen. Zum ersten Mal taucht die Idee einer Sammlung der bereits erschienenen Arbeiten Mannheims nach der Publikation von *Ideologie und Utopie* in einem Brief seines Verlegers Vittorio Klostermann vom 10. 5. 1929 auf.[132] Mannheim lehnt den Vorschlag ab, weil er schon zu diesem Zeitpunkt die Idee für ein umfassenderes Werk hat, wie er in seiner Antwort an Klostermann vom 18. 5. 1929 andeutet: »Auch diese sind Vorarbeiten für ein später zu schreibendes systematisches Werk ›Soziologie des Geistes‹ und ich habe Gewissensbisse, dass ich mir durch eine Publikation der Aufsätze in Druckform die Möglichkeit zur Verwirklichung des größeren Planes verbaue.«[133]

Speiers »Die Geschichtsphilosophie Lassalles«, in der Speier kurz die »Intelligenz« erwähnt (Hans Speier, »Die Geschichtsphilosophie Lassalles«, in: *Archiv für Sozialwissenschaft und Sozialpolitik* 61 (1929), S. 103-127, 360-388, hier S. 388; vgl. auch Ulrike Brünauer, *Justus Möser*, Berlin 1933). Schon in Heidelberg erfolgt zudem eine »Kreis«-Bildung um Mannheim herum. Mannheim bedankt sich nach seinem Weggang nach Frankfurt in einem Brief an die »Mannheimer aus Heidelberg« dafür und macht halb ernste theoretische Anmerkungen zu der Form: »Der Pädagoge und Soziologe in mir kann nicht still halten: Problem: Worin besteht die Eigenart einer Gruppenbildung, wie der der ›Mannheimer aus Heidelberg‹? Wo gibt es Analogien in der Geschichte? Was für Funktionen und Missionen haben diese stets gehabt?« (Mannheim an die »Mannheimer aus Heidelberg« vom 15. 1. 1930, 45.5.1., Norbert Elias Nachlass, Deutsches Literaturarchiv Marbach). Mannheims Interesse an Intellektuellen*gruppen* ist deshalb ebenfalls eine Reflexion der Erfahrungen in dem Kreis um ihn selbst.

131 Kracauer, *Aufsätze*.

132 Klostermann an Mannheim vom 10. 5. 1929, Briefwechsel Vittori Klostermann – Karl Mannheim 1928-1930, A: Klostermann-Verlag, Deutsches Literaturarchiv Marbach.

133 Mannheim an Klostermann vom 18. 5. 1929, Briefwechsel Vittori Klostermann – Karl Mannheim 1928-1930, A: Klostermann-Verlag, Deutsches Literaturarchiv Marbach.

Nach der Trennung Klostermanns vom Cohen Verlag, in dem *Ideologie und Utopie* erschienen war, und der Neugründung seines eigenen Verlages greift Klostermann am 3.10.1930 die Idee wieder auf und fragt Mannheim erneut, ob er ein Manuskript habe, dass er bei ihm veröffentlichen wolle.[134] Vielleicht durch den Brief Klostermanns angeregt, scheint Mannheim kurz danach den Zeitpunkt für eine solche Publikation für gekommen zu halten, das Werk soll aber, unter anderem wegen der Probleme mit dem Cohen Verlag, nun im Mohr Siebeck Verlag erscheinen.[135] In einem Brief an Paul Siebeck vom 6.10.1930 schlägt Mannheim ihm ein Buch mit dem Titel »Soziologie des Geistes« vor, in dem veröffentlichte und unveröffentlichte Arbeiten von sich versammelt sein sollen. Zu den unveröffentlichten Manuskripten zählt er erstmals »Die Bedeutung der Intelligenzschichten für die Gestaltung der Politik und Kultur«.[136] Siebeck zeigt sich auch interessiert,[137] Mannheim schickt Siebeck am 11.6.1931 daraufhin das voraussichtliche Inhaltsverzeichnis des geplanten Bandes zu und nennt als Zeitpunkt für die Fertigstellung der noch fehlenden Arbeiten Anfang November diesen Jahres.[138] In dem Verlagsvertrag für das Buch trägt der Intellektuellenaufsatz bereits den neuen Titel »Das Problem der Intelligenz«.[139]

Die Abfassung der neuen Kapitel dauert aber länger als geplant.[140]

134 Klostermann an Mannheim vom 3.10.1930, Briefwechsel Vittori Klostermann – Karl Mannheim 1928-1930, A: Klostermann-Verlag, Deutsches Literaturarchiv Marbach.

135 Eine Verbindung zu diesem Verlagshaus hat Mannheim schon länger, weil in der Zeitschrift *Archiv für Sozialwissenschaft und Sozialpolitik* mehrere Aufsätze Mannheims erscheinen und er in dessen inoffizieller Redaktionskonferenz mitarbeitet (Eberhard Demm, *Geist und Politik im 20. Jahrhundert. Gesammelte Aufsätze zu Alfred Weber,* Frankfurt/M. 2000; Mannheim, »Das konservative Denken«).

136 Mannheim, *Briefe,* S.45f.

137 Siebeck an Mannheim vom 13.11.1930, 488, A 452, 2, Bl. 220, Verlagsarchiv Mohr-Siebeck, Handschriftenabteilung der Staatsbibliothek zu Berlin.

138 Mannheim an Siebeck vom 11.6.1931, 488, A 460, 2, Bl. 49, Verlagsarchiv Mohr-Siebeck, Handschriftenabteilung der Staatsbibliothek zu Berlin.

139 Verlagsvertrag, 488, A 460, 2, Bl. 36-38, Verlagsarchiv Mohr-Siebeck, Handschriftenabteilung der Staatsbibliothek zu Berlin.

140 In der Zwischenzeit erscheint aber auch im selben Verlag Mannheims Vortrag *Gegenwartsaufgaben der Soziologie* (Karl Mannheim, *Die Gegenwartsaufgaben der Soziologie*, Tübingen 1932).

Mannheim nennt in einem Schreiben an Siebeck vom 13.10.1932 den Band zwar als »im Wesentlichen fertig«, das kommende Wintersemester werde jedoch vermutlich die Arbeit behindern.[141] Daher erwähnt er zwar schon kurz in seinem 1932 veröffentlichten Vortrag »Die Gegenwartsaufgaben der Soziologie« das Entstehen einer »neuartige[n] echte[n] Intelligenz«, die in enger Beziehung zur sozialen Praxis steht, aber es kommt bis zur Machtübernahme der Nationalsozialisten im Januar 1933 zu keiner Publikation seiner längeren Intellektuellenarbeit.[142]

## 5. Mannheims Emigration nach England und der Abbruch der Arbeit an dem Intellektuellenmanuskript

Kurz nachdem Mannheim am 14.4.1933 die Mitteilung der Frankfurter Universität bezüglich seiner Beurlaubung erhalten hat, fasst er aber den Entschluss, zu emigrieren, und fährt zunächst nach Paris.[143] Dort erhält er am 11.5.1933 das Angebot, an der London School of Economics (LSE) zu unterrichten, und fährt daraufhin nach London, wo er am 24.5.1933 ankommt.[144]

In der Zeit verfolgt er weiter die Publikation seines Intellektuellenmanuskripts, letztlich aber erfolglos, denn durch die Machtergreifung der Nationalsozialisten und seine Flucht gibt es einen Einschnitt in der Beziehung zu seinem Verleger Siebeck. Mannheim selbst geht auf die politischen Ereignisse in seinem ersten Schreiben nach seiner Beurlaubung an Siebeck vom 22.4.1933 nicht ein, sondern meint nur, dass er die Ferien benutzt hätte, um den Band *Soziologie des Geistes* abzuschließen, und dass er das Manu-

141 Mannheim an Siebeck vom 13.10.1932, 488, A 467, Bl. 18-68, Bl. 64-65, Verlagsarchiv Mohr-Siebeck, Handschriftenabteilung der Staatsbibliothek zu Berlin.

142 Mannheim, »Gegenwartsaufgaben der Soziologie«, S. 97.

143 Am 1.9.1933 wird Mannheim auch in den Ruhestand versetzt.

144 Woldring, *Mannheim*, S. 39. Möglicherweise gab es schon vorher Kontakte Mannheims zur LSE, da Schüler von ihm dort studierten. Gerth ist vom 29. Oktober 1929 bis zum 30. März 1930 auf Anregung von Mannheim und Lederer dort (Nobuko Gerth, *Between Two Worlds. Hans Gerth. Eine Biografie 1908-1978*, Opladen 2002, S. 132). Gerth erwähnt in seiner Dissertation unter seinen Lehrern daher auch u.a. Harold Laski und R. H. Tawney (Gerth, *Intelligenz*, S. 130, 1).

skript in ca. sechs Wochen abgeben könne.[145] Siebeck beginnt jedoch zu verzögern und schreibt am 27. 4. 1933 zurück: »Sie kennen meinen Verlag zur Genüge, um zu ermessen, wie stark er durch die Massnahmen an nunmehr sämtlichen deutschen Hochschulen betroffen ist. Wenn sich auch erst im Laufe des Sommersemesters zeigen wird, wie stark der Absatz der Werke der davon betroffenen Herren unter ihrer Beurlaubung leiden wird, so muss ich doch für dieses Semester mit der Möglichkeit eines fühlbaren Ausfalles rechnen.«[146] Er müsse daher bei jedem neuen Werk besondere Vorsicht walten lassen: »Insbesondere werde ich mich nicht vor der Erkenntnis verschließen dürfen, dass neue Veröffentlichungen der durch die Beurlaubungen der letzten Wochen betroffenen Herren in ihren Absatzmöglichkeiten zunächst aufs Äusserste gefährdet sind.« Er will Mannheim daher nicht zusagen, dass sein Manuskript bald in Druck gehen werde, und erst Ende des Sommersemesters darüber entscheiden, wenn er die Auswirkungen der politischen Entwicklung besser einschätzen könne.[147]

Mannheim, der bereits auf dem Weg ins Exil ist, zeigt sich in seiner Reaktion am 11. 5. 1933 schwer getroffen.[148] Siebeck schlägt daraufhin vor, nach Frankfurt zu kommen, um mit ihm genauer darüber zu reden, Mannheim ist aber nicht mehr dort.[149] Siebeck meldet sich danach bei Mannheim in England erst nach fast einem Monat am 14. 6. 1933 wieder und lehnt den Vorschlag für eine schnellere Publikation des Werkes ab, vorgeblich wegen des Umfangs des Manuskripts. Dies sind aber nicht die einzigen Bedenken, wie er selbst anmerkt. Siebeck erwähnt in dem Schreiben auch eine Reise, die er in der Zwischenzeit unternommen hätte und bei der er eruieren wollte, »welche Konsequenzen ich für die Führung meines Verlages aus den Ereignissen der letzten Monate zu ziehen haben werde«.[150]

145 Mannheim an Siebeck vom 22. 4. 1933. 488, A 473, 1, Bl. 53, Verlagsarchiv Mohr-Siebeck, Handschriftenabteilung der Staatsbibliothek zu Berlin.

146 Siebeck an Mannheim vom 27. 4. 1933, 488, A 473, 1, Bl. 51, Verlagsarchiv Mohr-Siebeck, Handschriftenabteilung der Staatsbibliothek zu Berlin.

147 Ebd.

148 Mannheim an Siebeck vom 11. 5. 1933, 488, A 473, 1, Bl. 49, Verlagsarchiv Mohr-Siebeck, Handschriftenabteilung der Staatsbibliothek zu Berlin.

149 Julia Mannheim an Siebeck vom 18. 5. 1933, 488, A 473, 1, Bl. 47, Verlagsarchiv Mohr-Siebeck, Handschriftenabteilung der Staatsbibliothek zu Berlin.

150 Siebeck an Mannheim vom 14. 6. 1933, 488, A 473, 1, Bl. 44-46, Verlagsarchiv Mohr-Siebeck, Handschriftenabteilung der Staatsbibliothek zu Berlin.

Er gibt sich aber noch verhalten optimistisch und zuversichtlich, dass die Arbeiten seines Verlags auch in den »heute herrschenden Schichten, soweit sie wissenschaftlich interessiert sind, ein gewisses Ansehen geniessen«. Siebeck will daher in dem Jahr weiter Werke zu aktuellen Themen herausgeben, Mannheim solle ihm aber vor seiner Entscheidung in Bezug auf sein Werk erst die vollständige Druckvorlage des Buches zuschicken.[151] Auf die Nachricht hin schreibt ihm Mannheim am 18.6.1933 erleichtert zurück, dass er Siebeck das Manuskript bald zusenden und »alle [seine] sonstigen Pläne in diesem Sinne umstellen [wolle], da mir sehr viel daran liegt, diesen Komplex abzuschliessen«.[152]

In der Antwort von Siebeck an Mannheim vom 21.6.1933 zeigt sich darauf jedoch bereits eine Veränderung des Tones, der die eigentlichen, politischen Gründe für Siebecks Zögern nach dem Machtwechsel in Deutschland deutlicher macht. Er berichtet nun Mannheim genauer von seinen Reiseeindrücken und den Autoren, die er dabei gesprochen hatte: »Deshalb wird es vielleicht auch Ihnen zu denken geben, dass diese Herren ausnahmslos Ihrer soziologischen Richtung mit ähnlichen Vorbehalten gegenüberstehen wie der Psychoanalyse Freud und seiner Schule, und ich war selbst überrascht, wie viel Einwendungen in meinen Unterhaltungen immer wieder gegen das Übermass von Skepsis und Analyse erhoben wurden, das für diese wissenschaftlichen Richtungen charakteristisch sei.«[153] Dies solle Mannheim bei der Konzeption des Buches im Auge behalten und darin alles »vermeiden, was provozierend wirken kann«. Er verweist zudem auf die ökonomischen Probleme des Verlages durch die wirtschaftliche Depression.[154]

Mannheim geht in seinem nächsten Schreiben an Siebeck vom

151 Ebd.

152 Mannheim an Siebeck vom 18.6.1933, 488, A 473, 1, Bl. 41, Verlagsarchiv Mohr-Siebeck, Handschriftenabteilung der Staatsbibliothek zu Berlin.

153 Dies deckt sich mit der Einschätzung Sigmund Neumanns in einem Brief an Martin vom 19.10.1932, in dem er die Position der »rechten Soziologen« so kennzeichnet: »Bei allen ist ›Soziologie‹ durch die ›neue Staatslehre‹ ersetzt worden. Soziologie ist für sie Relativismus, und sie wollen absolute Werte« (Neumann an Martin vom 19.10.1932, Sigmund Neumann Nachlass, Deutsches Exilarchiv 1933-1945, Deutsche Nationalbibliothek Frankfurt).

154 Siebeck an Mannheim vom 21.6.1933, 488, A 473, 1, Bl. 38-39, Verlagsarchiv Mohr-Siebeck, Handschriftenabteilung der Staatsbibliothek zu Berlin.

28. 6. 1933 zunächst auf die inhaltlichen Vorwürfe ein,[155] zum zweiten Teil des Briefes meint er: »Im Vertrauen zu Ihnen habe ich mich in einer Periode, die mich vor sehr dringliche Aufgaben stellt, an die Arbeit gemacht und hoffe Ihnen im [Sinne] Ihres vorausgehenden Briefes das Msc. so weit durchgearbeitet zusenden zu können, dass Sie schon *Mitte Juli* seinen Umfang feststellen und disponieren werden können.« In seiner Replik vom 4. 7. 1933 bezeichnet Siebeck den Zeitpunkt als gut für die Ablieferung der Druckvorlage, weil er ab Anfang August in den Sommerurlaub fahren wolle.[156] Mannheim schickt Siebeck daraufhin am 21. 7. 1933 das »komplette Manuskript« des Bandes zu, damit er den Umfang der Druckvorlage abschätzen könne. Der Text ist, wie Mannheim selbst einräumt, jedoch noch nicht vollständig ausgearbeitet: »Ich möchte vor der endgültigen Drucklegung das Manuskript für mehrere Wochen zurückhaben, um es noch einmal vor der endgültigen Drucklegung stilistisch durchfeilen zu können und um an einigen Stellen eventuell auf das Publikum noch genauer Rücksicht zu nehmen.«[157]

In der Zwischenzeit spricht Mannheim in einem Brief an Louis Wirth am 26. 7. 1933 von einer »ganz lange[n] Untersuchung über die ›Intelligenzgruppen‹«, die in dem Band enthalten sein soll, zeigt sich jedoch schon skeptisch hinsichtlich der Möglichkeit der Veröffentlichung des Buches.[158] Siebeck antwortet Mannheim erneut tatsächlich erst nach längerer Zeit am 11. 8. 1933 und nennt als offiziellen Grund dafür, dass er länger gebraucht habe, den Umfang des Manuskriptes abzuschätzen, es sei aber zu lang. Auch sei im Sommersemester ein Tiefstand bei den Verkäufen erreicht worden

155 Dies wirft auch ein Licht auf Mannheims eigene Einschätzung seiner Arbeiten: »Ich würde die Berechtigung des Einwands bezüglich des ›Relativismus‹ noch auf der Stufe meiner ›Ideologie und Utopie‹ ja geben, wer aber meine letzten Arbeiten gelesen hat [...,] meinen Aufsatz ›Wissenssoziologie‹ im ›Handwörterbuch der Soziologie‹, der wird ihn wohl nicht aufrechterhalten« (Mannheim an Siebeck vom 28. 6. 1933, 488, A 473, 1, Bl. 36-37, Verlagsarchiv Mohr-Siebeck, Handschriftenabteilung der Staatsbibliothek zu Berlin). Mannheim sieht damit, was von ihm sonst nicht so deutlich gemacht wird, selbst einen starken Unterschied zwischen beiden Arbeiten.

156 Siebeck an Mannheim vom 4. 7. 1933, 488, A 473, 1, Bl. 34-35, Verlagsarchiv Mohr-Siebeck, Handschriftenabteilung der Staatsbibliothek zu Berlin.

157 Mannheim an Siebeck vom 21. 7. 1933, 488, A 473, 1, Bl. 24, Verlagsarchiv Mohr-Siebeck, Handschriftenabteilung der Staatsbibliothek zu Berlin.

158 Mannheim, *Briefe*, S. 67.

und selbst bei einer Kürzung wäre daher erst eine Veröffentlichung im nächsten Jahr möglich.[159]

Mannheim sendet Siebeck daraufhin am 23. 8. 1933 einen langen Brief zu und zeigt sich konsterniert wegen dieser Nachricht. Er weist wieder darauf hin, dass er »viele lange Jahre« in die Arbeit investiert und auch die Ferien ausschließlich daran gearbeitet habe. Er hebt zudem gerade die Bedeutung der neueren Arbeiten, insbesondere des Intellektuellenaufsatzes hervor: »Ich fürchte, Sie übersehen, da Sie in der kurzen Zeit die Untersuchungen nicht lesen konnten, die brennende Aktualität der ganz besonders im ›Intelligenzaufsatz‹ und im Aufsatz ›Über die Demokratisierung des Geistes‹ enthaltenen Probleme. Kennern, denen ich bisher diese Untersuchungen gezeigt habe, behaupteten, dass die in ihnen enthaltenen Probleme die Grundlage der weiteren Diskussion über faschistische und demokratische Kultur sein werden, woraus beide Parteien ihre Argumente schöpfen werden. Man verspricht sich von ihnen einen noch grösseren Erfolg als von ›Ideologie und Utopie‹.« Mannheim schlägt daher eine Kürzung des Werkes sowie eine Konzentration auf die neueren Arbeiten vor. Erneut betont er die Relevanz der neuen, unveröffentlichten Arbeiten, die »gerade wegen ihrer im tiefen Sinne genommenen Aktualität nicht ›aufs Eis gelegt‹ werden können. Damit würden Sie nicht nur mich sondern auch sich selbst schädigen. Um die Aufsätze wirksam werden zu lassen, muss man sie im richtigen Augenblick bringen.«[160]

Mannheim erhält darauf wiederum längere Zeit keine Nachricht von Siebeck und fragt deshalb in einem Schreiben am 31. 10. 1933 nach, danach kommt es aber zum Bruch. In seinem folgenden Brief vom 9. 11. 1933 bezieht sich Siebeck auf einen Artikel in der *Juristischen Wochenschrift*, »dass keinem deutschen Verleger die Erfüllung eines Verlagsvertrags mit einem Verfasser zugemutet werden

159 Siebeck an Mannheim vom 11. 8. 1933, 488, A 473, 1, Bl. 22, Verlagsarchiv Mohr-Siebeck, Handschriftenabteilung der Staatsbibliothek zu Berlin.

160 Mannheim weist darüber hinaus auf berufliche Zwänge hin, da er ein Angebot für eine Professur an der Universität London annehmen wolle, wofür es notwendig sei, »vor der Öffentlichkeit über die Kontinuität der Produktivität Rechenschaft abzulegen« (Mannheim an Siebeck vom 23. 8. 1933, 488, A 473, 1, Bl. 9-10. Verlagsarchiv Mohr-Siebeck, Handschriftenabteilung der Staatsbibliothek zu Berlin). Dies ist aber nicht ganz korrekt, weil es sich bei der angebotenen Position nicht um eine Professur, sondern um die Position als »lecturer« handelt. Diese Stelle tritt er im Oktober 1933 an.

kann, auf den die §§2 bis 4 des Gesetzes zur Wiederherstellung des Berufsbeamtentums Anwendung gefunden haben«.[161] In seiner Antwort bestreitet Mannheim am 17.11.1933 das Recht auf Kündigung, er wäre zudem nach dem letzten Schreiben noch davon ausgegangen, dass Siebeck nur auf einen günstigeren Zeitpunkt für die Drucklegung warte.[162] Danach kündigt Siebeck nur noch in einem kurzen Brief vom 28.11.1933 die Verträge mit Mannheim,[163] der Auflösungsvertrag für *Soziologie des Geistes* wird von Mannheim aber erst am 30.10.1934 unterschrieben zurückgeschickt.[164]

In diese Zeit fällt die erste öffentliche Erwähnung des Intellektuellen-Manuskripts in Mannheims 1934 erschienenem Artikel »The Crisis of Culture in the Era of Mass-Democracies and Autarchies«, in dem er Themen aus dieser Arbeit erstmals zusammenfasst. In einer Fußnote führt Mannheim zu den von ihm nach *Ideologie und Utopie* verfassten Arbeiten zu dem Thema aus: »Seit dieser Diskussion habe ich das gesamte Problem in einer detaillierten, aber noch unveröffentlichten Analyse der Intelligenzia erneut behandelt. Im vorliegenden Papier versuche ich, einige Gedanken aus dieser Arbeit wiederzugeben.«[165]

Die Zusendung des Auflösungsvertrages von Mannheim an Siebeck am 30.10.1934 deutet auch darauf hin, dass das Werk *Soziologie des Geistes* inzwischen von einem anderen Verlag, dem Sijthoff Verlag in Holland, übernommen werden sollte, bei dem 1935 ebenfalls Mannheims Werk *Mensch und Gesellschaft im Zeitalter des Umbaus* erscheint.[166] In einem Brief an Edward Shils vom 23.8.1935

161 Siebeck an Mannheim vom 9.11.1933, 488, A 473, 1, Bl. 20, Verlagsarchiv Mohr-Siebeck, Handschriftenabteilung der Staatsbibliothek zu Berlin.

162 Mannheim an Siebeck vom 17.11.1933, 488, A 473, 1, Bl. 15-16, Verlagsarchiv Mohr-Siebeck, Handschriftenabteilung der Staatsbibliothek zu Berlin.

163 Siebeck an Mannheim vom 28.11.1933, 488, A 473, 1, Bl. 14, Verlagsarchiv Mohr-Siebeck, Handschriftenabteilung der Staatsbibliothek zu Berlin.

164 Auflösungsvertrag, 488, B.1.2, M 5, Bl. 194, Verlagsarchiv Mohr-Siebeck, Handschriftenabteilung der Staatsbibliothek zu Berlin.

165 Karl Mannheim, »The Crisis of Culture in the Era of Mass-Democracies and Autarchies«, in: *The Sociological Review* XXVI (1934), S. 105-129, hier S. 108; Übersetzung O. N.

166 Karl Mannheim, *Mensch und Gesellschaft im Zeitalter des Umbaus,* Leiden 1935. In dieses Buch nimmt er auch die deutsche Fassung des Artikels »The Crisis of Culture in the Era of Mass-Democracies and Autarchies« auf. Es ist damit bereits ein Wandel zu erkennen, da Mannheim seine Intellektuellentheorie in dem Aufsatz nun in den Rahmen von kultursoziologischen Überlegungen stellt. Die

beschreibt Mannheim das geplante Buch nun wieder als Sammlung seiner früheren, schon veröffentlichten Arbeiten zur »Soziologie des Wissens und der Kultur«, zusammen mit drei neueren »lange[n] Untersuchungen«.[167] Der Titel der Intellektuellenarbeit lautet zu dem Zeitpunkt »Die soziologische und politische Bedeutung der Intelligenz (eine systematische und historische Untersuchung)« und insbesondere diese Arbeit bezeichnet er noch als unfertig: »Es ist eine erste Niederschrift fertig – es wird aber noch ein – zwei Jahre dauern bis ich es aus der Hand gebe. Was ich in ›Mensch und Gesellschaft‹ über Intelligenz gesagt habe ist nur ein Teil aus dem größeren Werk,– eher Andeutungen.«[168]

Es ist zudem eine englische Edition der *Soziologie des Geistes* geplant, die unter dem Titel *The Sociological Approach to the Study of History* veröffentlicht werden soll, wie Mannheim Shils am 7.10.1936 mitteilt. In einem späteren Brief an Shils vom 11.6.1937 nennt er als voraussichtliches Erscheinungsdatum dieses Sammelbandes den Mai oder Juni nächsten Jahres.[169] Nach Rückfrage von Franklin am 27.10.1937, welches Manuskript er zuerst abliefern wolle, *The Sociological Approach to the Study of History* oder die englische Version von *Mensch und Gesellschaft im Zeitalter des Umbaus*, entscheidet er sich aber, zuerst letzteres Vorhaben weiter zu verfolgen.[170]

Arbeiten, die er in *Mensch und Gesellschaft im Zeitalter des Umbaus* versammelt, verortet er zudem in der Einleitung generell im Gebiet der Kultursoziologie (Mannheim, *Mensch*; vgl. auch Mannheim, *Briefe*, S. 67).

167 Mannheim nennt damit erstmals als dritten unveröffentlichten Aufsatz »Zur Grundlegung einer Soziologie des Geistes«. Möglicherweise hat Mannheim hier auch schon die Idee, die drei unveröffentlichten Arbeiten zu einem dieser beiden Bände zusammenzufassen. Der neue Aufsatz hat auch klar einführenden Charakter und verweist auf die beiden anderen Aufsätze. Noch in dem Memo von Löwe werden die drei Arbeiten unter dem Titel »Mind and Society« zusammengefasst (Adolph Lowe, »Collected Works of Karl Mannheim« vom 15.9.1947, Mappe Rockefeller-Stiftung, Karl Mannheim Sammlung, Sozialwissenschaftliches Archiv Konstanz).

168 Mannheim an Edward Shils vom 23.8.1935, Series III, Correspondence (General), Box 1, Edward Shils Papers, Special Collections Research Center, University of Chicago Library.

169 Mannheim an Edward Shils vom vom 7.10.1936, Mannheim an Edward Shils vom 11.6.1937, Edward Shils Papers, Series III, Correspondence (General), Box 1, Special Collections Research Center, University of Chicago Library.

170 Franklin an Mannheim vom 27.10.1937, Mannheim an Franklin vom 29.11.1937, RKP 61_6, Special Collections, University of Reading.

Auf das Intellektuellenmanuskript geht er jedoch auch noch in anderen Briefen aus dieser Zeit ein. Als Charles de Tolnay, ein ehemaliges Mitglied des »Sonntagskreises« aus Budapest, Mannheim in England besucht, führen sie Diskussionen zur Kunstsoziologie.[171] In einem späteren Schreiben an Tolnay vom 10.1.1936 geht Mannheim auf diese Gespräche mit ihm und auf die Intellektuellenarbeit ein, die er anscheinend Tolnay bei dieser Gelegenheit mitgegeben hatte: »Sie können das Manuskript über die Intelligenzia so lange behalten, wie Sie es lesen müssen, aber ich kann es Ihnen nicht unbegrenzt überlassen.«[172] In einem Brief an Wirth vom Ende März 1936 bezieht sich Mannheim ebenfalls noch auf sein »Buch über die Intelligenz« und in einem folgenden Schreiben an Wirth vom 28.12.1936 erwähnt er weiter das »historisch-soziologische Buch, an dem ich schon seit Jahren arbeite und noch arbeiten werde, an der ›Soziologie der Intelligenz‹«.[173] Dies ist aber die letzte Nennung der Studie in seinen Briefen.

Das zweibändige Werk *The Sociological Approach to the Study of History* wird noch 1940 in der englischen Fassung von *Mensch und Gesellschaft im Zeitalter des Umbaus* als in Vorbereitung angekündigt und in einer Fußnote dort weiter auf das Intellektuellenmanuskript verwiesen.[174] Ende 1945 wird es aber in einem Lebenslauf von Mannheim nicht mehr unter seinen Publikationsvorhaben genannt.[175]

Welche Gründe lassen sich für die Nichtbeendigung der Arbeit und für die Nichtveröffentlichung des Manuskriptes anführen? Adolph Lowe macht als Herausgeber des Bandes *Essays on the Sociology of Culture* keine inhaltlichen, sondern allein externe Umstände dafür verantwortlich.[176] Ein Grund dafür ist die Arbeitsüberlastung in den 1930er Jahren; Mannheim hält, wie er selbst schreibt, aufgrund des »auffallenden Interesse[s] für Soziologie sowohl bei

171 Tolnay ist wahrscheinlich wegen Vorträgen am Courtauld Institute in London.

172 Mannheim, Correspondence, S.158; Übersetzung O.N.

173 Mannheim, *Briefe*, S.109, 119. Im Unterschied zu den früheren Briefen bezeichnet Mannheim es nun aber nicht mehr als »Untersuchung«, sondern als ganzes »Buch«, was auf eine Erweiterung seiner Intention hindeutet.

174 Mannheim, *Man*, S.82.

175 Mannheim, *Briefe*, S.220.

176 Adolph Lowe, »Editorial Note«, in: Karl Mannheim, *Essays on the Sociology of Culture*. Hrsg. v. Ernest Manheim in Zusammenarbeit mit Paul Kecskemeti, London 1956, S.V-VI, hier S.V.

Studenten, als auch beim Publikum« viele Vorträge innerhalb und außerhalb der LSE.[177] Hinzu kommt die Belastung durch die reguläre Lehrtätigkeit, da er im Jahr 1935 »das grosse Kolleg ›Systematic Sociology‹« liest, das den Studierenden einen Gesamtüberblick über die Soziologie geben soll.[178]

Mannheim verfolgt zudem Mitte der 1930er Jahre viele Projekte, er bereitet z. B. 1935/1936 die englische Übersetzung von *Ideologie und Utopie* vor und verfasst ein neues Kapitel speziell für die angelsächsischen Leser.[179] Die Publikation von *Ideology and Utopia* 1936 erhöht zudem seine Bekanntheit im englischsprachigen Raum – in einem Brief an Wirth vom 3. 7. 1937 erwähnt er die positive Resonanz: »Mir geht es hier sehr gut – das Buch hat einen *überraschenden* Erfolg gehabt« –, wodurch, wie gesehen, ein Interesse an Übersetzungen seiner anderen früheren Arbeiten entsteht.[180]

Auch aufgrund des Erfolges der deutschen Ausgabe von *Mensch und Gesellschaft im Zeitalter des Umbaus* plant Mannheim daher eine englische Fassung dieses Werkes.[181] Dieses Projekt, das er, wie gesehen, *The Sociological Approach to the Study of History* vorzieht, nimmt aber längere Zeit in Anspruch als erwartet, wodurch sich die Veröffentlichung der englischen Version immer weiter verzögert und bis 1940 hinzieht.[182] Als das Werk dann endlich erscheint, enthält es ein längeres neues Vorwort, drei neue Kapitel und eine umfangreiche Bibliographie. Zudem überarbeitet und erweitert Mannheim noch die ursprünglichen deutschen Kapitel des Buches.[183]

*Man and Society in an Age of Transition* ist darüber hinaus sehr erfolgreich und Mannheim arbeitet deshalb in diese Richtung weiter. Unter anderem dadurch erfolgt seit Mitte der 1930er Jahre auch eine Verlagerung von Mannheims inhaltlichen Schwerpunkten und ab ca. 1935 steht das Problem der »Planung« im Mittelpunkt.[184]

177 Mannheim, *Briefe*, S. 141; vgl. auch ebd., S. 119, 124.

178 Ebd., S. 81.

179 Ebd., S. 98, 102.

180 Ebd., S. 120, 125.

181 Mannheim, *Mensch*, Mannheim, *Briefe*, S. 96, 99.

182 Ebd., S. 125, Mannheim, *Man*.

183 Mannheim, *Man*, Mannheim, *Briefe*, S. 141, 136, 145.

184 Mannheim schlägt in einem Brief an Warburg vom 5. 7. 1935 schon als Titel für die englische Ausgabe von *Mensch und Gesellschaft im Zeitalter des Umbaus* »Freedom or Planning« vor. Auch zwei der neuen Kapitel für die englische Ausgabe des Buches behandeln diese Frage (Mannheim, *Man*).

Nach Colin Loader beginnt daher ab dieser Zeit eine neue Phase bei Mannheim.[185] Seit 1940 erhält er zudem von der Social Research Division der LSE finanzielle Unterstützung für Forschung zu dem Thema und 1942 zusätzlich vom Chatham House den Auftrag, ein Buch dazu zu verfassen.[186] Mit Kriegsbeginn 1939 tritt die Verteidigung der »streitbaren Demokratie« hinzu, und insbesondere seitdem er ab 1942 in Nottingham am Institute of Education unterrichtet, stehen Bildungsthemen im Zentrum seiner Forschung.[187]

Diese Veränderung des inhaltlichen Fokus zeigt sich darin, dass Mannheim andere Arbeiten aus seiner späten Weimarer bzw. frühen englischen Zeit wie »Die Demokratisierung des Geistes« ebenfalls nicht veröffentlicht und diese erst posthum in den *Essays on the Sociology of Culture* publiziert werden. Ein weiteres Merkmal des Übergangs ist, dass Mannheim, wie in dem vorliegenden Manuskript, bis dahin auf Deutsch schreibt. Die letzte größere Arbeit, die in dieser Sprache veröffentlicht wird, ist 1935 *Mensch und Gesellschaft im Zeitalter des Umbaus*, danach erscheinen aber nur noch wenige kurze deutsche Artikel in Exilzeitungen.[188]

Mitte der 1940er Jahre betreibt Mannheim aber die Veröffentlichung zweier anderer früher, bis zu diesem Zeitpunkt unveröffentlichter kultursoziologischer Arbeiten und die englische Übersetzung seines Aufsatzes »Das konservative Denken« von 1927, was durch seinen plötzlichen Tod 1947 verhindert wird.[189] Es gibt auch

185 Loader, *Mannheim*, S. 149, 236.

186 Christopher T. Husbands, *Sound and Fury. Sociology at the London School of Economics and Political Science, 1904-2015*, London 2019, S. 343, 335.

187 Loader, *Mannheim*; Remmling, *Mannheim*. Mannheim legt daher den Fokus auf Probleme der *Gegenwarts*gesellschaft, und kennzeichnend ist nun, wie er selbst meint, sein »Wille zur Gegenwartsbezogenheit«, weswegen sein Interesse an einer soziologischen Geistesgeschichte bzw. der Kultursoziologie in der Zeit zurücktritt (Mannheim, *Mensch*, S. VII).

188 Mannheim, *Mensch*.

189 Kettler et al., »Vorwort der Herausgeber«, S. 7. Dass sich ein Durchschlag der Fassung von »Teil II. Kapitel I. Die Entstehung der intellektuellen Gruppen aus der sich wandelnden Gesellschaftsstruktur« zur Zeit des Todes im Besitz von Shils befindet, der seit Anfang der 1940er Jahre in London lebt, deutet gleichfalls auf eine Publikationsabsicht hin. Shils hat zudem zu dem Zeitpunkt auch Teile des Manuskriptes von *Freedom, Power, and Democratic Planning* in Besitz (David Kettler, Volker Meja, *Karl Mannheim and the Crisis of Liberalism. The Secret of These New Times*, New Brunswick 1995, S. 246; Karl Mannheim, *Freedom, Power, and Democratic Planning*, New York 1950).

Indizien dafür, dass Mannheim, nachdem er 1946 eine Professur am Institute of Education und damit eine sichere Stellung erhalten hatte, den Plan zu dem Sammelband *Sociological Approach to History* wieder aufgreift. In seinem Nachlass findet sich unter der Überschrift »Sociological Approach to the Study of History« eine Liste von Arbeiten von ihm,[190] in der er unter dem Stichwort »alte Essays« »Popularization« anführt, was sein Artikel »The Meaning of Popularisation in an Mass Society« aus dem Jahre 1945 sein könnte.[191] Mannheim stirbt jedoch bald darauf im Januar 1947 und *The Sociological Approach to the Study of History* und damit die Intellektuellenarbeit erscheinen zu Lebzeiten nicht mehr.

## 6. Die posthume Edition von »The Problem of the Intelligentsia« und die geplante deutsche Edition der Arbeit

Nach Mannheims Tod wird die Idee einer Sammelveröffentlichung seiner Werke von seiner Witwe Julia Mannheim aber schnell in Angriff genommen, möglicherweise weil das Konzept auf Überlegungen von ihm selbst zurückgeht, und sie bemüht sich um die Herausgabe seiner publizierten und unpublizierten Manuskripte, darunter das zu den Intellektuellen in der Fassung für die Veröffentlichung bei Siebeck aus dem Jahre 1933.[192] Schon am 21. 2. 1947 erwähnt sie in einem Brief an Ernst Manheim, der sie wegen seines Nachrufs auf ihren Mann kontaktiert hatte, die vielen unvollendeten Bücher bzw. Manuskripte Mannheims und die Idee ihrer Pub-

190 Mannheim an Shils vom 25. 12. 1938, Edward Shils Papers, Series III, Correspondence (General), Box 1, Special Collections Research Center, University of Chicago Library.

191 Karl Mannheim, »Sociological Approach to the Study of History«, Mappe »Social Sciences – Some Suggestions as to their Classification«, Keele File »On Role of Sociology as a Discipline in Universities«, Karl Mannheim Sammlung, Sozialwissenschaftliches Archiv Konstanz; Karl Mannheim, »The Meaning of Popularisation in a Mass Society«, in: *The Christian News-Leetter, Supplement to* No. 27 (7. 2. 1945), S. 7-12.

192 Es ist unklar, ob Julia Mannheim überhaupt von der Existenz des späteren Manuskriptes »Teil II. Kapitel I. Die Entstehung der intellektuellen Gruppen aus der sich wandelnden Gesellschaftsstruktur« im Besitz von Shils weiß. Wie gesehen, befindet sich im Nachlass von Mannheim auch nur ein Teil dieses Manuskripts.

likation: »Ich hätte es sehr gerne, wenn man in Amerika versuchen könnte, die nicht herausgegebenen Arbeiten Karls fertigzustellen, weil seine alten Schüler und die, die seine Gedanken gekannt und verstanden haben, alle in Amerika sind. Vielleicht fällt Dir in diesem Sinne etwas ein.«[193] Julia Mannheim wendet sich in der Frage auch an Adolph Lowe, der als Herausgeber der Arbeiten fungieren soll, und reist deswegen Ende des Jahres 1947 nach New York. Wie Lowe an T. S. Eliot vom 5. 12. 1947 schreibt, ist die geplante Edition von Mannheims Schriften auf vier Bände angelegt und einer davon soll den Titel *Mind and Society* tragen, in dem die Arbeiten versammelt sein sollen, die auf die frühen 1930er Jahre zurückgehen und die für Lowe »in vielerlei Hinsicht eine Fortführung und Weiterentwicklung von *Ideologie und Utopie*« darstellen.[194]

Genauer beschreibt Lowe das Vorhaben in seinem Memo »Collected Works of Karl Mannheim« für die Rockefeller-Stiftung vom 15. 9. 1947, die das Projekt finanzieren soll, in dem er unter den unpublizierten Buchmanuskripten den Band *Mind and Society*, bereits mit dem Untertitel *Studies in the Sociology of Culture*, nennt.[195] Darin sollen drei unveröffentlichte Arbeiten enthalten sein, unter anderem »Sociology of the Intelligentsia«, wie der Intelligenzaufsatz nun genannt wird und den Löwe so beschreibt: »Die Rolle der Intelligenz wird im Kontext der sozialen Situationen analysiert, in denen sich die intellektuellen Gruppen in der modernen Gesellschaft befinden.«[196] Dessen zentraler Platz zeigt sich darin, dass der deutsche Titel für diesen Teilband »Das Problem der Intelligenz« sein soll.[197]

Als Herausgeber dieses Teilbandes zeichnet Ernest Manheim verantwortlich, wie Lowe an Gerth am 16. 12. 1947 schreibt, weil er mit Mannheim an dem Originalmanuskript in England zu-

193 Julia Mannheim an Ernst Manheim vom 21. 2. 1947, Ernst Manheim Nachlass, Archiv für die Geschichte der Soziologie in Österreich, Graz.

194 Lowe an Eliot vom 17. 9. 1947, Korrespondenz von Lowe, Adolph Lowe Nachlass, Sozialwissenschaftliches Archiv Konstanz; Übersetzung O. N.

195 Adolph Lowe, »Collected Works of Karl Mannheim« vom 15. 9. 1947, Original: RC 1.2 200 Series Baf 5940, Folder 46/6, Mappe Rockefeller-Stiftung, Karl Mannheim Sammlung, Sozialwissenschaftliches Archiv Konstanz.

196 Ebd. Übersetzung O. N. Da das Manuskript dafür ca. 600 getippte Seiten umfassen soll, wird durch den Umfang deutlich, dass der Band anscheinend schon von Mannheim als Ganzes konzipiert war (ebd.).

197 Vaudrin an Julia Mannheim vom 25. 9. 1947, Mappe Rockefeller-Stiftung, Karl Mannheim Sammlung, Sozialwissenschaftliches Archiv Konstanz.

sammengearbeitet hat.[198] Einen Einblick in Manheims Editionsprinzipien, wenn auch nicht für die Intellektuellenarbeit, die er selbst editiert, bietet ein Brief von ihm an Paul Kecskemeti vom 23.10.1954, der den dritten Aufsatz »Demokratisierung« in dem Band ins Englische übersetzen soll. Manheim nennt darin Kecskemetis Arbeit die hervorragende Erstellung einer werkgetreuen und dennoch klaren Übersetzung, fügt aber hinzu, dass eine Übertragung nicht zwangsläufig in dem Idiom der Originalsprache verfasst sein müsse, sondern in der Sprache, in der der Text erscheine. In einigen Passagen, in denen Kecskemeti frei hätte schreiben können, um die Lücken des Manuskriptes zu füllen, hätte er gutes Englisch schreiben können: »Aber vieles vom Rest hat einen ausgeprägten deutschen Beigeschmack, der auf Ihre, meiner Meinung nach übertriebene, Gewissenhaftigkeit bei der Übersetzung zurückzuführen ist.«[199] Lowe deutet in dem Vorwort zu dem Band ebenfalls an, dass die Überarbeitung mehr als eine Routineübersetzung war: »Um den Sinn und die Bedeutung der Ideen in einem anderen Idiom und für Leser einer anderen Generation, die in einer anderen nationalen Tradition aufgewachsen sind, verständlich zu machen, mussten die Redakteure den ursprünglichen Text überarbeiten, ohne die Absichten des Autors zu verfälschen.«[200] Nach eigener Aussage hat er jedoch die Übersetzung mit dem ursprünglichen Manuskript verglichen und ist zu dem Ergebnis gekommen, dass sie sowohl dem Buchstaben als auch dem Geist nach übereinstimmen.[201]

Die Sammlung erscheint dann 1956 unter dem Titel *Essays on the Sociology of Culture* als vierter der *Collected Works*.[202] Der englische

198 Lowe an Gerth vom 16.12.1947, Mappe Briefwechsel H. Gerth und Löwe, Gerth Nachlass, Sozialwissenschaftliches Archiv Konstanz. Manheim war zu der Zeit Assistent von Mannheim an der LSE gewesen.

199 Manheim an Kecskemeti vom 23.10.1954, Ernst Manheim Nachlass, Archiv für die Geschichte der Soziologie in Österreich, Graz; Übersetzung O. N.

200 Adolph Lowe, »Editorial Note«, in: Karl Mannheim, *Essays on the Sociology of Culture*. Hrsg. v. Ernest Manheim in Zusammenarbeit mit Paul Kecskemeti, London 1956, S. V-VI, hier S. VI; Übersetzung O. N.

201 Ebd.

202 Wahrscheinlich wird als Titel *Essays on the Sociology of Culture* und nicht *Mind and Society* gewählt, weil dies an die Titel der ersten beiden Bände der *Collected Works*, *Essays on the Sociology of Knowledge* und *Essays on the Sociology of Sociology and Social Psychology* anschließt. Er ist aber insofern irreführend, weil er anders als diese bereits von Mannheim als Einheit geplant war.

Name des Intellektuellen-Aufsatzes lautet schließlich, angelehnt an den von Mannheim selbst früh gewählten deutschen Titel, »The Problem of the Intelligentsia«.

Nach der Veröffentlichung des englischen Bandes gibt es auch Überlegungen für eine deutsche Publikation der Arbeit. Schon zu diesem Zeitpunkt gibt es aber Schwierigkeiten, die deutschen Originalmanuskripte der Essays zu finden, und es wird daher als Alternative eine Übersetzung der englischen Fassung erwogen. Kurt Wolff, der für den Luchterhand Verlag einen deutschen Band mit Texten Mannheims editieren soll, fragt David Kettler in einem Brief vom 1. 2. 1963 nach einer Liste von Arbeiten Mannheims, die seiner Ansicht nach darin enthalten sein sollten. In seiner Antwort vom 12. 2. 1963 schlägt Kettler unter anderem die Studie »The Problem of the Intelligentsia« vor.[203] Dieser Aufsatz wie der gesamte Band *Essays on the Sociology of Culture* werden ebenfalls von Lowe in seiner Antwort auf diese Anfrage von Wolff erwähnt: »Es ist schade, dass die drei Monographien, die jetzt den Inhalt der Aufsätze zur Kultursoziologie bilden, nicht auf Deutsch erschienen sind. Sie stammen aus dieser Zeit und sind meiner Meinung nach die gelungenste Anwendung der Wissenssoziologie.«[204]

In einem Brief an den Redakteur des verantwortlichen Luchterhand Verlages, Frank Benseler, berichtet Wolff deshalb am 19. 4. 1963, dass er mit den drei Herausgebern von *Essays on the Sociology of Culture*, Kecskemeti, Manheim und Lowe, korrespondiere, um die deutschen Originalmanuskripte zu finden. Er erhält aber nur unbefriedigende Antworten auf seine Nachfrage:[205] Manheim schreibt ihm zurück, dass die Originalfassung nach der Veröffentlichung von *Essays on the Sociology of Culture* im Besitz der Witwe gewesen sei und sie es möglicherweise an Lowe weitergegeben habe.[206]

203 Wolff an David Kettler vom 1. 2. 1963, Kettler an Wolff vom 12. 2. 1963, MC 1.44, Soc. Of Knowledge, 1.17 Mannheim – Soziologische Texte, Kurt Wolff Nachlass, Sozialwissenschaftliches Archiv Konstanz.

204 Lowe an Wolff vom 16. 4. 1963, MC 1.44, Soc. Of Knowledge, 1.17 Mannheim – Soziologische Texte, Kurt Wolff Nachlass, Sozialwissenschaftliches Archiv Konstanz; Übersetzung O.N:

205 Wolff an Frank Benseler 19. 4. 1963, Heinz Maus Nachlass, Hessisches Staatsarchiv Marburg.

206 Manheim an Wolff vom 6. 5. 1963, MC 1.44, Soc. Of Knowledge, 1.17 Mannheim – Soziologische Texte, Kurt Wolff Nachlass, Sozialwissenschaftliches Archiv Konstanz. Kecskemeti behauptet in einem Brief an Wolff vom 25. 5. 1963

Lowe stimmt Manheim in einem Brief an Wolff vom 5.6.1963 zu, dass das Original an Julia Mannheim zurückgegeben worden sei, er wisse aber nicht, was nach deren Tod 1955 mit ihrem Nachlass passiert sei. Lowe weist jedoch schon auf eine mögliche Alternative hin: »Aber lassen Sie mich Ihnen sagen, dass das Manuskript, obwohl es fertiggestellt war, ein erster Entwurf war, der meiner Meinung nach nicht in der ursprünglichen Form veröffentlicht werden konnte, sondern die Art von Bearbeitung erfordern würde, die wir vornehmen mussten, um die englische Ausgabe herauszubringen.«[207] Er schlägt daher eine Übersetzung der englischen Fassung vor.[208] Auch der Herausgeber der Reihe *Soziologische Texte*, Heinz Maus, nennt dies in einem Brief an Benseler am 21.5.1963 nach der Lektüre von den *Essays on the Sociology of Culture* als Möglichkeit: »Wenn das ursprüngliche deutsche Manuskript der ›Sociology of Culture‹ sich nicht auftreiben lässt, sollte überlegt werden, es übersetzt als Buch herauszubringen, so dass es in der Wolffschen Textzusammenstellung unberücksichtigt gelassen werden kann.«[209]

Wolff muss Benseler am 27.5.1963 auch mitteilen, dass er auf der Suche nach den deutschen Originalen bisher nicht weitergekommen ist: »Noch gebe ich die Sache nicht auf, denn sie ist hoechst wichtig, auch als besonderer Band in Ihrer Reihe.«[210] Wolff fragt daher am 31.5.1963 noch einmal bei Kecskemeti, Lowe und Manheim

wiederum, dass er nur eine flüchtige Verbindung zu dem gesamten Band *Essays on the Sociology of Culture* gehabt habe, weil Manheim die Leitung gehabt hätte (Kescemeti an Wolff vom 25.5.1963, MC 1.44, Soc. Of Knowledge, 1.17 Mannheim – Soziologische Texte, Kurt Wolff Nachlass, Sozialwissenschaftliches Archiv Konstanz).

207 Lowe an Wolff vom 5.6.1963, MC 1.44, Soc. Of Knowledge, 1.17 Mannheim – Soziologische Texte, Kurt Wolff Nachlass, Sozialwissenschaftliches Archiv Konstanz; Übersetzung O. N.

208 Ebd.

209 Maus an Benseler vom 31.5.1963; Maus-Nachlass. Einen möglichen (finanziellen) Grund für die Nicht-Umsetzung dieses Vorschlages deutet Maus aber schon an. In seiner Antwort meint er am 24.5.1963: »Wir würden bedeutend mehr Erfolg mit der Originalfassung haben und dazu noch Geld sparen« (Benseler an Maus vom 24.5.1936, 2. Bd. 23, Korrespondenz zwischen Maus und Benseler zu Soziologischen Texten, Heinz Maus Nachlass, Hessisches Staatsarchiv Marburg).

210 Wolff an Benseler am 27.5.1963, 2. Bd. 23, Korrespondenz zwischen Maus und Benseler zu Soziologischen Texten, Heinz Maus Nachlass, Hessisches Staatsarchiv Marburg.

nach dem Verbleib der deutschen Manuskripte nach und klingt dabei zunehmend ungläubig. Möglicherweise gehe er den Leuten auf die Nerven: »Aber das ist nichts im Vergleich zu Karl Mannheims Leiden, dessen Schriften zur Kultursoziologie – die, wie ich glaube, alle drei von Ihnen mit mir übereinstimmen, zu seinen wichtigsten gehören – in deutscher Sprache unbekannt bleiben könnten, wenn wir die Nachlässe nicht finden. [...] Würden Sie BITTE Ihre Erinnerungen durchforsten, so gut Sie können, um sich zu erinnern, was aus diesen Manuskripten geworden ist?«[211]

Manheim schlägt in seiner Antwort vom 23.7.1963 wie Lowe die Veröffentlichung der Übersetzung vor, da dies »meines Erachtens einfacher wäre als die Verwendung des Originals, vorausgesetzt, Sie können es finden«.[212] Wolff bohrt in einem Schreiben an Kesckemeti vom 14.12.1963 weiter nach und bezeichnet es als »unverständlich, dass Sie nichts über die Originalausgaben der ›Soziologie der Kultur‹ wissen können«.[213] In seiner Replik vom 15.1.1964 räumt Kesckemeti schließlich selbst ein: »Die Sache mit der ›Soziologie der Kultur‹ ist wirklich rätselhaft. Ich weiß nicht, wo die Originalbände sein könnten – das Einzige, was ich weiß, ist, dass ich sie nicht mehr habe.«[214] Wolff stellt daraufhin die Bemühungen der Nachforschung ein und der Band *Essays on the Sociology of Culture* mit dem darin enthaltenen Aufsatz »The Problem of the Intelligentsia« erscheint nicht auf Deutsch.

211 Es wird auch weiterhin die Alternative der Übersetzung diskutiert, wie Benseler an Wolff vom 11.6.1963 schreibt (Benseler an Wolff vom 11.6.1963, MC 1.44, Soc. Of Knowledge, 1.17 Mannheim – Soziologische Texte, Kurt Wolff Nachlass, Sozialwissenschaftliches Archiv Konstanz).

212 Manheim am Wolff vom 23.7.1963, MC 1.44, Soc. Of Knowledge, 1.17 Mannheim – Soziologische Texte, Kurt Wolff Nachlass, Sozialwissenschaftliches Archiv Konstanz.

213 Wolff an Kecskemeti vom 14.12.1963, MC 1.44, Soc. Of Knowledge, 1.17 Mannheim – Soziologische Texte, Kurt Wolff Nachlass, Sozialwissenschaftliches Archiv Konstanz; Übersetzung O. N.

214 Kecskemeti an Wolff vom 15.1.1964, MC 1.44, Soc. Of Knowledge, 1.17 Mannheim – Soziologische Texte, Kurt Wolff Nachlass, Sozialwissenschaftliches Archiv Konstanz; Übersetzung O. N.

## 7. Die Weiterentwicklung der Mannheimschen Intellektuellensoziologie: »Das Problem der Intelligenz«

Die bisher nur auf Englisch erschienene Fassung von Mannheims Intellektuellentheorie »The Problem of the Intelligentsia« von 1933 wird daher hier erstmals unter dem von Mannheim selbst gewählten Titel »Das Problem der Intelligenz« auf Deutsch vorgelegt. Bereits in dieser Version, in der er Aspekte seiner früheren genannten Arbeiten[215] und seiner Frankfurter Vorlesungen zu dem Thema aufgreift, zeigt sich, dass Mannheim eine entwickeltere Theorie der Intellektuellen besitzt als meist angenommen und er sich darin bereits explizit gegen die genannte starke Kritik an seinem Konzept der »relativ freischwebenden Intelligenz« bzw. der »relativ freischwebenden Intellektuellen« wendet.[216]

Er unternimmt zudem jetzt stärker den Versuch der Formulierung einer *generellen* Intellektuellen*soziologie* und erhebt im Unterschied zu seinen früheren Schriften wie *Konservatismus* und *Ideologie und Utopie*, in denen er noch dem historischen Einzelfall nachgegangen war und allein den Typus des »freischwebenden Intellektuellen« behandelt hatte, den Anspruch einer allgemeinen »soziologischen Theorie der Intellektuellen«.[217] Er verortet seinen Intellektuellen-Aufsatz in dem einleitenden Kapitel des Bandes *Essays on the Sociology of Culture* daher selbst auf einer mittleren Untersuchungsebene zwischen genereller Soziologie und der Beschreibung eines historischen Typus.[218]

215 Er erwähnt z. B. bei der Beschreibung der konservativen Clubs wie in der Langfassung seiner Habilitation *Konservatismus* die »Christlich Deutsche Tischgesellschaft« (Mannheim, »Das Problem der Intelligenz«, S. 64, Mannheim, *Konservatismus*). Durch die Intellektuellenarbeit wird daher der Zusammenhang mit Mannheims anderen, in der späten Weimarer bzw. frühen englischen Phase entstandenen Werken deutlich und sie ist ein Beleg für die von Mannheim in dem Brief an Siebeck vom 6. November 1930 selbst behauptete Einheit der Arbeiten, die in dem geplanten Band »Soziologie des Geistes« versammelt sein sollten (Mannheim, *Briefe*, S. 46).

216 Mannheim spricht austauschbar von »Intellektuellen-« und von »Intelligenzgruppen«, differenziert also terminologisch nicht zwischen beiden Begriffen (Karl Mannheim, »Das Problem der Intelligenz«, in diesem Band, S.102, 100).

217 Ebd., S. 18, Mannheim, *Konservatismus*, Mannheim, *Ideologie und Utopie*.

218 Karl Mannheim, »Towards the Sociology of Mind. An Introduction, in: ders., *Essays on the Soziology of Culture*, S. 15-89, hier S. 88.

Mannheim formuliert jetzt auch deutlicher, dass die Intelligenz für ihn keine eigene Klasse bildet, weil ihr ein gemeinsames Interesse fehlt, zudem sind für ihn ihre Berufe zu unterschiedlich.[219] Er unterscheidet daher vier verschiedene Formen der Intelligenz, da er, wie er selbst einräumt, es in seinem Buch *Ideologie und Utopie* noch unterlassen hatte, den Typus der »freischwebenden Intelligenz« von anderen Formen genauer abzugrenzen, und bezeichnet dies als *berufliche Typologie* der Intellektuellen.[220] In der Folge entwickelt er noch andere Typologien und unterscheidet zwischen Berufs-, Freizeits- und vorübergehender Intelligenz.[221]

Vorrangig geht er aber in dem Text auf einen anderen Intellektuellen-Typus ein, für den gerade das Fehlen von Berufsunterscheidungen charakteristisch ist und den er als zeitgenössischen Intellektuellen bezeichnet.[222] Dessen Beschreibung ähnelt zwar Mannheims früherer Analyse der »relativ freischwebenden Intelligenz«, weil der Typus eine Vielzahl von Sichtweisen bieten soll, seine Aufgabe ist jedoch nicht mehr eine Synthese dieser Perspektiven, sondern möglichst viele Standpunkte in die öffentliche Diskussion einzubringen.[223] Dies fördert für Mannheim eine multipolare Sichtweise und einen vergleichenden sowie kritischen Zugang.[224]

Er reagiert zudem direkt auf die Kritik an seiner Idee der »relativ freischwebende Intelligenz« und wehrt sich dagegen, dass er behauptet hätte, die Intelligenz sei eine Schicht über den Klassen. Dagegen betont er, dass sie nur »relativ« freischwebend sei: »Der Ausdruck spielte einfach auf die wohlbekannte Tatsache an, dass

219 Ebd., S. 21 f. Auch haben sie nur die *Fähigkeit*, verschiedene Perspektiven einzunehmen, Mannheim geht nicht davon aus, dass alle davon Gebrauch machen (ebd., S. 22).

220 Mannheim, *Ideologie und Utopie*, Mannheim, »Das Problem der Intelligenz«, S. 29, 34.

221 Ebd., S. 88 f.

222 Ebd., S. 34.

223 Ebd., S. 41, 40.

224 Ebd., S. 92. Den Ausdruck »Multipolarität« benutzt Mannheim in *Ideologie und Utopie* nicht, er umschreibt ihn aber inhaltlich, wenn er die »Bildung« als Gemeinsamkeit der »freischwebenden Intelligenz« nennt, die »in polare Tendenzen der sozialen Wirklichkeit« einführt (Mannheim, *Ideologie und Utopie*, S. 136). Von »Multipolarität« spricht er ausdrücklich in seinem Vortrag »Die Bedeutung der Konkurrenz im Gebiete des Geistigen« (Mannheim, »Konkurrenz«, S. 107).

Intellektuelle auf gegebene Fragen nicht so geschlossen reagieren wie beispielsweise Angestellte und Arbeiter.«[225] Eine »losgelöste« Position z. B. von Journalisten ist nicht absolut, sondern nur relativ zu verstehen.[226]

Mannheim konzentriert sich darüber hinaus, seinen Lehrveranstaltungen in Frankfurt folgend, auf Intellektuellen*gruppen*, weil er die Multipolarität der Sichtweisen auf die lockere Verbindung der Intellektuellen untereinander zurückführt. Die Formen ihrer Assoziationen sind daher für ihn der Ausgangspunkt einer weiteren Typologie der Intelligenz. Vier Fragen sind laut Mannheim für eine solche Soziologie der Intellektuellengruppen von zentraler Bedeutung: 1. Die soziale Herkunft der Intellektuellen, 2. die Arten der Kreise der Intellektuellen, d. h. deren besondere Formen, 3. die Mobilität der Intelligenz und 4. ihre Funktion in der Gesellschaft,[227] womit er einen funktionalistischen Ansatz verfolgt.[228] Auch die Generationenlagerung der Intellektuellen und deren Verhältnis zu anderen Generationen erwähnt er als weitere wichtige Variable.[229]

Zudem betont er die *empirische* Ausrichtung seiner Überlegungen. Das Ziel ist es für ihn, ein Modell für Studien von konkreten Gruppen von Intellektuellen in der Gegenwart und der Vergangenheit zu entwickeln. Als Beispiel dafür verweist er auf seine Studiengruppe in Frankfurt und die zu der Frage von ihm angeregten Dissertationen.[230] Methodisch vertritt Mannheim einen Methodenmix, weil er sich für den Punkt der Herkunft der Intellektuellen nicht nur auf Informationen zur individuellen Lebensgeschichte, sondern auch auf statische Daten stützen will.[231]

Mannheim gibt nun ebenfalls einen längeren *historischen* Überblick über die Entwicklung der Intellektuellengruppen und beginnt ihn im Mittelalter, da sein Schwerpunkt auf der post-mittelalterlichen Intelligenz liegt. In dieser Zeit sind für ihn wichtige

225 Mannheim, »Das Problem der Intelligenz«, S. 23. Wie gesehen, hatte in den Rezensionen des Buches *Ideologie und Utopie* allein Kracauer auf diese Einschränkung »relativ« hingewiesen (Kracauer, *Aufsätze*).

226 Mannheim, »Das Problem der Intelligenz«, S. 82.

227 Ebd., S. 42.

228 Ebd., S. 94.

229 Ebd., S. 83.

230 Ebd., S. 42.

231 Ebd., S. 43.

Assoziationsformen die Bauhütte, später die Humanisten und die Meistersinger, dann werden Salons und Kaffeehäuser zu sozialen Treffpunkten der Intellektuellen. Weil für ihn die Intellektuellen zudem von Bedeutung für die Bildung der »öffentlichen Meinung« sind,[232] geht er damit zugleich der *Genese* der *Öffentlichkeit* nach: »Denn die Meinung kristallisiert sich nicht in der Öffentlichkeit als solcher oder in literarischen Gruppen, sondern in einem bestehenden Netzwerk konkreter Verbindungen heraus. Ihr Wachstum gewinnt in dem Maße an Dynamik, wie die formalen Meinungskanäle – Zünfte, Stadtparlamente, feudale Versammlungen – an Bedeutung abnehmen.«[233] Wie später Jürgen Habermas hat Mannheim aber eine Verfallsvorstellung, da die Öffentlichkeit für ihn am freiesten im Kaffeehaus des 18. Jahrhunderts war.[234]

Die soziologische Behandlung der *Emotionen und Motivationen* bei der Beschreibung der Intellektuellen ist ebenfalls ein neues Element, wobei sich die stärkere sozialpsychologische Orientierung Mannheims zeigt, die sich schon in seinem »Erfolgs«-Aufsatz angedeutet hatte.[235] Insbesondere im siebten Kapitel geht Mannheim auf die Motivationen und die persönlichen Eigenschaften der Intellektuellen ein, die für ihn aber soziologisch zu erklären sind.[236] Als besonderes Merkmal der modernen Intellektuellen nennt er etwa ihr »Empathie«-Vermögen, er weist jedoch auf die soziologische Wurzel dieser Eigenschaft hin, die bisher wenig beachtet wurde.[237]

232 Mannheim greift in dem Zusammenhang Ferdinand Tönnies' Begriff der »flüssigen öffentlichen Meinung« aus dessen Werk *Kritik der öffentlichen Meinung* auf (Ferdinand Tönnies, *Kritik der öffentlichen Meinung*, Berlin 1922).

233 Mannheim, »Problem der Intelligenz«, S. 52.

234 Jürgen Habermas, *Strukturwandel der Öffentlichkeit. Untersuchungen zu einer Kategorie der bürgerlichen Gesellschaft*. Neuwied 1962. Jürgen Habermas bezieht sich in dieser bekannten Studie *Der Strukturwandel der Öffentlichkeit* aber nicht auf diesen Text Mannheims, obwohl er, wie erwähnt, bereits 1956 erschienen war.

235 Mannheim, »Das Problem der Intelligenz«, S. 23, 34. Wie gesehen, entwickelt Mannheim bereits nach dem Erscheinen von *Ideologie und Utopie* 1929 ein neues Interesse an der (Sozial)- Psychologie (Manheim, »Introduction«, S. 1; Loader, *Mannheim*, S. 137 f.; Remmling, *Mannheim*, S. 7; Mannheim, *Ideologie und Utopie*, Mannheim, »Erfolg«, S. 74).

236 Mannheim, »Das Problem der Intelligenz«, S. 84.

237 Ebd., S. 37. Schon in *Ideologie und Utopie* spricht Mannheim zwar von einem »Einfühlen« der Intellektuellen, ohne dem aber genauer nachzugehen (Mannheim, *Ideologie und Utopie*, S. 137).

Nach Ernst Manheim ist damit generell eine theoretische Weiterentwicklung gegenüber Mannheims Werk *Ideologie und Utopie* zu erkennen, da er dort Ideologien noch als Nebenprodukt oder Reflexion der sozialen Situationen verstanden hatte, ohne die Art der Verbindung zwischen dem Denken und der gesellschaftlichen Lagerung genauer zu untersuchen.[238] Hier behandelt Mannheim jedoch den »sozialen Mechanismus, der zwischen den Rollen, die der Einzelne spielt, und den Ideen, die er vertritt, vermittelt«.[239]

Im letzten Kapitel finden sich darüber hinaus Bemerkungen Mannheims zur Situation der *zeitgenössischen* Intellektuellen, bei denen er Aspekte aus seinem Vortrag in Holland 1932 aufgreift.[240] Er spricht darin bereits in der Intellektuellensoziologie später stark diskutierte Themen wie das allmähliche *Verschwinden* der relativ freien Intelligenz und die zunehmende *Integration* der Intellektuellen in die Gesellschaft an.[241] Mannheim grenzt in diesem Zusammenhang den Typus des Intellektuellen auch von dem neu entstehenden Typus des »Experten« ab.[242]

Mannheim ist aber nicht unkritisch gegenüber der eigenen Gruppe und sieht z. B. die Gefahr, dass sie sich ins Privatleben zurückzieht.[243] Die genannte Eigenschaft der »Empathie« besitzt für ihn gleichfalls nicht nur positive, sondern negative Seiten.[244] Im letzten Absatz seiner Arbeit fordert er zudem grundsätzlich eine der eigenen Gemeinschaft gegenüber wachsame Haltung: »Sie muss sich selbst gegenüber genauso kritisch bleiben wie gegenüber allen anderen Gruppen.«[245]

238 Manheim, »Introduction«, S. 1.

239 Ebd., S. 5; Übersetzung O. N.

240 Mannheim, »Sociology of Intellectuals«. Mannheim bezieht sich auch in anderen Punkten auf diese frühere Arbeit. Er knüpft z. B. an die Behandlung des Geschlechterverhältnisses an und postuliert, dass eine Ideologie die Ausbildung eines Selbstbewusstseins einer unterdrückten Gruppe verhindern könne, ein Beispiel dafür ist für ihn die Beziehung zwischen Mann und Frau (Mannheim, »Das Problem der Intelligenz«, S. 13 f.).

241 Ebd., S. 93 f.

242 Ebd., S. 94 f.

243 Ebd., S. 84 f.

244 Ebd., S. 39.

245 Ebd., S. 97. Darüber hinaus schreibt Mannheim dem Intellektuellen, wie in seinen Arbeiten vor *Ideologie und Utopie*, wieder eine eher passive Rolle zu: »Tatsächlich muss er [der Intellektuelle] folgen, um zu führen« (ebd., S. 70) Sie können aber dennoch die öffentliche Diskussion beeinflussen (ebd., S. 96).

Neben diesen Bemerkungen zur Intellektuellensoziologie ist der Text für Mannheims allgemeine soziologische Theorie interessant. Wie schon in seinem »Generationen«- bzw. »Erfolgs«-Aufsatz geht er auf die Sozialstrukturtheorie Webers ein,[246] die *Klassentheorie*, die er dabei entwirft und auf die bereits Lowe in seinem Exposé für die Edition der *Collected Works* hinweist,[247] wird nun aber klarer entwickelt. Er unterscheidet zwischen 1. einer Klassenposition bzw. -lage, 2. einer Klasse und 3. einer bewussten Klasse, wobei der erste Begriff die Stellung des Individuums oder der Gruppe in der sozialen Ordnung bezeichnet.[248] Als umfassenderen Begriff nennt Mannheim zudem den der »sozialen Lage«, der offener ist als der der »politischen Lage«: »Soziale Lage ist ein allgemeiner Begriff, der sich auf das fortwährende Ausgesetztsein von Individuen gegenüber gleichartigen Einflüssen oder gleichen Möglichkeiten, Anreizen und Einschränkungen bezieht.«[249] Er kann auf Altersgruppen, Generationen oder Ethnien angewendet werden, während eine Klassenlagerung schon ein gemeinsames Interesse beinhaltet.[250]

Der Bezug dieser Überlegungen Mannheims zu der skizzierten Diskussion zur Berufs- bzw. Angestelltensoziologie in der Weimarer Zeit wird nicht nur bereits in seiner Berufstypologie der Intellektuellen deutlich, sondern auch, wenn er die Unterscheidung zwischen »Gebildeten/Ungebildeten« von Gablentz aus dem Buch *Deutsche Berufskunde* aufgreift und darüber hinaus auf die genannten Arbeiten von Geiger wie *Die soziale Schichtung des deutschen Volkes* sowie den Überblicksartikel von Lederer und Marschak über den »neuen Mittelstand« verweist.[251] Mannheim erwähnt zudem ausdrücklich die »Mittelschichten«, da ein gegenwärtiges Problem für ihn darin besteht, dass der »unabhängige Mittelstand«, aus dem die Intelligenz zum größten Teil stammt, an Bedeutung verliert.[252]

246 Ebd., S. 26.

247 Lowe, *Memo*.

248 Mannheim, »Das Problem der Intelligenz«, S. 24-26. In seinem Generationsaufsatz verwendet Mannheim noch eine theoretische Zwei-, keine Dreiteilung (Mannheim, »Problem der Generationen«).

249 Mannheim, »Das Problem der Intelligenz«, S. 24.

250 Ebd. Von Mannheim nicht ausdrücklich genannt, zu ergänzen wäre als mögliche Variable noch das »Geschlecht«.

251 Ebd., S. 31, 24, 33; Geiger, *Soziale Schichtung*, Gablentz, »Einleitung«.

252 Mannheim, »Das Problem der Intelligenz«, S. 95.

Mannheims Thesen sind darüber hinaus häufig auf alle Menschen, nicht allein auf Intellektuelle bezogen. Er nennt es z. B. als generelle Tendenz, dass Personen wissen wollen, wer sie sind, die Intellektuellen sind für ihn nur die letzte Gruppe, auf die dies zutrifft.[253] Der Prozess der Individualisierung ist für ihn gleichfalls zu einem weit verbreiteten Phänomen geworden[254] und ambivalente Gefühlslagen daher allgemein üblich: »Praktisch jeder Mensch hat ambivalente Motivationen und mehr als einen sozialen Lebensraum.«[255] Dies ist bei der Intelligenz nur besonders ausgeprägt.[256] Mannheim wendet sich damit zudem prinzipiell gegen deterministische Vorstellungen der Menschen: »Die Klasse kann im Unterschied zur Klassenposition nicht unabhängig von den Handlungen von Individuen gedacht werden, sondern nur als eine Gruppe, die homogen auf eine identische ökonomische Position reagiert. Nur seine Klassenmotivationen machen ein Individuum zu einem Mitglied einer Klasse.«[257]

Es fehlen in dieser Fassung aber noch ausführliche *psychoanalytische* oder *ökonomische* Überlegungen Mannheims. Er nennt zwar kurz die Psychoanalyse und die von ihr beschriebenen Mechanismen der »Repression« bzw. der »Sublimierung«, was von ihm jedoch nicht weiter ausgearbeitet wird.[258] Zudem erwähnt er prinzipiell als Bedingung für eine intellektuelle Betätigung die Muße bzw. Freizeit, führt dies aber gleichfalls nicht genauer aus.[259] Auch *anthropologische* Einflüsse sind nur am Rande zu erkennen, etwa bei

253 Ebd., S. 8, 18.

254 Ebd., S. 87.

255 Ebd., S. 26. Ein Grund dafür ist, dass die Klassenposition nur eine von mehreren Lagerungen und damit eine von mehreren Motivationen für Handlungen darstellt (ebd.).

256 Ebd., S. 26. Der Text ist auch von Interesse, da Mannheim grundsätzlich zwei Quellen des Wissens unterscheidet, die erste wird in der Alltagserfahrung erworben, der sich Dilthey, Max Scheler und Heidegger gewidmet haben (ebd., S. 35). Dieses Wissen erwirbt man spontan und nicht bewusst. Ein Beispiel dafür sind die Fähigkeiten der Künstler, die Lebenserfahrung und das »*savoir faire*« (ebd.). Die zweite wird dagegen durch die Erziehung weitergegeben (ebd.). Er lobt aber auch die erste Form und will deshalb keine Wertung vornehmen, da sie auf reale Probleme ausgerichtet ist (ebd., S. 37).

257 Ebd., S. 27.

258 Ebd., S. 40, 17.

259 Ebd., S. 85.

Mannheims Bemerkungen zur Verbindung der Magie mit anderen Handlungen und zur Entstehung der Magierkaste.[260]

## 8. Der englische Einfluss auf Karl Mannheims Intellektuellentheorie: die Psychoanalyse Sigmund Freuds und die Anthropologie Bronislaw Malinowskis

Nach der Beendigung der Abfassung von »Das Problem der Intelligenz« im Juli 1933 gibt es aber durch Mannheims Emigration nach England neue theoretische Quellen für seine Arbeit, wie unter anderem sein zunehmendes Interesse an der Psychoanalyse von Sigmund Freud und an der Anthropologie von Bronislaw Malinowski, die sich in der späteren Fassung seiner Intellektuellentheorie niederschlagen.[261]

Generell wird bereits nach der Veröffentlichung von Freuds englischen *Collected Papers* 1924/1925 in Großbritannien sein Einfluss stärker und 1933 erscheint zudem die englischsprachige Fassung der *Neuen Folge der Einführungen*, die für Laien gedacht ist und in denen Freud die Soziologie als »angewandte Psychologie« bezeichnet.[262] Es lassen sich Mitte der 1930er Jahre auch Zeichen für einen allgemeinen besseren Status der Psychoanalyse erkennen, Sigmund Freud selbst schreibt dem britischen Analytiker Ernst Jones am 26. 5. 1935, dass er von der Royal Society of Medicine zum Ehrenmitglied gewählt geworden sei, was für ihn ein Beleg dafür ist, dass der »Respekt vor unserer Psychoanalyse in den offiziellen Kreisen Englands große Fortschritte gemacht hat«.[263] In der sozio-

260 Ebd., S. 78, 35.

261 Mannheims verstärktes Interesse an (sozial-)psychologischen Richtungen beschränkt sich aber nicht nur auf die Psychoanalyse, sein späterer Text zur Intellektuellentheorie zeigt z. B. ebenfalls die Rezeption der dynamischen Psychologie von Kurt Lewin.

262 Audrey I. Richards, »The Concept of Culture in Malinowski's Work«, in: Raymond Firth (Hg.), *Man and Culture. An Evaluation of the Work of Bronislaw Malinowski*, New York 1957, S. 15-31, hier S. 22; Sigmund Freud, *New Introductory Lectures on Psycho-Analysis*, London 1933, S. 229.

263 Sigmund Freud, Ernest Jones, *Briefwechsel Sigmund Freud – Ernest Jones 1908-1939. Originalwortlaut der in Deutsch verfaßten Briefe Freuds. Transkription und editorische Bearbeitung von Ingeborg Meyer-Palmedo*, Frankfurt/M. 1993, S. 97. Freud geht auch 1938 nach England ins Exil und wird dadurch dort populär.

logischen Fachzeitschrift *The Sociological Review* erscheinen ebenfalls Besprechungen von Büchern wie *War, Sadism and Pacifism* des Psychoanalytikers Edward Glover oder Artikel von Jones wie »The Individual and Society«, der auf einen Vortrag an der LSE zurückgeht und in dem er eine Kooperation von Psychoanalytikern mit Soziologen anmahnt.[264]

Ein weiteres Zeichen für eine Annäherung der beiden Disziplinen sind die Diskussionen auf den Tagungen des Institute of Sociology 1935 und 1936 zu den Themen »The Social Sciences: Their Relations in Theory and Teaching« und »Further Papers on The Social Sciences: Their Relations in Theory and in Teaching«, an denen Mannheim teilnimmt und bei denen er jeweils mit einem Redebeitrag vertreten ist.[265] Bei dem zweiten Kongress 1936 wird die Verbindung der Sozialwissenschaften zur Psychologie auch ausdrücklich diskutiert.[266] Der Analytiker Glover betont in seinem Beitrag zwar als Unterschied zur Soziologie die Bedeutung unbewusster Mechanismen,[267] dennoch identifiziert Thomas H. Marshall in seiner Zusammenfassung der Tagung als Gemeinsamkeit der Beiträge die Konvergenz der einzelnen Sozialwissenschaften mit der Psychologie.[268]

In seinem letztem Brief vor seinem Tod an Jones vom 7.3.1939 schreibt Freud daher zu dem Stellenwert der von ihm begründeten Richtung in dem Land: »Die Ereignisse der letzten Jahre haben es gefügt, daß London Hauptort und Mittelpunkt der psychoanalytischen Bewegung geworden ist« (ebd., S. 109).

264 M. D. Eder, »Review von *Why War?* von Albert Einstein und Sigmund Freud und *War, Sadism and Pacifism* von Edward Glover«, in: *The Sociological Review* 26 (1934), S. 185-187; Ernest Jones, »The Individual and Society«, in: *The Sociological Review* 27 (1935), S. 245-263, hier S. 261.

265 Karl Mannheim, »Der Ort der Soziologie«, in: ders., *Schriften zur Soziologie,* hrsg. v. Oliver Neun. Wiesbaden 2019, S. 145-160; Karl Mannheim, »A Few Concrete Examples Concerning the Sociological Nature of Human Valuations«, in: ders., *Essays on Sociology and Social Psychology.* Edit. by Paul Kecskemeti, London 1953, S. 231-242.

266 Bei der ersten Tagung sind, wie Ernest Barker in seinem Vorwort ausführt, bestimmte Fächer wie die Sozialpsychologie in der Diskussion noch nicht vertreten (Ernest Barker, »Foreword«, in: *The Social Sciences: Their Relations in Theory and Teaching,* London 1936, S. 7-11, hier S. 9).

267 Edward Glover, »Psychology and the Social Sciences«, in: J. E. Dugdale (Hg.), *Further Papers on The Social Sciences: Their Relations in Theory and in Teaching,* London 1937, S. 127-142, hier S. 133; vgl. u. a. auch Morris Ginsberg, »Psychology and Sociology«, in: J. E. Dugdale (Hg.), *Further Papers on The Social Sciences: Their Relations in Theory and in Teaching,* London 1937, S. 105-125.

268 T. H. Marshall, »A General Review of the Results of the Conference«, in: J. E.

Diese Tendenz zeigt sich gleichfalls in den Arbeiten Mannheims nach seiner Emigration nach England.[269] In Mannheims Exposé für die Rockefeller-Stiftung für ein geplantes Projekt zu dem Thema »The Sociological Causes of the Cultural Crisis in the Era of Mass-Democracies and Autarchies. Outline of Research Project« von Ende 1933 finden sich erstmals genauere Verweise bei ihm auf die Psychoanalyse. Mannheim hält für diese Untersuchung die interdisziplinäre Kooperation verschiedener Disziplinen für notwendig, u.a. der Soziologie und der Psychologie, und in einem Exkurs zu den Problemen der Massenpsychologie führt er weiter aus, dass die Ergebnisse der Wissenssoziologie mit den Ergebnissen der Massenpsychologie und Psychoanalyse verbunden werden sollten.[270] Der Analytiker Theodor Reik soll auch bei diesem Vorhaben mitwirken,[271] der Antrag wird aber nicht bewilligt.

In Mannheims Beitrag »Ort der Soziologie« für die erste Tagung des Institute of Sociology 1935 wird die theoretische Neuorientierung jedoch sichtbar.[272] Programmatisch hebt er darin die Bedeutung der Disziplin »Psychologie« für das eigene Fach hervor. Nötig ist für ihn aber eine Psychologie, »die den Menschen nicht im Allgemeinen, sondern in konkreten geschichtlich-gesellschaftlichen Situationen erforscht«,[273] sie müsse daher mit einer Gesellschafts-

Dugdale (Hg.), *Further Papers on The Social Sciences: Their Relations in Theory and in Teaching,* London 1937, S. 153-169, hier S. 153.

269 Wie gesehen, hatte sich dies aber schon in seinem »Erfolgs«-Aufsatz und seiner ersten Frankfurt Vorlesung angedeutet (Mannheim, »Erfolg«, Mannheim, *Moderne*). Eine stärkere Wirkung der Psychoanalyse auf Mannheim erfolgt möglicherweise nun jedoch, weil seine Frau Julia Mannheim Anfang der 1930er Jahre in England eine psychoanalytische Ausbildung beginnt (Woldring, *Mannheim*). Mannheim dankt seiner Frau im Vorwort des Buches *Mensch und Gesellschaft im Zeitalter des Umbaus* auch ausdrücklich für ihre Mitarbeit (Mannheim, *Mensch*, S. VIII).

270 Karl Mannheim, »The Sociological Causes of the Cultural Crisis in the Era of Mass-Democracies and Autarchies. Outline of Research Project«, Mappe Rockefeller-Stiftung, Karl Mannheim Sammlung, Sozialwissenschaftliches Archiv Konstanz, S. 2, 18. Die Anmerkung am Rand dazu lautet: »Methoden der Untersuchung: Zusammenarbeit mit Psychologen und Psychoanalytikern« (ebd.; Übersetzung O. N.).

271 Mannheim, *Briefe*, S. 73.

272 Mannheim, »Ort der Soziologie«.

273 Ebd., S. 152.

theorie gekoppelt sein. Die Funktionen der sozialen Gruppen, auf die die verschiedenen Sozialtypen zurückgehen, sind für ihn nur bei einer Gesamtsicht zu beschreiben, d. h., »wenn man ein klares Bild vom Funktionsmechanismus und der sozialen Differenzierung bestimmter Gesellschaften und der Gesellschaft insgesamt besitzt«.[274] Eine Auseinandersetzung mit wichtigen Aspekten der Psychoanalyse im Besonderen findet sich schließlich 1935 im dritten, neu verfassten Kapitel von Mannheims Werk *Mensch und Gesellschaft im Zeitalter des Umbaus*. Mit dem freudianischen Ansatz wird für ihn etwa das Unbewußte erfasst und als einen wichtigen Mechanismus der Umwandlung der überflüssigen psychischen Energien nennt er deren »Sublimierung«.[275]

Eine weitere, bisher nicht beachtete neue theoretische Quelle von Mannheim in Großbritannien ist die *Anthropologie*, was nicht zuletzt auf den Kontakt mit seinem Kollegen Bronislaw Malinowski an der LSE zurückgeht.[276] Auch hier ist Mannheims Rezeption zudem generell auf den englischen Kontext zurückzuführen, da es in dem Land seit Längerem eine enge Verbindung zwischen der Sozialanthropologie und der Soziologie gibt.[277] Morris Ginsberg nennt z. B. schon in seinem Sammelband *Studies in Sociology* das Fach eine der Spezialwissenschaften innerhalb des Feldes der Soziologie, die man daher als »Soziologie der primitiven Völker« bezeichnen könnte.[278] In der Fachzeitschrift *The Sociological Review* ist die Disziplin gleichfalls präsent und es werden darin Besprechungen

274 Ebd., S. 154.

275 Mannheim, *Mensch*, S. 185.

276 Als Mannheim Ernst Manheim versucht zu überreden, ebenfalls nach England zu wechseln, nennt er auch laut Manheim als Grund dafür: »Er fragte mich, ob ich nicht auch nach London kommen wollte, ich hätte überhaupt keine Ahnung von Anthropologie – was stimmte – und die würde an der Londoner Universität gelehrt« (Mathias Greffrath, »Der analytische Geist der deutschen Wissenschaft, nicht der spekulative, hat mich beeindruckt: Ein Gespräch mit Ernst Manheim. Aufgezeichnet von Mathias Greffrath«, in: M. Rainer Lepsius [Hg.], *Soziologie in Deutschland und Österreich 1918-1945*, Opladen 1981, S. 308-323, hier S. 315 f.). Schon Dirk Pels verweist auf interessante, bisher nicht untersuchte Verbindungen zwischen Mannheim und Malinowski (Dirk Pels, »Missionary Sociology between Left and Right: A Critical Introduction to Mannheim«, in: *Theory, Culture & Society* 10 [1993], S. 45-68, hier S. 64).

277 Duncan G. Mitchell, *A Hundred Year of Sociology*, London 1968, S. 144-153.

278 Morris Ginsberg, *Studies in Sociology*, London 1932, S. 61, 67; Übersetzung O.N.; vgl. auch ders., *Sociology*, London 1934, S. 224, 132.

von anthropologischen Büchern oder Artikel des Anthropologen Raymond Firth veröffentlicht.[279]

Die Nähe der Fächer wird erneut auf den genannten Tagungen des Institute of Sociology deutlich. Auf der Konferenz von 1935 wird die Anthropologie zwar noch nur am Rande behandelt, aber schon von Thomas H. Marshall in seinem Überblick über die Lehre der Sozialwissenschaften in England als positives Beispiel erwähnt: »Nirgendwo wird ein Typus der menschlichen Gesellschaft vollständiger und mit Bezug auf alle ihre Aktivitäten untersucht, und nirgendwo ist die Technik der Sozialforschung weiter entwickelt.«[280] Auf der Folgetagung »Further Papers on The Social Sciences: Their Relations in Theory and in Teaching« 1936 wird das Verhältnis der Anthropologie zur Soziologie aber gleich in drei Beiträgen thematisiert und der Anthropologe Firth stellt in seinem Vortrag die These auf, dass die Sozialanthropologie die Arbeit der Soziologie im primitiven Feld mache.[281]

Die Wirkung dieser Diskussionen auf Mannheim ist wiederum erstmals in seinem Entwurf für das Projekt »The Sociological Causes of the Cultural Crisis in the Era of Mass-Democracies and Autarchies« auszumachen. Darin sollen, wie gesehen, verschiedene Disziplinen und neben der Soziologie auch die Ethnologie mitarbeiten, zudem nennt er an der LSE Malinowski als Referenz dafür.[282] In seinem Vortrag »Rational and Irrational Elements in Contemporary Society« von 1934 verweist Mannheim dann global auf Ergebnisse des Faches,[283] die Arbeiten Malinowskis greift er im

279 Raymond Firth, »Review von *Selbstmord und Todesfurcht bei den Naturvölkern* von J. Wisse«, in: *The Sociological Review* 26 (1934), S. 187-188, Raymond Firth, »An Anthropologist's View of Mass-Observation«, in: *The Sociological Review* 31 (1939), S. 166-193.

280 Thomas H. Marshall, »Report on the Teaching of the Social Sciences in British Universities«, in: *The Social Sciences: Their Relations in Theory and Teaching*, London 1936, S. 29-51, hier S. 44; Übersetzung O. N.

281 Raymond Firth, »Anthropology and the Study of Society«, in: J. E. Dugdale (Hg.), *Further Papers on The Social Sciences: Their Relations in Theory and in Teaching*, London 1937, S. 75-90, hier S. 77.

282 Mannheim, »Sociological Causes«, S. 6. Malinowski unterstützt die Idee auch 1934 in einem Gespräch mit der Rockefeller-Stiftung (Tracy B. Kittredge an John van Sickel vom 21. 12. 1934, Mappe Rockefeller-Stiftung, Karl Mannheim Sammlung, Sozialwissenschaftliches Archiv Konstanz).

283 Karl Mannheim, *Rational and Irrational Elements in Contemporary Society*, London 1934, hier S. 24.

dritten, neuen Kapitel seines Werkes *Mensch und Gesellschaft im Zeitalter des Umbaus* von 1935 auf, in dem er sich kurz auf dessen Buch *Sex and Repression in Savage Society* bezieht.[284]

Für Mannheims späte Intellektuellensoziologie besonders wichtig wird Malinowskis 1935 erscheinendes Werk *Coral Gardens and Their Magic*, das Malinowski gerade in der Zeit verfasst, in der Mannheim an der LSE ist und an seinem Intellektuellenmanuskript arbeitet.[285] Darin geht Malinowski dem Einfluss der Ökonomie auf andere gesellschaftliche Bereiche wie der Kultur konkret anhand der von ihm untersuchten Gesellschaft der Trobiander nach. Grundsätzlich stellt für ihn die Wirtschaft den zentralen Machtfaktor für die Institution des Stammesfürsten dar.[286] Diese gründet sich auf Tribute aus der Ernte, die der Fürst erhält, aber weiterverteilen muss, womit der Reichtum zu einem Instrument der politi-

284 Mannheim, *Mensch*, S. 43, 186; Bronislaw Malinowksi, *Sex and Repression in Savage Society*, London 1927. Dieses Werk ist Malinowskis ausführlichste Auseinandersetzung mit Freuds Ansatz, wobei für ihn insbesondere die Behandlung der Gefühle durch Freud wichtig ist (Bronislaw Malinowski, *Geschlecht und Verdrängung in primitiven Gesellschaften*. 3., unveränderte Aufl., Frankfurt/M. 1977, hier S. 83).

285 Bronislaw Malinowski, *Coral Gardens and Their Magic. A Study of the Methods of Tilling the Soil and of Agricultural Rites in the Trobriand Islands. Bd. 1. The Description of Gardening*, London 1935; ders., *Coral Gardens and their Magic. A Study of the Methods of Tilling the Soil and of Agricultural Rites in the Trobriand Islands. Bd. 2. The Language of Magic and Gardening*, London 1935. Mit dem Kulturbegriff beschäftigt sich Malinowski bereits 1931 ausführlich in seinem Artikel »Culture« für die *Encyclopaedia of the Social Sciences,* in dem er die *materielle* Seite der Kultur betont (Bronislaw Malinowski, »Culture«, in: Edwin R. A. Seligman [Hg.], *Encyclopaedia of the Social Sciences. Volume Four. Commerce-Dante*, New York 1931, S. 621-645, hier S. 621, 623). Die zweite Komponente seines Kulturbegriffes ist, dass er die Ausdrücke »soziale Erbschaft« bzw. »Kultur« synonym verwendet und Kultur als traditionelle Einflüsse versteht, die auf den Einzelnen in der Gesellschaft wirken (ebd., S. 621; vgl. Richards, »The Concept of Culture in Malinowski's Work«, S. 15). Er erhebt darüber hinaus ausdrücklich den Anspruch, mit seiner Kulturtheorie anderen Disziplinen wie u. a. der Soziologie »einen unersetzlichen Dienst« zu erweisen und einen Beitrag zu leisten« für »entsprechende[.] Bemühungen von empirisch eingestellten Historikern, Soziologen, Psychologen« (Bronislaw Malinowski, *Eine wissenschaftliche Theorie der Kultur,* Frankfurt/M. 1975, S. 47 f., 54.).

286 Malinowskis prinzipiell ökonomischer Ansatz wird dadurch deutlich, dass er generell zwischen den Einwohnern als »Produzenten« und als »Konsumenten« unterscheidet (Malinowski, *Coral Gardens, Description of Gardening*, S. 333).

schen Organisation wird.[287] Malinowski betont zudem die grundlegende Bedeutung der »Magie« für diese Form der Gesellschaft, die sich ebenfalls in der Ökonomie zeigt: »Magie und praktische Arbeit sind in den Vorstellungen der Eingeborenen untrennbar miteinander verbunden, werden aber nicht miteinander verwechselt.«[288] Es gibt allerdings bereits eine Spezialisierung und die Magie wird von einem besonderen Gartenmagier ausgeführt.[289]

Die prinzipielle Wirkung der ökonomischen Struktur auf die Kultur beschreibt Malinowski so, dass die Kultur durch die Fähigkeiten der Bewohner beeinflusst wird, große Mengen von Nahrung zu akkumulieren, zu kontrollieren und zu verteilen.[290] Genauer gibt es für ihn eine enge Anbindung der kulturellen an die wirtschaftlichen Tätigkeiten und er beobachtet eine überraschende Aufmerksamkeit für die Ästhetik der Arbeit, die für ihn daher eine Art von Kunst darstellt: »So wie ein Eingeborener mit der Freude eines Künstlers ein Kanu oder ein Haus baut, das in Form, Dekoration und Ausführung perfekt ist, und die ganze Gemeinschaft sich an einer solchen Errungenschaft erfreut, so wird er auch bei der Anlage und Entwicklung seines Gartens vorgehen.«[291]

Bei Malinowski sind darüber hinaus *Gefühle* für die ethnographische Analyse wichtig. Die Aufgabe des Ethnologen ist es, »die Ideen, die Motive, die Gefühle, sogar die emotionalen Reaktionen und unterdrückten Wünsche des Eingeborenen zu interpretieren«.[292] Dazu ist es notwendig zu wissen, dass die Differenzen in der Sozialstruktur dazu führen, dass die Trobriander sich in diesen Punkten von Europäern unterscheiden.[293]

Methodisch verwendet Malinowski einen *funktionalistischen* Ansatz, bei dem die Verbindungen zwischen den verschiedenen Aspekten der Kultur genauso wichtig sind wie die einzelnen Aspekte selbst.[294] Auch betont er die Bedeutung des Kontextes für die Sprache und mit dem Begriff *»Kontext der kulturellen Realität«* bezeich-

287 Ebd., S. 56, 47.
288 Ebd., S. 48, 62; Übersetzung O. N.
289 Ebd., S. 78.
290 Ebd., S. 242.
291 Ebd., S. 56, 80; Übersetzung O. N.
292 Malinowski, *Coral Gardens, Description of Gardening*, S. 199; Übersetzung O. N.
293 Ebd., S. 199.
294 Ebd., S. 241.

net er »die materielle Ausstattung, die Tätigkeiten, die Interessen, die moralischen und ästhetischen Werte, mit denen die Wörter in Verbindung gebracht werden«.[295]

Darüber hinaus hat Malinowski nicht nur außereuropäische Gesellschaften im Blick, sondern er verweist an manchen Stellen auf die *zeitgenössische* europäische Gesellschaft.[296] Kein Mensch kann für ihn z. B. spirituelle Vorstellungen vollständig von seinen wirtschaftlichen Interessen trennen, dies gilt für ihn ebenfalls für die Menschen in der Gegenwart. Er sieht daher hier gleichfalls Aspekte der »Magie« wirken, etwa in der Werbung.[297]

Der Einfluss der Überlegungen Malinowskis auf Mannheim wird bereits dadurch deutlich, dass dieser zu *Coral Gardens and Their Magic* eine Besprechung verfassen will. Sie ist zwar nicht erschienen, im Nachlass Mannheims finden sich aber »Notizen in Bournemouth. Malinowski Rezension«, die aus der Zeit stammen, in der Mannheim an seinem Intellektuellenmanuskript arbeitet.[298] Er fasst darin die Hauptthesen des Buches zusammen und zeigt damit die Punkte, die von besonderem Interesse für ihn sind. Die Hauptthese Malinowskis lautet für ihn etwa, dass die Landwirtschaft die Grundlage der politischen Macht darstellt, Mannheim nennt zudem »Magie eine soziale Kraft, die eng mit der Gartenarbeit verbunden ist, Menschen sind nicht unabhängig voneinander«.[299] Die Sprachtheorie von Malinowski nimmt gleichfalls in

295 Malinowski, *Coral Gardens, Language*, S. 18, S. 22; Übersetzung O. N. Der Begriff des »Kontextes« ist auch für die Bestimmung der Funktion wichtig, die Benutzung des Grabstockes z. B. findet in unterschiedlichen kulturellen Kontexten statt und erfüllt damit unterschiedliche Funktionen (Malinowski, »Culture«, S. 625 f.). Die Idee der Integration taucht bei Malinowksi gleichfalls auf, da Wörter die soziale Funktion der Integration der Dorfbewohner in ein effektives Gärtnerteam haben (Malinowksi, *Coral Gardens, Language,* S. 246).

296 Malinowksi, *Coral Gardens, Description of Gardening*, S. X.

297 Malinowski, *Coral Gardens, Language*, S. 237.

298 Karl Mannheim, »Notizen in Bournemouth, Malinowski Rezension«, Mappe Exzerpte, Karl Mannheim Sammlung, Sozialwissenschaftliches Archiv Konstanz. In einem Brief an Wirth vom Ende März 1936 schreibt Mannheim, dass er nach dem Abschluss der Arbeit für die englische Fassung von Ideologie und Utopie zur Erholung nach Bournemouth gefahren ist und dort die Herausgabe des Buches zur Soziologie der Intelligenz vorbereitet (Mannheim, Briefe, S. 109).

299 Mannheim, »Notizen in Bournemouth«; Übersetzung O. N.

den Exzerpten einen breiten Raum ein[300] und der »Kontext« wird von Mannheim unter Punkt 18 erwähnt: »Die Bedeutung jeder Äußerung in ihrem tatsächlichen Kontext zu interpretieren«.[301] Der Bezug zur Gegenwart von Malinowski wird von Mannheim ebenfalls aufgegriffen und er fragt: »Ist in einer wissenschaftlich rational organisierten Gesellschaft noch magische Integration nötig?« Mannheim verweist zudem auf den »Funktionsbegriff«,[302] auch dass es dem Ethnographen nicht allein um das offene Verhalten geht, sondern nach Malinowski um Ideen, Motive, Gefühle, emotionale Reaktionen und unterdrückten Wünsche der Beobachteten, exerpiert er.[303]

Es finden sich darüber hinaus weitere »Notizen in Bournemoth 1936. Monat April« zu Malinowski im Nachlass Mannheims, die systematischer sind und bei denen Mannheim jeweils ein zusammenfassendes Stichwort am Rand notiert, unter dem er die Zitate aus dem Buch Malinowskis subsumiert. Zu »Sprache« ist dies etwa: »Funktionales Sprechen«[304] oder »Gestalttheorie«, unter den Stichworten »Funktionsbegriff bei Malinowski« und »Malinowski's Selbstbekenntnis« zitiert er folgende Stelle aus dem Buch: »Der gesamte Inhalt meiner Kulturtheorie [...] besteht darin, die Durkheimsche Theorie auf die Begriffe der behavioristischen Psychologie zu reduzieren.«[305]

300 Ebd.; Malinowski, *Coral Gardens, Language,* S. 7. In Mannheims Notizen finden sich nur die Seitenangaben des Werkes von Malinowksi, die vollständige Literaturangabe wird hier ergänzt.

301 Mannheim, »Notizen in Bournemouth«; Malinowski, *Coral Gardens, Language,* S. 9; Übersetzung O. N.

302 Mannheim, »Notizen in Bournemouth«; Malinowski, *Coral Gardens, Language,* S. 235, 236.

303 Mannheim, »Notizen in Bournemouth«; Malinowski, *Coral Gardens, Description of Gardening,* S. 199.

304 Karl Mannheim, Notizen in Bournemouth 1936. Monat April, Mappe Exzerpte, Karl Mannheim Sammlung, Sozialwissenschaftliches Archiv Konstanz; Malinowski, *Coral Gardens, Language,* S. 9; Übersetzung O. N.

305 Mannheim, »Notizen in Bournemouth 1936«; Übersetzung O. N.; Malinowski, *Coral Gardens, Language,* S. 236.

## 9. Die zweite Fassung von Mannheims Intellektuellentheorie: »Teil II. Kapitel I. Die Entstehung der intellektuellen Gruppen aus der sich wandelnden Gesellschaftsstruktur«

In Mannheims späterer, bisher unveröffentlichter Fassung seiner Intellektuellensoziologie, »Teil II. Kapitel I. Die Entstehung der intellektuellen Gruppen aus der sich wandelnden Gesellschaftsstruktur«, die er ca. 1936 abschließt, spiegeln sich diese neuen theoretischen Einflüsse wider, was ein weiterer Grund dafür ist, sie nach »Das Problem der Intelligenz« zu datieren.[306]

Mannheim beginnt diese Version mit einer Vorbemerkung, in der er den nicht mehr vorliegenden Teil I kurz zusammenfasst, in dem er anscheinend die Eigenschaften des »modernen Geistes« genauer beschrieben hatte.[307] Er skizziert zunächst die Idee der »modernen Intelligenz«, die der der »freischwebenden Intelligenz« aus seinem Werk *Ideologie und Utopie*[308] und den Überlegungen aus dem fünften Kapitel von »Das Problem der Intelligenz« ähnelt, weshalb möglicherweise Abschnitte aus »Das Problem der Intelligenz« als Teil I gedacht waren.[309] So ist das moderne geistige Leben

306 Die letzte Literaturangabe in dem Manuskript stammt aus dem Jahr 1935, Zudem erwähnt er es, wie gesehen, Ende 1936 zum letzten Mal in seinen Briefen. Es ist wahrscheinlich, dass sich Mannheim nach dem Scheitern des Plans der Veröffentlichung des Bandes *Soziologie des Geistes* bei Siebeck im Herbst 1933 und dem Erscheinen des Artikels »The Crisis of Culture in the Era of Mass-Democracies and Autarchies« zunächst auf andere Arbeiten wie seine Hobhouse-Vorlesung oder das neue, dritte Kapitel für das Buch *Mensch und Gesellschaft im Zeitalter des Umbaus* konzentriert (Mannheim, *Mensch*). Erst nach der Klärung mit dem Sijthoff Verlag Ende 1934 über die Publikation des Werkes *Soziologie des Geistes* und insbesondere nach dem Abschluss der englischen Fassung von *Ideologie und Utopie* Anfang 1936 beginnt Mannheim, wie er in seinem Brief an Wirth andeutet, vermutlich wieder verstärkt an dem Intellektuellen-Manuskript zu arbeiten, auch wird die Arbeit nun wieder in Briefen von ihm genannt (Mannheim, *Briefe*, S. 109).

307 Mannheim, »Intellektuelle Gruppen«, S. 98.

308 Mannheim verwendet den Begriff »freischwebend« zwar an dieser Stelle nicht, später spricht er aber ausdrücklich von »sozial ›freischwebend[en]‹« Individuen (ebd., S. 135). In *Ideologie und Utopie* hatte Mannheim auch bereits von der »*Eigenart moderner Geistigkeit*« geredet (Mannheim, *Ideologie und Utopie*, S. 136).

309 »Das Problem der Intelligenz« ist jedoch nicht als Ganzes als Teil I zu verste-

für ihn weiter durch eine »Multipolarität uns gleichzeitig ansprechender Möglichkeiten« bestimmt und eine Verbindung zu einer »multipolaren Einheit« wird durch die Intelligenz geleistet, die aus verschiedenen Schichten stammt.[310] Er betont nun aber stärker als früher deren Merkmal einer undogmatischen Haltung.[311]

Mannheim hat wie in »Das Problem der Intelligenz« einen umfassenderen Anspruch als in *Ideologie und Utopie* und will eine *allgemeine* Intellektuellentheorie entwickeln, wobei er ausdrücklich meint, dass durch seine Überlegungen zusätzlich der »Grundgedanke einer Soziologie des Geistes« deutlich werden soll.[312] Auch bezeichnet Mannheim die Gesichtspunkte einer Soziologie der Intellektuellen generell als solche, »die man in jeder Kultursoziologie zu analysieren und in ihrem gegenseitigen Verhältnis zu klären hat«.[313]

Neu ist jedoch der Anspruch, nicht nur beschreibend, sondern *erklärend* vorzugehen und »allgemeine Gesetze« zu formulieren.[314] Ein solches »Gesetz« ist für ihn z. B., »dass der Grad der Integration der Verhaltungsweisen in den Individuen proportional zu dem Grad der Integration der Gruppe, in der sie leben, steht«.[315] Sein methodischer Ansatz ist damit ausdrücklich gegen eine traditionelle, rein beschreibende Geistesgeschichte gewendet.[316]

Der Fokus von Mannheim liegt zudem erneut wie in »Das Problem der Intelligenz«, wie schon der Titel der Fassung »Teil II. Kapitel I. Die Entstehung der intellektuellen Gruppen [!] aus der sich wandelnden Gesellschaftsstruktur« andeutet, auf *Intellektuellengruppen*, und er führt wieder die von ihm beschriebene Eigenschaft der modernen Intelligenz auf die »neue[] soziale[] Integrationsform der Intelligenzgruppe« zurück.[317] Eine geistige Prägung

hen, da es Überschneidungen bei der Soziologie der Intellektuellengruppen gibt (Mannheim, »Problem der Intelligenz«, Kapitel 2).

310 Mannheim, »Intellektuelle Gruppen«, S. 98.

311 Ebd., S. 100.

312 Ebd., S. 98.

313 Ebd., S. 104.

314 Ebd., S. 99.

315 Ebd., S. 146. Auch später kommt Mannheim zu solchen Verallgemeinerungen (ebd., S. 149). Schon hier zeigen sich Parallelen zur Anthropologie Malinowskis, weil dieser ebenfalls »Gesetze« der kulturellen Entwicklung beschreiben will (Malinowski, »Culture«, S. 625).

316 Mannheim, »Intellektuelle Gruppen«, S. 99.

317 Ebd., S. 100.

der Intellektuellen erfolgt generell durch die »Konfigurationen der Gruppen«, in denen sie sich befinden.[318] Es zeigt sich nun aber deutlicher als in »Das Problem der Intelligenz« seine Rezeption der Sozialpsychologie, da die Verbindungen unter Intellektuellen für ihn grundsätzlich »das noch unerschöpfte Thema einer historisch-differenzierten soziologischen Psychologie« und das »eigentliche Thema der Geistesgeschichte« bilden.[319]

Es ist darüber hinaus eine theoretische Weiterentwicklung zu erkennen, wobei die geschilderten neuen Einflüsse deutlich werden. Die Effekte der *Ökonomie* auf die Kultur etwa werden von Mannheim detaillierter als in der früheren Version beschrieben, was möglicherweise mit dem Einfluss von Malinowskis Werk in *Coral Gardens and Their Magic* verbunden ist, auch wenn sich Mannheim ausdrücklich auf europäische Gesellschaften bzw. die »abendländische Welt« beschränkt.[320] Der Fokus zeigt sich unter anderem in der Begrifflichkeit, die Mannheim verwendet, da er seinen Ansatz generell als eine Soziologie der »Produzenten« und der »Konsumenten« der Kulturgüter bezeichnet.[321] Zudem nennt er zusätzlich zu den in »Das Problem der Intelligenz« genannten vier Punkten als weitere wichtige Faktoren der Intellektuellensoziologie die »Konstellationen« der »Sachelemente«, die die Kultur erst ermöglichen, etwa die Gestalt des Überschussproduktes.[322]

Als neue theoretische Quelle ist darüber hinaus der *psychoanalytische* Ansatz von Freud zu erkennen, weil Mannheim zu diesen Sachelementen die Freizeit bzw. die zur Verfügung stehende »Freienergie« zählt, d. h. die Energie, die »für die gesellschaftlich nötige Arbeit nicht verbraucht wird«, was auf die Beschreibung der Kraft der Triebe als Energie von Freud zurückgeht.[323] Für Mannheim ist

318 Ebd., S. 99.

319 Ebd.

320 Ebd., S. 111; Malinowski, *Coral Gardens.*

321 Mannheim, »Intellektuelle Gruppen«, S. 101.

322 Er hält es nun zudem für notwendig, eine »Sondersoziologie der sich wandelnden Intelligenzgruppen und ihrer Beziehung zum Publikum« zu entwickeln (ebd., S. 101). Dagegen führt er nicht mehr als gesonderten Punkt auf, ob die Intelligenz eine aufsteigende oder eine absteigende Klasse ist (Mannheim, »Das Problem der Intelligenz«).

323 Mannheim, »Intellektuelle Gruppen«, S. 104. Mannheim verweist an einer Stelle auch ausdrücklich auf die Psychoanalyse (ebd., S. 152).

gerade dieser Punkt bisher nicht systematisch untersucht worden.[324] Von Freud übernimmt Mannheim darüber hinaus die Mechanismen für die Umwandlung der Freienergie und er unterscheidet zwischen deren »Kultivation« und »Sublimierung«. Die Differenz besteht für ihn darin, dass bei einer »Kultivation« nur eine Verschönerung, aber keine Verselbstständigung von den konkreten Handlungen erfolgt, bei einer »Sublimierung« dagegen eine davon unabhängige Welt geschaffen wird.[325] Da »komplizierte, mehrschichtige Gesellschaften« darüber hinaus nicht als Einheit zu betrachten sind, sondern aus verschiedenen »Sonderwelten« bestehen, fügt Mannheim als weiteren neuen siebten Punkt das Problem des »geistigen Sonderraumes« als wichtige Variable hinzu.[326]

Diese allgemeine *Intellektuellen-* bzw. *Intellektuellengruppen*soziologie wendet Mannheim, ähnlich wie in »Das Problem der Intelligenz«, in den folgenden Abschnitten auf die Geschichte an. Sein historischer Überblick setzt aber hier erheblich früher ein, weshalb sich beide Versionen ergänzen. Mannheim schränkt ein, dass er nicht in jedem Fall alle sieben genannten Faktoren behandeln kann. Es zeigt sich dabei jedoch, dass das Werk von ihm umfassender geplant war, als der erhaltene Teil andeutet, da er ankündigt, die Entwicklung bis zur Gegenwart zu verfolgen.[327] Mannheims grundsätzliche Überle-

324 Ebd., S. 104.

325 Ebd., S. 105 f.

326 Ebd., S. 109. Diese »Sonderwelten« besitzen für Mannheim eine besondere Bedeutung, weil sie für ihn zwischen der Klassenschichtung und den Weltanschauungen stehen und den zentralen Punkt darstellen, »wo die Sozialstruktur in das Geistige formgebend hineinragt« (ebd., S. 110). Wie gesehen, verwendet er den Begriff der »Sonderwelt« schon in seinen Frankfurter Vorlesungen und den Ausdruck »Sonderraum« im dritten Kapitel von *Mensch und Gesellschaft im Zeitalter des Umbaus* (Mannheim, *Mensch,* S. 130). In der deutschen Neuausgabe des Werkes von 1958 taucht der Begriff aber nicht mehr auf, weil der Übersetzer auch die ursprünglichen deutschen Kapitel verändert, er wird dort nur als »besonderer gesellschaftlicher Bereich« umschrieben (Karl Mannheim, *Mensch und Gesellschaft im Zeitalter des Umbaus*, Darmstadt 1958, S. 210). Durch das vorliegende Manuskript wird jedoch deutlich, dass Mannheim den Ausdruck als feststehenden verwendet.

327 Mannheim, »Intellektuelle Gruppen«, S. 111. Dass das erhaltene Kapitel 1 nur als Teil eines größeren Bandes konzipiert ist, wird dadurch deutlich, dass Mannheim an einer Stelle von dem »folgenden Teil[] des Buches« spricht (Mannheim, »Intellektuelle Gruppen«, S. 110). Wie gesehen, redet Mannheim in der

gung ist, dass er ausführlich auf die frühen historischen Stufen eingeht, weil sie den »Ausgangspunkt der wesentlichen Wandlungen in der Geistesgeschichte« bilden und damit weiterhin für die zeitgenössische Gesellschaft wichtig sind.[328] Dabei folgt er generell dem Aufbau, dass er erst die Gesellschaftsstruktur, dann die Kultur und schließlich die Auswirkung auf die Menschen beschreibt.

Der längste Teil des vorliegenden Manuskripts behandelt deshalb die erste geschichtliche Epoche, die *primäre Konsensus-Kultur*, die sich für Mannheim prototypisch bei den Germanen in der Zeit bis zur Völkerwanderung zeigt, jedoch auch in der Gegenwart in bestimmten gesellschaftlichen Bereichen zu finden ist. Schon bei der Bezeichnung zeigt sich als weitere Veränderung gegenüber »Das Problem der Intelligenz« ein stärkerer Fokus auf das Problem der *Integration* bzw. des *Konsenses*, möglicherweise ebenfalls unter dem Einfluss der Anthropologie und von Émile Durkheim.[329] Die in dieser Zeit dominierende Form des Konsenses beschreibt er als »spontan homogenen Konsensus«.[330] Mannheim bezieht sich zudem ausdrücklich auf anthropologische Ergebnisse, da die von ihm beschriebene Stufe zwar nur einen »Idealtypus« darstellt, deren Untersuchungen aber nahelegen, dass diese so ähnlich existiert hat: »Das Leben der meisten primitiven Völker, so lange diese noch nicht herrschaftlich und sonstwie stark differenziert sind, weist ihre Züge auf.«[331]

Im Folgenden geht er genauer den Auswirkungen der ökonomischen Struktur auf die Kultur nach und gibt eine prinzipiell ähnliche Definition von »Kultur« wie Malinowski. Die kulturellen Formen, durch die die gesellschaftliche Statik erhalten wird, bezeichnet er wie dieser als Lösungen, die als »Tradition« weitergegeben werden. Sie sind zudem stärker als in späteren Gesellschaften »unmittelbarer Ausdruck der Lebensprozesse des Alltags«.[332] An diesem

Zeit in Briefen an Wirth auch von einem »Buch« zu dem Thema, an dem er arbeitet (Mannheim, *Briefe*, S. 109, 119).

328 Ebd., S. 129.

329 In »Das Problem der Intelligenz« erwähnt Mannheim nur kurz im Schlusskapitel, dass die mangelnde Konformität der Menschen ein Problem für Demokratien darstellen kann (Mannheim, »Das Problem der Intelligenz«, S. 96).

330 Mannheim, »Intellektuelle Gruppen«, S. 116.

331 Ebd., S. 112.

332 Ebd., S. 126

Punkt verweist er explizit auf Malinowskis Werk *Coral Gardens and Their Magic*, in dem dieser laut Mannheim die Tatsache der »Kontextgebundenheit« der magischen Sprüche beschrieben habe.[333] Der Magier ist für Mannheim zudem der erste »Kulturspezialist«.[334] Ein Merkmal der Kultur auf dieser Stufe ist laut Mannheim schließlich die »Kultivation« der Handlungen, da sie, ähnlich wie bei Malinowski, Teil des gemeinsamen Wirkens bleibt.[335]

Wie in »Das Problem der Intelligenz« werden von Mannheim zudem bei der Beschreibung der Menschen und der Intellektuellen *Emotionen* berücksichtigt, nun aber, möglicherweise gleichfalls durch die Rezeption von Malinowski und von Freud, in systematischerer und allgemeinerer Form. Gefühle sind für Mannheim auf dieser Stufe noch auf konkrete Personen gerichtet, die bestimmte soziale Funktionen repräsentieren, und erst nach einer gesellschaftlichen Differenzierung entstehen abstrakte Emotionen wie ein Heimatgefühl.[336] In Bezug auf das Selbstbewusstsein der Menschen erfolgt ebenfalls keine Ausbildung eines individuellen Prestigebedürfnisses, sondern es beruht noch auf einem »geborgten Prestige«.[337]

Eine solche Individualisierung wird für Mannheim erst auf der nächsten historischen Stufe, dem *Heroischen Zeitalter*, gesellschaftlich notwendig, auf die er im zweiten Abschnitt des Manuskripts

333 Ebd., S. 127, Malinowski, *Coral Gardens.*

334 Mannheim, »Intellektuelle Gruppen«, S. 129.

335 Ebd., S. 128. Mannheims Charakterisierung der »Kultivation« ähnelt zudem bereits in der engen Verknüpfung der ästhetischen mit anderen Handlungen der Beschreibung der Gartenarbeit von Malinowski, der ebenfalls diesen Ausdruck verwendet: »Unter Kultivation will ich jene Verfeinerung der normalen Lebensvollzüge verstehen, die daraus entsteht, dass der Mensch in der Arbeit und im Lebenskampfe nicht verbrauchte Energien, für deren ›Verschönerung‹ verwertet« (Malinowski, *Coral Gardens. Description of Gardening*, S. 11 f.; Übersetzung O. N.). An verschiedenen Stellen erwähnt Mannheim darüber hinaus die soziale Bedeutung der Magie, deren zentrale gesellschaftliche Funktion für ihn die »Festlegung des Modells der Verhaltungsweise« ist (ebd., S. 124). Es werden aber auch andere neue theoretische Rezeptionslinien bei Mannheim deutlich, die hier nur angedeutet werden können, weil Mannheim in diesem Zusammenhang gleichfalls auf die Parallele der Wissenssoziologie und deren These der »Seins- und Situationsgebundenheit« des Denkens zum *Pragmatismus* und zu Ideen von George Herbert Mead hinweist (ebd., S. 130).

336 Ebd., S. 134.

337 Ebd., S. 139.

eingeht. Diese wird für ihn von den antiken Griechen und besonders von den Germanen während der Völkerwanderungszeit bis zur zweiten Hälfte des 6. Jahrhunderts repräsentiert.[338] Dort erfolgt für Mannheim die erste gesellschaftliche Ausdifferenzierung aus der arbeitenden Schicht in Form einer kriegerischen Kaste unter Führung eines Fürsten bzw. eines Häuptlings.[339] Erneut zeigt sich seine stärkere Auseinandersetzung mit sozialpsychologischen Überlegungen, da für ihn dadurch nicht nur ein »Sonderraum« bzw. eine »Sonderwelt«, sondern ein bestimmter Sozialcharakter, ein »Sondertypus von Menschen mit einer Sonderweltanschauung und einer Sondermoral« entsteht.[340] Neu ist zudem soziologisch das Prinzip der sozialen Organisation, da nun nicht mehr anonyme Prozesse wie die Tradition für eine Einheit sorgen.

Die gesellschaftliche Entwicklung beeinflusst für Mannheim wiederum die Gestalt der Kultur. Für diese bzw. die Kulturträger ist es wichtig, dass der ökonomische Überschuss jetzt aus dem Raub stammt, der auf die Gefolgschaft verteilt werden muss, da er nicht kumuliert werden kann. Er wird dagegen zur Zurschaustellung genutzt, »denn das Prestige wächst proportional mit der Freigiebigkeit und die Freigiebigkeit zieht neue Kämpfer an«.[341] Es stellt sich für Mannheim die Frage, »durch welchen Mechanismus neben der Arbeitswelt diese heroistisch übersteigerte Welt des Helden entsteht, in der jedes Element des Erlebniszusammenhangs idealisiert wird«.[342]

Ein Teil der Antwort auf die Frage ist für ihn, dass diese Lebensweise von der Kultur unterstützt und durch eine »heroistische Kultivation« idealisiert wird.[343] Es folgt nun auch eine genauere Analyse der *Funktionen* der Kultur durch Mannheim und er spricht

338 Ebd., S. 142 f.

339 Ebd., S. 143.

340 Ebd., S. 144.

341 Ebd., S. 147. Mannheim spielt in dem Zusammenhang erneut auf die Anthropologie an, da es in manchen Gesellschaften das Phänomen der »Schaustellung des Reichtums bei den Häuptlingen« gibt (ebd.). Auch die Beschreibung der Ökonomie auf dieser Stufe zeigt Anklänge an Malinowskis Werk *Coral Gardens and Their Magic*, da das Surplusprodukt wie bei der durch Malinowski beschriebenen Gesellschaft nun durch Tribute gewonnen wird (Malinowski, *Coral Gardens*).

342 Mannheim, »Intellektuelle Gruppen«, S. 147.

343 Ebd., S. 148.

von der Funktion der Künstler als die des »Erziehers, der sozialen Integration, der Propaganda«.[344] Eine weitere ist es, den Menschen Modelle für das Handeln einzuprägen, was insbesondere für die »Lebensform« des Abenteuers gilt. Dazu kommen für Mannheim die unmittelbaren erzieherischen Funktionen der Lieder, da die Charaktereigenschaften der Helden wie Mut, Rache, Treue und Freigiebigkeit darin beispielhaft dargestellt werden.[345]

Er beschreibt darüber hinaus erstmals genauer den Einfluss des *Publikums* auf die Intellektuellen und deren Kulturproduktion. Dabei deutet er selbst die Idee an, dass die Intelligenz ein eigenes Interesse entwickeln und damit eine *Ideologie* der eigenen Klasse vertreten kann.[346] Der Wesenszug der Großzügigkeit, der vom Poeten propagiert wird, ist für Mannheim das erste Anzeichen dafür, dass sich in die dargestellten Merkmale der Helden solche mischen, die auf den Eigenschaften des Publikums und den Wünschen der »erziehenden Schicht« selbst beruhen. Der Dichter lobt diese Eigenschaft, weil er von dieser selbst etwa in Form von Geschenken abhängig ist. Dies ist für Mannheim ein Indiz für den späteren, generellen Prozess, den er in den folgenden Abschnitten auch »auf viel breiterer Grundlage verfolgen« will, dass »die offizielle Weltanschauung stets eine Synthese der Weltanschauung der herrschenden Schicht und der Schicht der Intelligenz« und damit ein erstes »Symptom des Sonderinteresses des Dichters« ist.[347]

An dieser Stelle bricht das Manuskript aber ab, Mannheim deutet die geplante Fortsetzung an und erwähnt an einer Stelle die folgende »Analyse der ritterlichen Gesellschaft«.[348] Zu diesem Zeitraum finden sich auch noch Notizen in seinem Nachlass, in denen

344 Ebd., S. 149.

345 Ebd., S. 153.

346 Gerade dieser Punkt kann als Reaktion Mannheims auf die genannten Kritiken an der Idee der »freischwebenden Intelligenz« angesehen werden. Wie beschrieben, lautete diese schon in der zeitgenössischen Rezeption, dass die Intellektuellen eigene Interessen bzw. eine eigene Ideologie besitzen (Dick Pels, »Missionary Sociology between Left and Right: A Critical Introduction to Mannheim«, in: *Theory, Culture & Society* 10 (1993), S. 45-68, hier S. 54).

347 Mannheim, »Intellektuelle Gruppen«, S. 154. Er macht auch wie in der ersten Fassung »Das Problem der Intelligenz« Bemerkungen zur *empirischen Methodik*, die für ihn nicht allein quantitativ ausgerichtet sein sollte (ebd., S. 102 f.).

348 Ebd., S. 152.

er mit dem neuen theoretischen Apparat arbeitet.[349] Ob er diese Anmerkungen weiter ausgearbeitet hat und der Teil verlorengegangen ist, ist jedoch unklar. Sein Exposé zu »Intelligenz II« umfasst aber nur den Abschnitt des vorliegenden Manuskripts.

Mannheim greift jedoch bereits in diesem überlieferten Teil an verschiedenen Stellen zeitlich voraus und hat damit spätere Zeiten – und ähnliche Epochen wie in »Das Problem der Intelligenz« – im Blick. Die Kultivation am Hof auf der »heroischen Stufe« bereitet für ihn etwa ein ähnliches Phänomen in Frankreich und Österreich vor und der Hof stellt für ihn grundsätzlich »bis in den Absolutismus hinein das soziologische Grundmodell des Kulturzentrums in einer Gesellschaft« dar.[350] Darüber hinaus unterscheidet er verschiedene soziologische Formen der Individualisierung, u. a. im Liberalismus.[351]

Mannheim stellt auch kurze Überlegungen zur Gegenwart an und es zeigen sich erneut Anklänge an die genannten Debatten in der Weimarer Zeit zur Sozialstrukturtheorie und zur Angestellten- bzw. Berufssoziologie. Ein Beispiel für eine Sublimierung der Freienergie ist für ihn etwa die eintönige Arbeit der Angestellten,[352] »Sonderwelten« können darüber hinaus für ihn neben Berufen durch »Bildung« entstehen: »Zu den Sonderwelten, die aus den verschiedenen Klassen, Ständen und Berufen kommen, kommt noch der Gegensatz zwischen Gebildeten und Ungebildeten, der den früheren Gegensatz zwischen Klerikern und Laien ersetzt, hinzu.«[353] Zudem erwähnt Mannheim konkret das zeitgenössische Problem der »Überproduktion« des Wissens.[354]

Der Text ist darüber hinaus wie »Das Problem der Intelligenz« neben seinen intellektuellensoziologischen Thesen von allgemeinem Interesse für Mannheims soziologische Theorie. Er verbindet

349 Zur Burg heißt es dort etwa in Kurzform: »Autarke Naturalwirtschaft. IV. Surplusprodukt (seine Gestalt)«, »V Freizeit Freienergie« »Freizeit: Dame. Kulturspezialist. Priester. Kleriker. Troubador« Freienergie: »Der soziale Lebensraum des Hofs« (Man 1/K, 1k-9k, Karl Mannheim Papers, Keele University Archives and Special Collections).

350 Mannheim, »Intellektuelle Gruppen«, S. 107, 144.

351 Ebd., S. 146.

352 Ebd., S. 108.

353 Ebd., S. 109.

354 Ebd., S. 137.

hier seine sozialpsychologischen Überlegungen, wie programmatisch in seinem Vortrag »Ort der Soziologie« gefordert, mit einer angedeuteten allgemeinen Gesellschaftstheorie, die differenzierungstheoretische und funktionalistische Züge trägt.[355] Während für ältere Gesellschaften etwa eine »mangelnde soziale Differenzierung« charakteristisch war, ist eine komplexe Gesellschaft verbunden mit einer »Arbeits- und Funktionsteilung«.[356] Genauer beschreibt Mannheim die zeitgenössische Gesellschaft als »individualisierte[.] Konkurrenzgesellschaft« bzw. »Massengesellschaft«.[357] In dieser ist zwar ebenfalls eine Konformität möglich, aber nur durch rationale Planung, es ist daher eine frühere »Gesellschaft des ›primären Konsensus‹ von der des geplanten Konsensus und der Konformität« zu unterscheiden.[358]

Durch diese zeitlichen Vorgriffe gibt es inhaltlich vielfältige Bezüge von »Teil II. Kapitel I. Die Entstehung der intellektuellen Gruppen aus der sich wandelnden Gesellschaftsstruktur« zu den gegenwartsdiagnostischen Studien Mannheims aus dieser Zeit wie dem 1935 erschienenen Buch *Mensch und Gesellschaft im Zeitalter des Umbaus* und den darin behandelten Themen der »Massengesellschaft«, der »Planung«, der »Disproportionalität« der Entwicklung und der Frage des »spontan homogenen Konsensus«.[359]

In den für die 1940 publizierte englische Ausgabe von *Mensch und Gesellschaft im Zeitalter des Umbaus* neu hinzugefügten Kapiteln, die Mannheim kurz nach oder parallel zu »Teil II. Kapitel I. Die Entstehung der intellektuellen Gruppen aus der sich wan-

355 Mannheim, »Ort der Soziologie«, S. 154. Er bezieht sich auch stärker als in »Das Problem der Intelligenz« auf die Sozialstruktur- bzw. Differenzierungstheorie. Seine funktionalistische Analyse ist jedoch wie bei Durkheim – und damit anders als bei Malinowski – nicht verbunden mit der Annahme von biologischen Bedürfnissen. Gerade der späteren Kulturtheorie von Malinowski, die viel Kritik auf sich gezogen hat, folgt Mannheim damit nicht.

356 Mannheim, »Intellektuelle Gruppen«, S. 132, 130.

357 Ebd., S. 124.

358 Ebd., S. 124; vgl. zur »geplanten Gesellschaft« S. 137, zur »Massengesellschaft« S. 120.

359 Ebd., S. 139, 138, 116, Mannheim, *Mensch und Gesellschaft*; vgl. auch schon Mannheim, »Das Problem der Intelligenz«, S. 87. Es gibt zudem Parallelen zu Mannheims späterer Bildungssoziologie, da die sozialen Funktionen der Erziehung in »Teil II. Kapitel I. Die Entstehung der intellektuellen Gruppen aus der sich wandelnden Gesellschaftsstruktur« ebenfalls erwähnt werden.

delnden Gesellschaftsstruktur« verfasst, finden sich daher gleichfalls verschiedene Stellen, die sich mit dem unveröffentlichten Manuskript berühren und es z. T. ergänzen. Zum Beispiel spricht Mannheim dort ebenfalls von geistiger bzw. überschüssiger Energie und unterscheidet zwischen Sublimierung und Kultivierung, ohne die beiden Formen hier genauer voneinander abzugrenzen.[360] Er benennt jedoch eindeutiger seine theoretische Grundidee, die lautet, »daß die geistige Energie, die zur Hervorbringung der Gebräuche und der geistigen Haltung einer Gesellschaft erforderlich ist, konstant bleibt und daß nur die konkreten Ausdrucksformen wechseln«.[361] Der Bezug zu Freud ist gleichfalls deutlicher, da Mannheim die Idee der Sublimierung der überschüssigen Energie ausdrücklich auf das Konzept des »Libidohaushalts« zurückführt, das die Psychoanalyse entwickelt hat.[362] Elemente aus seinen Intellektuellenarbeiten gehen darüber hinaus in das für die 1936 erschienene englische Ausgabe von »Ideology und Utopie« von Mannheim neu geschriebene Kapitel ein, in dem ein Abschnitt zur Intelligenz enthalten ist.[363]

Sein Manuskript »Teil II. Kapitel I. Die Entstehung der intellektuellen Gruppen aus der sich wandelnden Gesellschaftsstruktur« nimmt aber dennoch in verschiedener Hinsicht eine *Sonderstellung* in Mannheims Werk ein, unter anderem da Mannheims Interesse an einer systematischen Gesellschaftstheorie danach zurücktritt.[364] In späteren Arbeiten greift er auch die Idee der Verknüpfung seiner Wissenssoziologie mit der pragmatischen Theorie Meads oder seine angedeutete Differenzierungstheorie nicht wieder auf. Die Effekte der Ökonomie auf die Kultur werden in späteren Studien von Mannheim gleichfalls nicht mehr untersucht, dies gilt ebenfalls für seine Rezeption der Anthropologie. Er weist in einer Vorlesung aus dem Jahr 1938 zwar noch auf grundsätzliche Parallelen der Wissenssoziologie zur funktionalistischen Anthropologie hin und nennt als Beispiel dafür Malinowskis Werk *Sex and Repression in Savage So-*

360 Mannheim, *Mensch und Gesellschaft*, S. 370; vgl. auch Mannheim, »A Few Concrete Examples, S. 231 f.

361 Mannheim, *Mensch [1958]*, S. 317.

362 Ebd., S. 369.

363 Mannheim, *Ideologie und Utopie*, S. 11 f., 33.

364 Loader, *Mannheim*.

*ciety*, später bezieht er sich jedoch kaum mehr auf Ergebnisse dieses Faches.[365]

»Teil II. Kapitel I. Die Entstehung der intellektuellen Gruppen aus der sich wandelnden Gesellschaftsstruktur« ist zudem eine *werkgeschichtliche* Besonderheit, da Mannheim in den historischen Kapiteln zeitlich weiter zurückgreift als in allen anderen seiner Studien. Die Fassung bietet auch den längsten erhalten gebliebenen Einblick in seine späte Vorstellung einer »soziologischen Geistesgeschichte« bzw. einer Kultursoziologie und ist die letzte größere Arbeit, die er auf Deutsch verfasst.

Sie ist darüber hinaus die letzte längere Äußerung Mannheims zu dem Thema »Intelligenz«. In späteren Arbeiten von ihm finden sich nur noch kursorische Bemerkungen dazu, da, wie gesehen, ab Mitte der 1930er Jahre das Problem der »Planung« im Mittelpunkt steht und die Frage der Bildung für ihn an Bedeutung zunimmt.[366] Die Intelligenz hat in der neuen Gesellschaftsform aber keine zentrale Rolle mehr inne, die dominierende Position nehmen dagegen Planer und die Wissenschaft bzw. die Soziologie ein, da sich die »geplante Gesellschaft« auf die Forschung stützt, zudem ist die Bürokratie von hoher Bedeutung für die neue Gesellschaftsform.[367] In seinem »Report on the Research on Types of Social Planning« vom 22.10.1941 nennt Mannheim daher als wichtige Frage für künftige Untersuchungen, welche »new Types of Intelligentsia« dadurch entstehen – die Finanzierung des Projektes wird aber kurz danach eingestellt.[368]

365 Mannheim, *Essays on the Sociology of Sociology*, S. 265; Malinowski, *Sex and Repression*. Ein möglicher Grund für das Abbrechen der Rezeption ist, dass Malinowski 1938 in die USA geht.

366 Die Bemerkungen finden sich hauptsächlich in den (nichtöffentlichen) Diskussionen des »Moot«-Kreises, dem er ab 1938 angehört (Keith Clements [Hg.], *The Moot Papers. Faith, Freedom and Society 1938-1944*, London 2010). Heeren unterscheidet zwar noch eine späte vierte Phase in der Intellektuellentheorie Mannheims und bezieht sich dafür auf Abschnitte aus der englischen Fassung von *Mensch und Gesellschaft im Zeitalter des Umbaus* (Mannheim, *Man;* Heeren, »Mannheim«). Er beachtet dabei aber nicht, dass diese Stellen schon in der deutschen Version von 1935 enthalten sind (Mannheim, *Mensch*).

367 Hans Gerth, Ernest K. Bramstedt, »A Note on the Work of Karl Mannheim«, in: Karl Mannheim, *Freedom, Power & Democratic Planning*, New York 1950, S. VII-XV, hier S. XIII; Karl Mannheim, *Essays on the Sociology of Knowledge*, London 1953, S. 284, 305, 307 f.

368 Mannheim, »Report on the Research on ›Types of Social Planning‹«, LSE Cen-

In der posthum herausgegebenen Arbeit *Freedom, Power, and Democratic Planning* wird die Neuausrichtung jedoch deutlich. Mannheim hebt darin ausdrücklich hervor, dass die gesellschaftlichen Veränderungen es notwendig machen, die Funktion der Intelligenz neu zu definieren.[369] Die Gruppe ist für ihn zwar weiterhin gesellschaftlich von Bedeutung, sie hat jetzt aber vor allem die Entwicklung und Verbreitung neuer Ideen als Aufgabe und diese breite Vermittlung von Wissen ist für ihn von Relevanz für die Stärkung der Demokratie: »Echte Demokratie ist mit der rationalen Wissenschaft und der Verbreitung von Wissen verbunden, die durch ausgezeichnete Massenkommunikationsmittel und hoch entwickelte pädagogische Fähigkeiten erheblich erleichtert wird.«[370]

Neben den Intellektuellen sind zudem auch u. a. ein demokratisch kontrollierter »Civil Service«, eine repräsentative Regierung, die Parteien und die öffentliche Meinung politisch von Relevanz.[371] Er hält deshalb gerade eine soziale Anbindung der Intellektuellengruppen an die »öffentliche Meinung« für nötig: »Solche Gruppen können gefährlich sein, wenn sie isoliert oder abgesondert sind. Wenn sie sich im Hauptstrom der öffentlichen Meinung befinden, sind sie Hochburgen des allmählichen Wachstums, der Entwicklung von Sensibilität, starken Gefühlen und phantasievollen Ideen.«[372]

## 10. Rezeption und Wirkung von Karl Mannheims *späterer* Intellektuellensoziologie

Die späteren Überlegungen Mannheims zur Intellektuellensoziologie und zur Soziologie der Intellektuellen*gruppen* aus »The Problem of the Intelligentsia« zeigen, obwohl er sie selbst nicht mehr veröffentlichen kann, schon zu Lebzeiten Wirkung, da wie in Frankfurt in London Schüler aus seinem Kreis Dissertationen zu dem Thema verfassen.[373]

tral Filing Registry 207/A, Box No. 273, London School of Economics and political science archives and special collections.

369 Mannheim, *Freedom*, S. 63.

370 Ebd., S. 73; Übersetzung O. N.

371 Ebd., S. 131, 142 f., 149, 161.

372 Ebd., S. 265; Übersetzung O. N.

373 Schon in seinem Exposé für das geplante Rockefeller-Projekt »The Sociological

Ernst Kohn-Bramstedt, der Mannheim aus Frankfurt nach London gefolgt war, reicht an der LSE bei Mannheim und Morris Ginsberg eine Promotion ein, die 1937 unter dem Titel *Aristocracy and the Middle-Classes in Germany. Social Types in German Literature 1830-1900* erscheint und in der Kohn-Bramstedt Mannheim für Anregungen dankt sowie das Intellektuellen-Manuskript ausdrücklich nennt: »Ich bin Prof. Mannheim zu großem Dank verpflichtet, dass er mir seine Arbeit in Manuskriptform zur Verfügung gestellt hat.«[374] Der inhaltliche Einfluss wird deutlich, wenn Kohn-Bramstedt bei der Analyse der Intellektuellen ähnliche soziologische Variablen wie Mannheim untersucht und z. B. auf deren soziale Herkunft eingeht. Im Unterschied zu früheren Promotionen bei Mannheim in Frankfurt stellt er zudem ebenfalls Intellektuellen*gruppen* in den Mittelpunkt.[375] Die größte Übereinstimmung zu Überlegungen Mannheims zeigt sich daher in dem Kapitel »Literary Associations«, in dem er als konkretes Beispiel z. B. wie Mannheim die »Christlich-deutsche Tischgesellschaft« nennt.[376]

Eine weitere Dissertation zu Intellektuellen*gruppen*, die Mannheim zusammen mit Ginsberg an der LSE betreut, ist die 341 Seiten umfassende, 1936 eingereichte Promotion des Engländers Richard

Causes of the Cultural Crisis in the Era of Mass-Democracies and Autarchies« von 1933 schlägt Mannheim eine empirische Untersuchung von Intellektuellengruppen vor (Mannheim, »The Sociological Causes of the Cultural Crisis«, S. 15). Der Antrag wird aber, wie gesehen, von der Stiftung nicht bewilligt.

374 Ernst Kohn-Bramstedt, *Aristocracy and the Middle-Classes in Germany. Social Types in German Literature 1830-1900,* London 1937, S. 1, 7; Übersetzung O. N. Da er sich in diesem Zusammenhang auf Mannheims Klassentheorie bezieht, muss dies »The Problem of the Intelligentsia« sein. Kohn-Bramstedts Exposé zu der Arbeit »Scheme for the Representation of the Career of Individuals. (Problems of the Intelligentsia)« trägt auch den gleichen (Unter-) wie dieses Manuskript Mannheims (Scheme for the Representation of the Career of Individuals, Man 1/c(1), Karl Mannheim Papers, Keele University Archives and Special Collections). Kohn-Bramstedt geht zudem nur an wenigen Stellen auf Freud und dann allein auf dessen Arbeit »Massenpsychologie« an, womit die Adaption von dessen Theorie geringer bleibt als in Mannheims späterer Arbeit »Teil II. Kapitel I. Die Entstehung der intellektuellen Gruppen aus der sich wandelnden Gesellschaftsstruktur«. Dies spricht ebenfalls dafür, dass sich Kohn-Bramstedt auf die frühere Version »The Problem of the Intelligentsia« stützt (ebd., S. 182, 195).

375 Ebd., S. 76, 84, 272.

376 Ebd., S. 298 f.; Mannheim, *Konservatismus.*

John Baker, *The Sociological Function of Intellectuals in Modern Society: A Study of Some Social Movements in Post-War Germany*, die aber im Gegensatz zu der von Kohn-Bramstedt unpubliziert geblieben ist.[377] Baker dankt darin ebenfalls Mannheim ausdrücklich und erwähnt seinen Einfluss auf die Konzeption der Dissertation, anders als Kohn-Bramstedt erwähnt er aber nicht Mannheims Intellektuellen-Manuskript.[378]

Ein anderer möglicher Einfluss von Mannheims Intellektuellen-Arbeiten ist in dem Vorwort zu der englischsprachigen Ausgabe von *Ideologie und Utopie* 1936 zu erkennen, dessen Entwurf von Shils stammt, auch wenn als offizieller Autor Louis Wirth genannt wird. Darin wird hervorgehoben, dass Mannheim mit dem Buch die Grundlage für empirische Forschung schaffen will, und als vielversprechendes Feld der Wissenssoziologie gerade die soziologische Analyse der Intellektuellen genannt.[379]

Das unwahrscheinlichste frühe Echo der Überlegungen Mannheims ist bei Theodor W. Adorno zu identifizieren, der wahrscheinlich zumindest von dem Manuskript gehört hat, da Adorno in seiner Zeit in England eine Kritik zu Mannheims Artikel »The Crisis of Culture in the Era of Mass-Democracies and Autarchies« verfasst, in dem Mannheim Aspekte aus dem Manuskript zusammenfasst, und sie sich in der Zeit häufiger treffen.[380] Nach seiner Übersiedelung in die USA und der Anbindung an das Institut für Sozialforschung schlägt Adorno für das geplante Projekt »Cultural

377 Richard John Baker, *The Sociological Function of Intellectuals in Modern Society. A Study of Some Social Movements in Post-War Germany*, Ph.D. Thesis LSE 1936, Store Theses X20,717, London school of economics and political science Library.

378 Ebd., S. 10 f.

379 Louis Wirth, »Vorwort zur englischen Ausgabe«, in: Karl Mannheim, *Ideologie und Utopie*. Dritte, vermehrte Aufl., Frankfurt/M. 1952, S. IX-XXVII, hier S. XXVII. Mannheim hatte, wie gesehen, in Briefen an Shils die Intellektuellen-Arbeit erwähnt und Ratschläge dazu erbeten (Mannheim an Edward Shils vom 23. 8. 1935, Series III, Correspondence [General], Box 1, Edward Shils Papers, Special Collections Research Center, University of Chicago Library).

380 Oliver Neun, »So emotional bin ich gar nicht gegen ihn – eher stets ein bisserl hochmütig.« Theodor W. Adorno und Karl Mannheim im englischen Exil», in: *Zyklos* 6 (2022), S. 163-191; Mannheim, »Crisis of Culture«; Theodor W. Adorno, »Neue wertfreie Soziologie«, in: ders., *Vermischte Schriften I. Gesammelte Schriften Bd. 20,1*, Frankfurt/M. 1986, S. 13-45.

Aspects of National Socialism« selbst eine soziologische Untersuchung der Stellung der Intellektuellen mit der Begründung vor: »Um das allgemeine kulturelle Umfeld der künstlerischen Bewegungen während der Weimarer Republik (I) zu erklären, werden wir die Eigenschaften und die Stellung der Intellektuellen analysieren, der Gruppe, die künstlerische Werke produzierte und auch das geistige Klima der Weimarer Republik bestimmte.«[381] Der Antrag wird aber abgelehnt und die Studie nicht durchgeführt.[382]

Nach der Veröffentlichung des Bandes *Essays on the Sociology of Culture* 1956 wird das Buch und speziell »The Problem of the Intelligentsia« auch in den USA in den großen soziologischen Fachzeitschriften wie *American Journal of Sociology* und *American Sociological Review* positiv besprochen. Franz Adler nennt den Aufsatz in seiner Rezension eine Antwort auf die Kritiken an Mannheim und meint zu Mannheims Anmerkungen zu dem gegenwärtigen Intellektuellen: »Der letzte Abschnitt, der sich mit dem Intellektuellen in der modernen Welt befasst, verdient die Aufmerksamkeit der Pädagogen, der Bürger im Allgemeinen und der Intellektuellen selbst.«[383] Für Theodore Abel könnte der Band sogar, wie er in seiner Einschätzung schreibt, generell zu einer fruchtbaren Neuorientierung der zeitgenössischen Soziologie beitragen, da für ihn Mannheims Arbeit zur Intelligenz die Fruchtbarkeit der von diesem vorgeschlagenen Form der soziologischen Analyse belegt.[384] In der Zeitschrift der New School of Social Research namens *Social Research* erscheint von Helmut R. Wagner ebenfalls eine lobende

381 »Cultural Aspects of National Socialism«, Na 1, 695, B. 29 f., Nachlass Max Horkheimer, Archivzentrum der Universitätsbibliothek Frankfurt, Übersetzung O. N.

382 Auch nach ihrer Rückkehr nach Deutschland nach 1945 unternehmen Adorno, Horkheimer oder das Institut für Sozialforschung keine empirische Arbeit zur soziologischen Analyse der Intellektuellen. In der Tradition der kritischen Theorie fehlen daher, trotz ihrer starken Kritik an Mannheims Idee der »freischwebenden Intelligenz«, »Analysen in eigener Sache, die sich mit den doch recht ausführlichen Stellungnahmen Mannheims vergleichen ließen« (Eckart Huke-Didier, *Die Wissenssoziologie Karl Mannheims in der Interpretation durch die Kritische Theorie – Kritik einer Kritik,* Frankfurt/M. 1985, S. 346).

383 Franz Adler, »Besprechung von *Essays on the Sociology of Culture* von Karl Mannheim«, in: *American Journal of Sociology* 62 (1957), S. 523-524, hier S. 524; Übersetzung O. N.

384 Theodore Abel, »Besprechung von *Essays on the Sociology of Culture* von Karl Mannheim«, in: *American Sociological Review* XXI (1956), S. 630, hier S. 630.

Besprechung der *Essays on the Sociology of Culture*, in der er die darin versammelten Arbeiten als »neuen Aufbruch« bezeichnet.[385] Mannheim verändere darin auch seine Haltung zur Intelligenz und versuche zudem generell, eine »neue Wissenssoziologie« zu entwickeln, die nicht mehr historistisch ausgerichtet sei, sondern den Rahmen für empirische Untersuchungen bieten solle.[386]

Später wird »The Problem of the Intelligentsia« gleichfalls als Zeichen für eine Veränderung der Position Mannheims interpretiert und als Sonderfall in seinem Werk positiv hervorgehoben. Speiers grundsätzliche Kritik am Werk Mannheims lautet im Rückblick, dass sich Mannheim in seinen Arbeiten wie z. B. *Ideologie und Utopie* selten auf Ergebnisse der empirischen Sozialforschung bezogen habe, einen Wandel kann man aber laut Speier in den *Essays on the Sociology of Culture* ausmachen, insbesondere im zweiten Artikel des Bandes, d. h. in »The Problem of the Intelligentsia«.[387] An diesem Aufsatz orientiert sich zudem Lewis Coser in seinem Buch *Men of Ideas*, in dem er auf Intellektuellen*gruppen* fokussiert.[388]

In Deutschland ist ebenfalls zunächst, trotz der fehlenden deutschen Übersetzung von *Essays on the Sociology of Culture*, eine Wirkung des Aufsatzes zu erkennen. Nach dessen Veröffentlichung 1956 bezieht sich Dietrich Rüschemeyer bei der Darstellung von Mannheims Intellektuellensoziologie fast ausschließlich auf ihn und René König verweist gleichfalls darauf.[389] Danach wird er aber

385 Helmut R. Wagner, »Besprechung von *Essays on the Sociology of Culture* von Karl Mannheim«, in: *Social Research* 24 (1957), S. 120-123, hier S. 121; Übersetzung O. N.

386 Ebd., S. 123; vgl. auch Emory S. Bogardus, »Mental Processes and Democracy«, in: *Sociology and Social Research* 41 (1956), S. 127-132. In seinem Vorwort für die Neuauflage des Bandes *Essays on the Sociology of Culture* 1992 kommt Bryan Turner ebenfalls zu dem Ergebnis, dass die darin versammelten Arbeiten als Ergänzung zu *Ideology and Utopia* und als Erweiterung der Wissenssoziologie gelesen werden können (Bryan S. Turner, »Preface to the New Edition«, in: Karl Mannheim, *Essays on the Sociology of Culture. With a New Prefae by Bryan S. Turner,* London 1992, S. IX-XXXIV, hier S. IX).

387 Speier, *Truth in Hell*, S. 44 f.

388 Lewis Coser, *Men of Ideas. A Sociologist's View*, New York 1965.

389 Dietrich Rüschemeyer, *Problem der Wissenssoziologie. Eine Kritik der Arbeiten Karl Mannheims und Max Schelers und eine Erweiterung der wissenssoziologischen Fragestellung, durchgeführt am Beispiel der Kleingruppenforschung,* Diss. Köln 1958; René König, »Wandlungen in der Stellung der sozialwissenschaftlichen

meist nur noch kurz genannt oder die Auseinandersetzung mit ihm wie bei Arnhelm Neusüss in die Fußnote verlagert, da sie mit der etablierten starken Kritik der Kritische Theorie an dem Konzept des »freischwebenden Intellektuellen« nicht vereinbar ist.[390]

Schon früh wird jedoch erkannt, dass »The Problem of the Intelligentsia« für die Kritik an der Mannheim'schen Idee des »freischwebenden Intellektuellen« von Bedeutung ist, wie dies schon von Adler und Wagner in ihren Rezensionen angedeutet wird.[391] Irving M. Zeitlin hält die Einwände etwa in Bezug auf den späteren Essay nicht mehr für gerechtfertigt, da Mannheim dort eine wesentlich bescheidenere These vertrete als die, die ihm von Kritikern zugeschrieben werde.[392] Es ist vor diesem Hintergrund auch eine andere Sichtweise auf Mannheims Vorstellung der Intellektuellen möglich. Sondra Farganis, die auf die *Essays on the Sociology of Culture* verweist, kommt zu dem Ergebnis, dass man die freischwebenden Intellektuellen in dem »Kontext der sozialen Voraussetzungen für einen ›echten Dialog‹« situieren könne.[393] John Scott,

Intelligenz«, in: Helmuth Plessner (Hg.), *Soziologie und moderne Gesellschaft. Verhandlungen des vierzehnten deutschen Soziologentages,* Stuttgart 1959, 53-68, hier S. 53.

390 Kurt Lenk, »Die Rolle der Intelligenzsoziologie in der Theorie Mannheims«, in: *Kölner Zeitschrift für Soziologie und Sozialpsychologie* 15 (1963), S. 323-337; Arnhelm Neusüss, *Utopisches Bewusstsein und freischwebende Intelligenz. Zur Wissenssoziologie Karl Mannheims,* Meisenheim am Glan 1968. Der offizielle Grund von Arnhelm Neusüss lautet, dass Mannheim darin, anders als in *Ideologie und Utopie*, nicht die *politische* Intelligenz beschreibt, aber auch für ihn ist der Aufsatz die »einzige Einzelarbeit« Mannheims zu diesem Thema (Neusüss, *Utopisches Bewußtsein,* S. 273, 191). Später wird er in der deutschsprachigen Literatur aufgrund der schlechten Textgrundlage grundsätzlich kaum mehr behandelt (David Kettler, Volker Meja, Nico Stehr, *Karl Mannheim,* Chichester 1984, S. 126). Trotz dieser Quellenlage wird der Band *Essays on the Sociology of Culture* aber in die englischen *Collected Works* aufgenommen und 1998 im Rahmen der *Collected Works* wiederveröffentlicht. Der Aufsatz wird in neuerer Zeit zudem u. a. von Yamada rezipiert (Ryusaka Yamada, »Mannheim, Mass Society and Democratic Theory«, in: David Kettler, Volker Meja [Hg.], *The Anthem Companion to Karl Mannheim,* London 2018, S. 51-69).

391 Wagner, »Besprechung«, Adler »Besprechung«.

392 Irving M. Zeitlin, *Ideology and the Development of Sociological Theory*, Englewood Cliffs, New Jersey 1968, S. 308.

393 Sondra Farganis, *Social Reconstruction of the Feminine Character*, Totowa 1986, S. 33; Übersetzung O. N.; Mannheim, *Essays on the Sociology of Culture*, S. 281, vgl. Edward Sagarin, Robert J. Kelly, »Karl Mannheim and the Sociology of

der sich in einer neueren Rekonstruktion der Intellektuellentheorie von Mannheim gleichfalls auf »The Problem of the Intelligentsia« stützt, vergleicht Mannheims Vorstellungen daher mit Jürgen Habermas' Idee der »idealen Sprechsituation« und Karl Poppers der »offenen Gesellschaft«.[394]

Seine Überlegungen haben auch für die gegenwärtige Intellektuellensoziologie Bedeutung, weil die von Mannheim beschriebenen synthesebildenden, freischwebenden Intellektuellen, worauf schon Speier in seiner Rezension hinweist, meist Hochschullehrer:innen bzw. Sozialwissenschaftler:innen sind, die in der soziologischen Literatur der Gegenwart nicht mehr erfasst werden.[395] Mannheim behandelt darüber hinaus in beiden Fassungen Intellektuellen*gruppen,* die in jüngerer Zeit ein besonderes Interesse gefunden haben.[396] Sein Modell kann zudem, wie er in »Das Problem der Intelligenz« und »Teil II. Kapitel I. Die Entstehung der intellektuellen Gruppen aus der sich wandelnden Gesellschaftsstruktur« selbst anregt, für die Empirie genutzt werden. Beispiele für eine solche Anwendung zeigen bereits die von ihm initiierten deutschen und englischen Dissertationen zu dem Thema.[397] In der Gegenwart liegt der Fokus jedoch auf den französischen Intellektuellen

Knowledge«, in: Robert Boyers (Hg.), *The Legacy of the German Refugee Intellectuals*, New York 1972, S. 273-283.

394 Gayle Letherby, John Scott, Malcom Williams, *Objectivity and Subjectivity in Social Research*, London 2013, S. 10, 55.

395 Philipp Korom, *Öffentliche Intellektuelle in der österreichischen Presse. Eine empirische Auseinandersetzung mit der Soziologie der Intellektuellen*, Graz 2008, S. 117; Heeren, »Mannheim«, S. 14; Speier, »Soziologie oder Ideologie?«; Neusüss, *Utopisches Bewusstsein*, S. 220. Die grundsätzliche Bedeutung von Intellektuellen wird zudem auch in neueren Standort-Theorien wie dem Feminismus und postkolonialen Theorien beschrieben, da sie »eine Schlüsselstellung in der Formulierung von standortübergreifendem [trans-locational] Wissen durch ihr Engagement in der Forschung und in praktischen politischen Aktionen besitzen« (Letherby et al., *Objectivity*, S. 47; Übersetzung O. N.).

396 Richard Faber, Christine Holste (Hg.), *Kreise, Gruppen, Bünde. Zur Soziologie moderner Intellektuellenassoziation,* Würzburg 2000; Stephan Moebius, *Die Zauberlehrlinge, Soziologiegeschichte des Collège de Sociologie (1937-1939)*, Konstanz 2006; Oliver Neun, *Daniel Bell und der Kreis der »New York Intellectuals«*, Wiesbaden 2014; Frank-Michael Kuhlemann, Michael Schäfer (Hg.), *Kreise – Bünde – Intellektuellen-Netzwerke. Formen bürgerlicher Vergesellschaftung und politischer Kommunikation 1890-1960,* Bielefeld 2017.

397 U. a. Baker, *Sociological Functions*; Kohn-Bramstedt, *Aristocracy.*

und deren Intellektuellentheorien, insbesondere Pierre Bourdieus Feld-Analyse.[398]

Die beiden Texte Mannheims sind zudem nicht nur für die Intellektuellensoziologie, sondern für die zeitgenössische *Soziologie der Emotionen* relevant, da er in beiden Versionen soziologisch Gefühle behandelt, und für die *Geschlechtertheorie,* da seine Klassentheorie dafür offen ist und er früh die Herrschaftsfunktion der dominierenden männlichen Sichtweise auf die Frauen beschreibt. Für die *Wissenssoziologie* generell enthalten sie ebenfalls wichtige Gedanken. Durch den Bezug zu sozialpsychologischen Theorien wie der von Mead kann Mannheim, auch wenn er dies nicht genauer ausführt, besser erklären, wie die soziale Lagerung bzw. das Handeln die Ideen der Menschen und Intellektuellen prägt, was wegweisend für die Entwicklung der Wissenssoziologie war.[399]

398 Michel Winock, *Das Jahrhundert der Intellektuellen,* Konstanz 2003; Philipp Korom, »How Spaces of Opinion Shape Public Intellectuals: A Field-based Approach to Project Syndicate-Op-Eds«, in: Christian Fleck, Andreas Hess (Hg.), *Knowledge for Whom? Public Sociology in the Making,* Farnham, Surrey 2014, S. 229-251.

399 Hubert Knoblauch merkt z. B. zu der Bedeutung von Mead an: »In der Tat eröffnet sich mit Meads Theorie ein völlig neuer Zugang zur Wissenssoziologie: Ein Zugang, der Wissen nicht mehr als extern mit den Menschen zu Korrelierendes behandelt, sondern Wissen und soziales Handeln miteinander so verknüpft, dass Geistiges und Soziales nicht als zwei voneinander getrennte Größen auftreten, die man miteinander in Beziehung setzen müsste. Wissen und Soziales erscheinen hier vielmehr ineinander integriert, wie zwei Seiten derselben Medaille.« (Hubert Knoblauch, *Wissenssoziologie.* 2. Aufl., Konstanz 2010, S. 140.) Die Leistung der Verbindung zu Mead schreibt Knoblauch aber erst späteren Autoren zu, nicht Mannheim (vgl. auch Srubar, »Streit«, S. 70 f.).

## Andreas Reckwitz
## im Suhrkamp Verlag

**Ästhetik und Gesellschaft.** Grundlagentexte aus Soziologie und Kulturwissenschaften. Hg. zus. mit Sophia Prinz und Hilmar Schäfer. stw 2118. 455 Seiten

**Das Ende der Illusionen.** Politik, Ökonomie und Kultur in der Spätmoderne. es 2735. 305 Seiten

**Die Erfindung der Kreativität.** Zum Prozess gesellschaftlicher Ästhetisierung. stw 1995. 408 Seiten

**Die Gesellschaft der Singularitäten.** Zum Strukturwandel der Moderne. 480 Seiten. Klappenbroschur

**Das hybride Subjekt.** Eine Theorie der Subjektkulturen von der bürgerlichen Moderne zur Postmoderne. Überarbeitete Neuauflage. stw 2294. 709 Seiten

**Poststrukturalistische Sozialwissenschaften.** Hg. zus. mit Stephan Moebius. stw 1869. 471 Seiten

**Spätmoderne in der Krise.** Was leistet die Gesellschaftstheorie? Zusammen mit Hartmut Rosa. 310 Seiten. Gebunden

NF 181/1/9.21